汽车文化

（第二版）

主　编　蔡　云　李晓雪　袁双宏

副主编　陈　飞　胡树山　胡迎刚

参　编　陆　鹏　武　平　邵新忠

中南大学出版社
www.csupress.com.cn

·长沙·

应用型本科院校汽车服务工程专业"十三五"规划教材

学术委员会

再版前言

《汽车文化》第一版主要针对汽车服务工程本科应用型人才培养要求而编写，由西华大学蔡云、陈飞，鄂尔多斯应用技术学院李晓雪、胡树山和四川工商学院胡迎刚等共同编写。本书综合考虑了汽车文化涉及的各主要领域，自2017年出版后，得到了各方的好评和认可。对汽车文化方面感兴趣的广大学生和社会人士，可以通过本书获得比较全面的汽车文化知识。

由于近几年汽车行业变化比较大，国内汽车销量方面，2018年国内汽车市场销量下滑2.8%，结束了我国汽车市场28年的连续增长；2019年国内汽车市场销量再次下滑了8.2%，新能源汽车细分市场销量下滑4%，我国汽车产业进入低增速时期。而在汽车保有量方面，却在持续增长，汽车文化产业因此受到了越来越多的关注。新能源汽车方面，2020年1月特斯拉上海工厂投产后其市场超过福特汽车和通用汽车总和，全球新能源汽车进入快速增长时期。由于5G、智能传感等技术不断发展，智能网联汽车在更多场景得到应用，催生了更多的汽车产业相关业态，使得汽车文化的内容不断被拓展。

汽车逐渐成为生活中必要的交通工具，在校大学生对汽车也有了越来越多的接触和兴趣。很多高校都开设了"汽车文化"公共课程或者选修课程，既迎合了大家对汽车文化的需求，又满足了文化素质教育对人文教育与科学教育有机结合的要求，突出了汽车文化课程在文化与专业教育跨界融合的优势。

结合行业发展和课程建设实情，在第二版的修订中，编写小组进一步明确了内容模块，对各章节涉及的内容进行了修订；对全球汽车公司文化内容进行了修订，增加了各企业新情况的介绍；对新能源汽车知识进行了介绍，让大家更多地了解纯电动汽车、氢燃料电池汽车等新能源汽车产品；对近几年汽车行业中的主要技术和新技术进行了部分介绍，让大家进一步拓宽视野，增进对汽车技术文化的了解。

这次参加修订的有西华大学蔡云、齐齐哈尔工程学院袁双宏、四川工商学院胡迎刚、成都农业科技职业学院邵新忠、西华大学谭正平等。本书在修订中得到了武汉理工大学张国方教授的指导，同时也得到了成都汽车产业研究院、三和老爷车博物馆等兄弟单位和同行的支持与帮助，在此一并表示感谢！在修订过程中参阅了大量书籍和资料，特对原作者表示衷心感谢！

由于编者水平有限，书中内容恐难尽如人意，敬请广大读者和同仁们批评指正。

编　者
2020 年 5 月

前　言

　　本书是结合汽车服务工程本科应用型人才培养要求而编写的。汽车从诞生至今，经历了从少数人的交通工具到普通大众的代步工具，现已成为人们生活中不可缺少的一部分。随着汽车步入寻常百姓家庭，汽车保有量迅速增长，截至2017年3月底，根据公安部交管局统计数据，全国汽车保有量首次超过2亿辆。汽车保有量的增长，使得相伴汽车而生的"汽车文化"无处不在，并对我们的日常生活产生了越来越大的影响。我国汽车文化相比较于西方汽车发达国家，还处于成长阶段，人－车－社会－生活等多种元素共同作用，构建了和谐共生的汽车社会，促进了社会经济发展和社会文明进步。为在校大学生和非汽车专业人士展示一个较全面的汽车文化知识是本书的初衷，编者联合了多所学校的优秀汽车专业课教师，经过大量的课程调研和学生需求调查，结合了汽车专业教学的实际情况，融入汽车专业知识和丰富有趣的外延知识而编写了本书。

　　本书诠释了汽车文化内涵，从汽车工业发展历史、汽车公司文化方面全面介绍了汽车发展格局，从汽车结构、汽车设计、汽车技术方面介绍了汽车产品基础知识，从汽车娱乐文化、汽车与社会方面介绍了依托汽车产生的文化门类以及汽车社会的相关知识。全书结构自成体系，在内容上力求丰富实用，趣味性与知识性并重；在编排形式上，力求图文并茂、活泼生动，艺术性与严谨性并重；在教学使用上，力求寓教于乐、宜教易学，娱乐性与方便性并重。本书可作为普通高等院校、高职高专院校的公共课教材及汽车专业的新生教材，还可以作为汽车培训的参考教材，也可供广大汽车爱好者阅读参考。

　　本书由西华大学蔡云、鄂尔多斯应用技术学院李晓雪担任主编，西华大学陈飞、鄂尔多斯应用技术学院胡树山、四川工商学院胡迎刚为副主编。全书共8章，其中第1章、第2章由西华大学蔡云编写，第3章、第4章由西华大学陈飞编写，第5章、第6章、第7章、第8章分别由鄂尔多斯应用技术学院李晓雪、胡树山、陆鹏、武平编写。全书由西华大学蔡云统稿，四川工商学院胡迎刚参与了部分章节的初稿编写及图表整理工作。本书的编写得到了武汉理工大学张国方教授的指导，也得到了兄弟院校的支持与帮助，在此一并表示感谢！在本书编写过程中，参阅了大量书籍和资料，特对原作者表示衷心的感谢。

　　由于编者水平有限，书中难免有疏漏和不足之处，敬请广大读者批评与指正，以便后期修订。

编　者
2017 年 5 月

目　录

第 1 章 绪 论

1.1 汽车文化内涵

1.1.1 汽车文化的概念

1. 概念内涵

文化是一种社会现象，它是人们长期创造形成的产物，同时又是一种历史现象，它是社会历史的积淀物。确切地说，文化是凝结在物质之中又游离于物质之外的，能够被传承的国家或民族的历史、地理、风土人情、传统习俗、生活方式、文学艺术、行为规范、思维方式、价值观念等，它是人类之间进行交流的并被普遍认可的一种能够传承的意识形态。

汽车文化是指人类在长期的历史发展过程中，在汽车发明、设计、生产、流通和使用的过程中，以汽车为载体所表达的价值取向与精神内涵；是人与车、人与人以及人与社会的一种行为方式、习俗、法规及价值观念；是汽车的设计者、制造者和使用者在长期与汽车打交道的过程中逐渐形成的共有价值观、信念、行为准则，以及与汽车相关的行为方式、物质表现的总和。

汽车文化的层次包括物质文化、制度文化与精神文化。制度文化和物质文化是精神文化的基础和载体，精神文化是汽车文化的内核。从根本上讲，汽车文化的三个层次是相互依赖、相互促进、共同发展的一个有机整体。

2. 概念细分

汽车文化根据相关性分为直接文化和衍生文化。直接文化包括汽车品牌文化、汽车标识文化、汽车造型知识、汽车赛车运动、汽车美容改装、汽车创意文化、汽车技术知识、车界名人历史、名车豪车文化等。衍生文化是指在汽车使用过程中产生的相关文化内容，包括汽车消费、汽车驾驶、汽车管理、汽车自驾游等。

1.1.2 汽车文化的特征

1. 社会性

作为社会文化中围绕"汽车"载体的亚文化，汽车文化受民族区域、风俗习惯、交通意识与行为规范、经济发展水平、基础设施、地理环境及使用人群等各种因素的影响。这些影响，有的体现在审美取向上，有的体现在价值判断和消费偏好上，也有的体现在运用与规章制度上。另外，作为社会交往中的"钢铁名片"，汽车极大地拓展了人们的活动半径和社交范围，丰富了人们的社会交往。

2. 时代性

不同时代的汽车文化，在审美判断、价值判断和表现形式上，总是与当代的社会主流价值相一致。同时，它又随着不同时代的社会发展而在精神内核、价值理念和行为规则等方面不断演变。汽车文化的这种时代性，从我国汽车命名中可得到例证，"解放""东风""红旗""富康"等具有鲜明时代特征的汽车品牌，见证了我国社会政治、经济的变迁，成为我国汽车文化历史演变中富有特色的组成部分。

3. 群众性

随着人们生活水平的提高，汽车早已不再是人们眼中的奢侈品，汽车已成为人们生活的一个重要组成部分。汽车广泛地应用于生活、商务、休闲和娱乐等方面，汽车文化的内涵和表现形式也在不断丰富和演变，这充分说明了人民群众是汽车文化的真正创造者。此外，汽车本身也是服务于广大人民群众的，其设计、制造和使用无不处处反映着人民群众的需求和价值取向，同时也反映了人民群众对自身生活品质和生存环境的关注。

4. 创新性

汽车文化是一种开放创新的文化，汽车历史也是一部技术创新的历史，人们在使用和改进汽车的时候，广泛吸收当时人类在工程、技术和管理上的最新成果，将其应用于汽车的设计、制造和使用中。无论是汽车的设计制造部门，还是交通运输等车辆使用部门，创新已经成为公认的生存法则和竞争利器。

5. 民族性

汽车文化源于民众的生产和生活，在其形成、发展和表现形式上，受民族地域文化的深远影响，表现出鲜明的民族特征。

汽车之美，阴柔或阳刚，圆润或挺拔，内秀或奔放，时尚或保守，鲜艳或素雅，简约或繁复，彰显的都是企业、时代、民族的科技与浪漫，是技术美与艺术美的完美融合。美系车展示了美国人自由张扬的个性和豪迈情怀；意大利红色经典的法拉利跑车折射出亚平宁半岛的奔放和风情万种；德国车庄重大方、做工精细、富有品质，浓缩了日耳曼人的冷静、严谨和积极进取的态度；法国车洋溢着法兰西的浪漫，让人联想到巴黎女郎的时尚和典雅。因此，汽车厂商或汽车使用者，必须充分重视特定的民族文化在汽车的设计和使用上所具有的举足轻重的影响，这样才可以让汽车适应区域或民族文化，影响和改变人们固有的某些文化观念。

6. 生态性

工业革命带来了人类生产力的飞跃，由于人类当时对生态环境认识的局限性，汽车生产和使用中的污染一度对环境造成了极大的冲击。20世纪70年代后，人类逐渐认识到环境对可持续发展的重要意义，汽车文化所包含的价值理念日益体现出对环境和生态的关注。2015年，习近平同志在巴黎气候大会上发表讲话，他指出中国二氧化碳的排放量将在2030年左右达到峰值。"创新、协调、绿色、开放、共享"的发展理念，已经融入了汽车产业和汽车文化，得到了大家的一致认同。

1.1.3　汽车文化的构成要素

1. 历史要素

汽车自 19 世纪末诞生以来,已经走过了 100 多年的风风雨雨。百年岁月中,汽车发展速度惊人。同时汽车工业也造就了多位巨人,他们一手创建了福特、通用、丰田、奔驰等在各国经济领域中的著名汽车公司。汽车不仅成为我们生活中不可缺少的一部分,而且还衍生出了许多鲜为人知的趣事。

汽车文化是社会主流价值在与汽车相关的产业、行为和物质载体上的体现,汽车文化的形成与发展总是与一定历史时期中的社会思潮与价值判断互相联系。

2. 技术要素

汽车技术是构建汽车文化的物质基础,汽车文化的技术要素是指汽车文化所体现的技术可靠性、功能性和进步性。在汽车的发展中,汽车设计、生产、使用等环节,涉及冶金、材料、能源、机械等众多学科领域,仅造型设计就涉及机械工程学、人体工程学、空气动力学、工业设计学等学科,融合了动感、流线、前卫、浪漫等区域和民族文化元素。

汽车文化中的技术要素不仅限于工程技术,现代管理科学和手段也是汽车文化中技术要素的重要组成部分。福特公司的流水线生产方式,丰田公司的精益生产方式、企业文化,以及全面质量管理等众多新兴管理理论与方法,也在汽车产业中获得了广泛的应用,对世界经济的发展产生了巨大的促进作用。

3. 人文要素

汽车作为一种工具,把人类从繁重的体力运输中解放出来,其重视人、尊重人、关心人和爱护人的理念精髓已渗透到现代汽车的设计、研发、制造和使用过程的各个环节。从基本的车内装饰材料、可调节座椅和车内音响的出现,到现在的车载 DVD、车载电话、卫星导航、安全气囊及智能驾驶技术等,无不体现现代汽车对人类生命安全、生存环境和生活质量的重视。另一个不容忽视的方面是,汽车的发展离不开前人的努力探索与创新,汽车设计与制造领域的精英前辈们的进取与创新精神是汽车文化中人文要素的重要组成部分。

4. 美学要素

不同于一般文化艺术形式,汽车文化中所蕴含的美学要素是科学与艺术的结合、形式与功能的统一。它不仅反映在汽车的外观与造型上,也渗透到产品结构、材料和工艺等方方面面。在近代汽车的发展史上,汽车的外观经历了不同造型,这些外观的演变都是以当时人们审美观念的改变和科技的进步为依据的。在当前激烈的市场竞争中,如何提高产品的美学质量、开发款式新颖美观的汽车已成为汽车企业产品能否成功的关键因素之一。

5. 品牌要素

汽车品牌是相关企业在历史发展中积累的精神财富的集中反映,它包含了汽车产品的市场定位、产品品质、品牌联想、企业传统、创业精神、企业价值观等多方面的内容,每一个成功的品牌都蕴含着良好的企业文化和巨大的精神力量。

6. 时尚要素

汽车文化不断与现代公众文化相融合,衍生出新的文化表现形式,如汽车运动、汽车广告、汽车展览、汽车模型、汽车影院、汽车旅馆、汽车工业旅游、汽车俱乐部等。这些丰富多彩的新型汽车文化表现形式,作为汽车文化最具活力的表现形式,向社会大众传播着汽车文化的时尚新魅力。

1.2　汽车的地位和作用

1.2.1　汽车改变物质世界

汽车是人类历史上最伟大的物质发明之一，在其诞生后短短的 100 多年间，世界的物质生产格局发生了翻天覆地的变化。汽车既可以独立担负运输职能，又可作为与其他运输方式进行衔接运输的工具，使得社会生产与分工更广泛、更充分、更富有效率，极大地促进了社会物质文明的发展。人类借助汽车，方便了出行，彻底改变了落后的交通面貌。汽车成为人们不可或缺的重要消费品。

1.汽车促进了经济发展

（1）促进相关产业的发展

世界发达国家汽车工业发展都与国民经济发展直接相关，并基本与 GDP 同步增长。汽车经济拉动了国民经济的增长，汽车工业已成为各主要汽车生产国国民经济的支柱产业。

汽车工业的发展，促进了能源工业、原材料工业、设备制造业、公路建设业、交通运输业、销售服务业、教育业、金融保险业等上、下游相关产业的发展。

（2）提高出口和外汇收入

汽车工业是资金和技术密集的大批量生产产业，并不是任何国家都有条件发展的，但是世界上所有国家都需要汽车产品，这也使得汽车工业成为重要的出口产业之一，汽车工业也成为世界制造业中创汇最高的产业之一。

（3）创造大量的就业机会

汽车产业能够为社会提供数量庞大、范围广泛、技术含量高的就业机会。汽车产业本身既是资本密集型产业，也是技术密集型产业，同时也是劳动密集型产业。而且它的生产和使用会对其他相关产业产生强大的联动效应，由此可以产生比较多的就业机会，尤其是相关产业，如汽车销售、汽车维修、汽车金融、二手车销售、汽车保险、汽车物流和回收再利用等相关业务。据统计，汽车工业每提供 1 个就业岗位，上、下游产业将带动 10～15 人就业。

2.汽车推动了科技进步

汽车的发展史本身就是一部科学技术的进步史，从第一辆汽车的出现到现在车辆的普及，科学技术的发展与进步功不可没。同时，现代汽车工业的发展，又刺激和促进了科技进步和成果应用。

汽车的不断更新发展，促进了从钢铁、橡胶、玻璃等原材料工业到油漆、电镀、涂料等设备制造业再到电器、电子、化工等配套产品业和零部件制造业等 1000 多个行业的技术更新发展。各种不同类型的汽车的发展，促进了石油、电力、煤炭、建筑等部门的现代化；大型集装箱货运汽车，改变了公路运输部门的面貌；人们对汽车智能化的需求促使各种先进配套产品及电子信息技术的发展；汽车事故和污染的产生，推动了交通科学和环境科学的发展。在"中国制造 2025"背景的推动下，随着汽车产业结构升级发展，汽车新技术、新工艺的不断更新和进步，直接推动了与汽车相关产业的技术更新和技术改造。

3.汽车催生了现代交通

现代交通诞生的标志是现代化交通工具的发明和普及，以及现代交通理念的形成和规章制度的建立。在过去的千百年中，交通工具一直处于不断变化中。近百年来，交通方式发展日新月异，铁路、公路、航空、管道等运输方式相继出现。汽车作为公路交通中的重要工具，是现代交通最重要的组成部分。

汽车既可以作为公共交通工具，又可以用作家庭和个人的出行工具，还可用于客货运输，具有普遍性；汽车属于平面交通工具，只要有道路即可行驶，既可通向各城市，又可通向广大农村，实现"门到门"的服务，具有灵活性。汽车作为终端运输工具，可实现火车、飞机、船舶等联运，促使现代交通彼此协作，功能更加完善。

4.汽车是现代物质文明的平台和象征

汽车工业是资金密集、技术密集、人才密集、综合性强、经济效益高的产业。汽车工业对国民经济拉动作用大、时间久，对地区经济发展和提高人民生活质量具有重要贡献。在很多发达国家及发展中国家，汽车工业已成为一个非常重要的支柱性产业。人们在享受汽车文明的同时，汽车工业将成为经济增长的动力、实现工业化的重要载体、制造业产业升级的"领头羊"、增长就业的支撑点和社会进步的车轮。

总之，汽车已经成为现代物质生产和社会运转的平台，汽车是否广泛使用成为衡量一个地区或国家是否发达的标志，汽车是现代社会物质文明的重要象征。

1.2.2 汽车引领精神文明

1.汽车改变了工作方式

现代汽车缩短了人们上下班的时间，延伸了人们工作的空间距离。汽车的普及给人们选择工作带来了很大的方便，在美国，成年人几乎都会开车，驾驶汽车已成为求职的一个基本条件。

汽车方便、灵活、机动、快速的交通特点，提高了人们公务活动的效率和工作节奏；汽车上的通信、办公设备越来越普及，人们在车上就可以进行工作联系、沟通、指挥和决策，这改变了人们的办公方式。

2.汽车改变了生活方式

汽车作为一种方便的交通工具，促进了各国的城市化进程，改变了城市交通方式，实现了城市交通现代化，促进了经济的发展。汽车使得人们可以自如、快捷地出行，对于住宅区域的选择可以更加宽泛。在我国，汽车的发展正在改变城市的结构布局，中心城区周边诞生了众多热闹的卫星城。城市和郊区的界限越来越模糊，中心城区昂贵的房价，使人们可以选择在中心城区工作、在卫星城居住，这大幅度提高了郊区的城市化速度。

汽车增加了人们的出行频率和时间，所有能吸引出行者的服务内容都有可能催生新的消费形式，像超大型购物中心"摩尔"就是汽车社会的产物。汽车也为人们之间的交流提供了便利，增加了人们见面、聚会的机会。因为有了汽车，围绕着汽车衍生出高速公路、汽车旅馆、汽车餐厅、汽车商店、汽车影院、加油站、汽车美容店等，它们已经成为人们生活中不可缺少的一部分。

3.汽车丰富了文化生活

随着汽车工业的飞速发展和汽车文化的兴起，汽车在创造物质文明的同时，也通过丰富人类文化创造了精神文明。在影视作品中,汽车追逐戏、摩托车飞车特技等成为吸引观众的重要形式。各种各样的汽车赛车运动、汽车展览会、汽车博物馆、汽车报纸杂志、汽车网站媒体等汽车文化形式,极大地丰富了人们的文化生活。

4.汽车促进了文化融合

汽车的出现和普及,不断扩大人们的活动半径和传统的生活空间,以往受地域空间限制所形成的城乡差异、种族差异和等级差异等,随着人们在扩大了的、相互重合的生活空间中的交流和互动,正在不断缩小。跨地域的人才招聘、就业和房产贸易在现代交通的帮助下真正得以发展起来,使人才的自由流动成为现实。汽车的大量使用,在促进社会分工和商品交换的过程中,带动了乡村和落后地区生产的商品化和社会化,打破了自给自足的封闭状况,极大地促进了不同区域、不同民族的文化融合。汽车运动、自驾游等新方式开启了汽车、旅游、运动、文化等产业文化的互动生态融合。

第 2 章　汽车工业简史

2.1　汽车发展历程

2.1.1　汽车的起源

人类为了省力而发明了车轮，开始放飞移动的梦想。因为可以移动，人类有了自由；因为有了自由，人类的需求得以满足；因为得到满足，人类收获了幸福；因为感到幸福，人类才能生生不息、充满激情活力。

1. 车轮的发明

车轮是人类在搬运东西的劳动实践中逐渐被发现的。随着武器及生产工具的改进，猎取的东西多了，把它们运到目的地就困难了。于是，有人就想出了主意，从地上捡了几根折断的粗树枝，用藤蔓将这些树枝连接在一起，然后把猎物放在上面，双手抓住两根长树枝拖着走，这比肩扛背驮轻松多了，这就是人们最初发明的一种"橇"，如图 2 - 1 所示。滑橇的特点是借助滑杆在地上滑动。

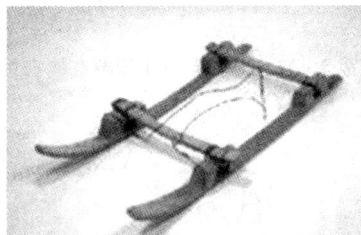

图 2 - 1　滑橇

但是在当时几乎没有道路的荒山上拽这种滑橇仍然是很困难的。某天，狂风大作，有人发现在风的吹动下，圆滑的石头或圆木滚动得比别的东西快，这个自然现象给了人们很大启示。人们用石斧把圆木截短，并把砍下的两段圆木在中间凿一个圆洞，再在洞里穿上一根细一点的木棍把它们连接起来，这样滚子橇便制造成功了，用它拖东西比过去那种滑橇又轻快了很多。最早的轮子用实木制成，和轴牢牢地钉在一起。到公元前 3000 年时，已将轴装到手推车上，轮子不直接和车身相连。不久以后，为了减轻轮子的重量，又出现了装有轮辐的车轮，后来人们又给这种轮子套上铜箍或铁箍，以增加其牢固度。车轮的变迁如图 2 - 2 所示。

轮被视为人类最古老、最重要的发明，轮的发明改变了人类在陆地上的运动方式，实现了从移动、滑动到滚动的飞跃。从轮到车，是人类交通方式的第一次伟大革命，它放飞了人类对快捷交通的梦想。

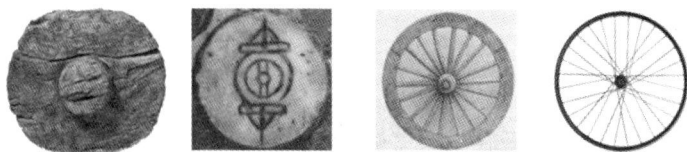

图 2-2 车轮的变迁

2.马车的应用

随着车轮的发明，逐渐开始出现用马来拉的有轮子的车，这就是马车的诞生。马车的历史极为久远，它几乎与人类的文明一样漫长。四轮马车最初只不过是一个有窗的箱子，以皮带悬吊在无簧板的车架上，坐在车架上的旅客需要忍受不断的摇动与颠簸，在之后的几个世纪，这种马车被一批批更坚固、更轻便、更有效的马车所取代。到了 17 世纪，四轮公共驿车承担了几乎所有的长途客运任务，带来了陆上旅行的繁荣，而精致的私有马车更是成为王族身份的象征。其中，最豪华的英国皇室马车是 1763 年为乔治三世所建造，被称为"历来最壮丽之马车"。图 2-3 至图 2-6 所示为历史上各时期的马车。

图 2-3 公元前 1100 年左右的农用牛车

图 2-4 19 世纪的双轮双座马车

图 2-5 19 世纪的四轮公共马车

图 2-6 19 世纪 50 年代大篷马车

由于没有其他合适的动力来取代马，所以马车一直是运输、代步和打仗最主要的工具，马车时代延续了约三四千年。马车孕育了汽车的雏形，它具备了早期汽车的基本结构：车轮、轮胎、车厢、悬架和制动系统。

3.人们对机械车辆的追求

早期出现的车辆都是以人力或畜力为主要动力的，睿智的人们进一步设想是否能制造出自行驱动的车辆。1250 年，英国现代试验科学家的鼻祖、著名科学家罗吉尔·培根预言："我们大概能制造出比用一群水手使船航行更快的机械；我们似乎也可以造出不借用任何畜

8

力就能以惊人速度奔跑的车辆；进而我们也可以造出用翅膀像鸟儿一样飞翔的机械。"

（1）指南车和记里鼓车

指南车（图 2 - 7）和记里鼓车（图 2 - 8）是我国古代伟大的发明，是世界上最早出现的带有齿轮的车辆。指南车和记里鼓车都是单辕车辆。指南车是一种指示方向的机械装置，上有一个木人，无论车子怎样转弯，木人的手始终指向南方。指南车的原理是车上装有一套差动齿轮装置，当车辆左、右转弯时，车上可以自动离合的齿轮传动装置就带动木人向车辆转弯相反的方向转动，使木人的手臂始终保持指南的状态。指南车利用差动齿轮装置来指示方向，在今天仍有现实意义。英国著名科学家李约瑟博士在对指南车的差动齿轮做了详细研究后指出：无论如何，指南车是人类历史上第一架共协稳定的机械；当把驾车人与车辆当成一个整体看待时，它就是一部自控机械。记里鼓车又名记道车，它是利用车轮带动大小不同的一组齿轮，当车轮走满 500 m（1 里）时，其中一个齿轮刚好转动一圈，该轮轴拨动车上的木人便会打鼓或击钟，报告里程。第一个在史书中留下姓名的记里鼓车机械专家是三国时代的马钧。记里鼓车是减速齿轮系的典型，也是现代计程车、计速器的重要祖先。记里鼓车报告里数的设计，也是近代所有机械钟表中报时木偶的始祖。指南车和记里鼓车都是利用齿轮传动原理来进行工作的，它的出现表明了 1700 多年前我国车辆制造工程技术已达到了相当高的水平，体现了我国古代技术的卓越成就。

图 2 - 7 指南车

图 2 - 8 记里鼓车

（2）滑轮车

1420 年，英国一位工程师制造出了一种滑轮车（图 2 - 9）。人坐在车内，借用人力使绳子不停地转动滑轮，车虽然走了起来，但因人力有限，车的速度就不能充分地得以发挥，比步行还要慢。

（3）风帆车

1600 年，荷兰的西蒙·斯蒂芬根据帆船靠风力推进行驶的原理造出了双桅帆车，这是一种风帆车（图 2 - 10），该车在海边的试验中最高车速达到了 24 km/h。风帆车实际上是在帆船上装上 4 个车轮，或者说是给马车装上了桅帆。风帆车的致命弱点在于风时有时无，时大时小，且风向不定，用来驱动车辆难顺人意，但它却反映了当时人们对自行驱动车辆的追求。

（4）发条车

1630 年，德国的钟表匠汉斯·郝丘制造了一台发条车，如图 2 - 11 所示。当时的瑞典王子卡尔·古斯塔夫对它一见倾心，花大价钱把它买回了家。但是这台发条车的速度仅比一般人的步行速度快一半，而且每前进几十米必须把钢制发条卷紧一次，这和人们戴的机械手表要天天

"上劲儿"是一个道理。手表上的发条很容易"上劲儿",而给这种车辆的发条"上劲儿"却不是一件容易的事情,需要的劳动强度很大,所以发条车也没有能够得到发展。

图2-9　滑轮车

图2-10　风帆车

图2-11　发条车

2.1.2　蒸汽汽车的诞生

1.蒸汽机的发明

机械动力装置发展的初衷并非用于车辆,而是为了给矿井抽水。随着矿井越挖越深,地下水成了矿井和矿工的大敌,为了开掘矿道和保证安全,必须尽快抽掉地下水。1712年,英国人托马斯·纽科门发明了蒸汽机,用来驱动抽水机将矿井中的水抽出,此蒸汽机被称为纽科门蒸汽机。纽科门蒸汽机将蒸汽引入气缸,然后向气缸中喷水冷却,冷却后的气缸内压下降,气缸里的活塞在大气压力的推动下向上运动,带动抽水泵抽水。活塞每分钟只能运动10次,但已经极大地提高了抽水的效率。1757年,木匠出身的技工詹姆斯·瓦特(图2-12)被英国格拉斯哥大学聘为实验室技师,从而有机会接触纽科门蒸汽机,并对纽科门蒸汽机产生了兴趣。1763年,他在修理蒸汽机模型发现,纽科门蒸汽机只利用了气压差,没有利用蒸汽的张力,因此热效率低、燃料消耗大,他下决心对纽科门蒸汽机进行改进。首先,他认为将气缸里的蒸汽送到另一个容器中去冷却,既可以获得能做功的真空环境,又可使气缸中的温度下降不多,可大大提高热效率。另外,为防止空气冷却气缸,必须使用空气的张力作为动力。1774年11月,瓦特与博尔顿合作制造出了真正意义上的蒸汽机,如图2-13所示。

图2-12　詹姆斯·瓦特

图2-13　瓦特发明的蒸汽机

瓦特发明的高效率蒸汽机一出现立即被广泛应用于采矿、纺织、冶金、机械加工、运输业，极大地提高了劳动生产率，掀起了 18 世纪轰轰烈烈的世界第一次工业革命，使人类进入了"蒸汽时代"。

2. 蒸汽汽车的诞生

法国陆军工程师、炮兵大尉尼古拉斯·古诺（1725—1804 年）从小天资聪颖，勤于思考，对机械颇感兴趣。他青年时期曾在德国军队担任技师，由于他刻苦钻研，技术精湛，因此得到了国王

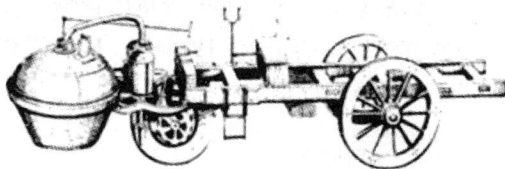

图 2-14　古诺发明的蒸汽汽车

的赏识和援助，开始了研制汽车的工作。1763 年，古诺返回法国，在陆军任技术军官，获得了法国外务、海军和陆军大臣肖瓦兹尔公爵给予的 2 万英镑研究经费，用于研制牵引大炮的蒸汽机汽车。经过 6 年的苦心研究，他终于把蒸汽汽车的热能转换成机械能，并在 1769 年成功研制出世界上第一辆卡布奥雷牌蒸汽发动机汽车（图 2-14），这是汽车发展史上的第一个里程碑。随后，古诺驾驶着这辆火力三轮车碾过巴黎街头的石板路，这辆不用马拉而完全依靠自身动力行走的怪物，发出轰隆隆的响声，吸引着市民争相观看。古诺此次壮举旨在向巴黎市民展示他的惊世发明，车行 15 min 需要停车打一次火，添满水，以使产生的蒸汽从锅炉上端的管道通进气缸，推动活塞、连杆做功来驱动汽车继续行驶，它的最初时速为 4 km/h。由于前轮负担着汽车的转向，又压着很重的锅炉，所以操纵转向杆很费力。一次试车时，由于转向杆操纵困难、转弯不灵活而撞到墙上，使汽车损坏。但是古诺并没有因此而灰心，18 个月后他又制成了一辆更大的蒸汽汽车，牵引力达 4~5 t。这辆汽车是汽车发展史的一个见证，现被巴黎国立工艺学院保存。

尼古拉斯·古诺的尝试给后来者极大的启发和鼓励，在欧洲各国和美国出现了研究和制造蒸汽汽车的热潮。各种用途的蒸汽汽车相继问世，汽车的车身和其他机构也得到了迅速发展。到了 19 世纪中叶，出现了一个蒸汽汽车的全盛时期。1801 年，英国煤矿工程师、铁路蒸汽机车的发明者理查德·特雷迪克制造出了英国最早的蒸汽汽车，该车为三轮结构，后轮直径为 2.5 m，车速达 14.5 km/h。1803 年，理查德·特雷迪克又制成了外形类似马车的蒸汽汽车（图 2-15），可载客 8 人，在平坦路面上车速为 9.6 km/h。至此，蒸汽汽车逐渐成熟，迈进了实用阶段。1827 年，英国的戈尔斯瓦迪·嘉内公爵又使蒸汽汽车进一步完善，其行驶速度增加到 19 km/h，每辆可载 18 人，如图 2-16 所示。不久，该车便在英国中部地区开始正式营业，成了良好的陆上公共交通工具。1828 年，哈恩格克制成了比嘉内的蒸汽汽车性能更好的蒸汽公共汽车，并开始了公共运输事业的企业化。他的车可以乘载 22 名乘客，车速达到 32 km/h，营运后很受欢迎。1834 年，哈恩格克成立了世界上最早的公共汽车运输公司——苏格兰蒸汽汽车公司。

蒸汽汽车的机构很简单，就是把一个蒸汽机装上底架和轮子。为了达到一定的输出功率，就要有一个尽可能大的锅炉；为了达到一定的行程，又要备有充足的水和煤；车身很重，因此需要有一副结实的底架和坚固的车轮。这些导致车越来越笨重，操纵也越来越困难。所以，这些蒸汽汽车仅适用于定班的往返行驶，路线固定，沿途又有煤、水供应。由于车太重、车轮窄、惯性大，使得制动困难，转向也不灵活，经常发生事故。有时明知要减速转弯，但就是慢不下来，转不过去，只能眼睁睁地看着它撞向障碍物。更可怕的是，锅炉压力一旦过高

便难以控制,易发生爆炸,大家就只有弃车逃命。据历史资料统计,英国和美国在 19 世纪末的 20 年间,共发生锅炉爆炸事故 2 万多起,死伤 20 多万人。在 19 世纪中叶以后,蒸汽汽车事业日渐衰落。到了 20 世纪,随着内燃机汽车、电动汽车的大量涌现,汽车性能不断提高,蒸汽汽车开始渐渐退出历史舞台。英国肯特郡肖特兰市的皮尔逊·考克斯股份有限公司是最后一家制造蒸汽汽车的企业,1916 年,最后一辆双座 11 kW 皮尔逊·考克斯牌汽车驶出厂门,从此结束了蒸汽汽车的时代。

图 2-15　理查德·特雷迪克发明的蒸汽汽车　　图 2-16　1827 年英国制造的蒸汽公共汽车

2.1.3　现代汽车的诞生

1. 内燃机的发明

在蒸汽机不断改进和发展的历程中,人们也越来越深刻地认识到蒸汽机的不足是因为燃料在外部燃烧,所以有人开始研究把外燃改为内燃,让燃料在内部燃烧,使膨胀产生的高压气体直接推动活塞做功,这就是内燃机。现代发动机的发明就是在蒸汽机的基础上,仿造蒸汽机的结构,在气缸中燃烧煤气作为开端。人类首先成功制造了煤气机,并在煤气机的基础上改进制成汽油机,再研制成柴油机。

1860 年,在比利时出生的法国发明家勒努瓦(Lenoir)模仿蒸汽机的结构,设计制造出了第一台实用的煤气机,如图 2-17 所示。这是一种无压缩、电点火、使用照明煤气的内燃机。勒努瓦首先在内燃机中采用了弹力活塞环,安装了蓄电池点火系统,这台煤气机的热效率为4% 左右。

图 2-17　勒努瓦设计制造的煤气机　　　　图 2-18　尼古拉斯·奥托

1876 年,德国发明家尼古拉斯·奥托(图 2-18)依据四冲程工作原理,首创四冲程活塞循环,设计并制造出较为经济的四冲程往复式活塞内燃机(图 2-19)。该内燃机仍以煤气为

燃料，采用火焰点火，转速为 156.7 r/min，压缩比为 2.66，热效率达到 14%，运转平稳。在当时，无论是功率还是热效率都是最高的，它与现代内燃机原理很接近，是第一台能代替蒸汽机的实用内燃机。

1881 年，英国工程师克拉克成功研制出第一台二冲程的煤气机，并在巴黎博览会上展出。因其结构简单、输出功率大，在当时得到了较多的应用。

1883 年 8 月 15 日，戴姆勒和迈巴赫在奥托四冲程发动机的基础上，通过改进开发出了第一台卧式汽油机，如图 2 – 20 所示。后来他们终于制成了世界上第一台轻便小巧的化油器式、电点火的小型汽油机，转速达到了当时创纪录的 750 r/min。这是世界上第一台立式汽油机，取名为"立钟"，如图 2 – 21 所示。这台立式汽油机于 1885 年 4 月 3 日取得德国专利。

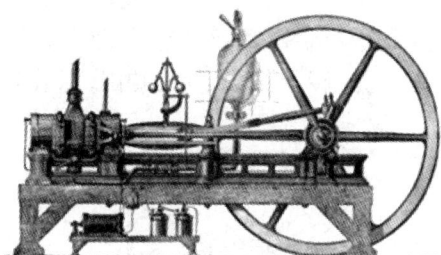

图 2 – 19　奥托研制的卧式四冲程煤气内燃机

图 2 – 20　第一台卧式汽油机

戴姆勒把这台立式汽油机装在一辆自行车上（图 2 – 22），并于 1885 年 8 月 29 日取得了这辆"骑式双轮车"的德国专利，这实际上是世界上第一辆摩托车。

图 2 – 21　第一台立式汽油机

图 2 – 22　第一辆摩托车

1892 年，德国机械工程师鲁道夫·狄塞尔（图 2 – 23）取得了在内燃机中使用压缩点火的专利。他希望通过提高压缩比来提高热效率，利用压缩气体产生的高温来点火，不但省去点火装置和汽化器，而且可以使用比汽油便宜的柴油做燃料。狄塞尔经过 5 年的艰难实验，终于在 1897 年制成了第一台具有实用价值的高压缩型自动点火内燃机，即压燃式柴油机，如图 2 – 24 所示。它加长了燃烧过程前的压缩过程，既是内燃机技术的第二次突破，也是一项震惊世界的卓越发明。

1898 年，柴油机首先用于固定式发电机组；1903 年，用作商船动力；1904 年，装于舰艇；1913 年，第一台以柴油机为动力的内燃机车制成；1920 年，开始用于汽车和农业机械。

13

1957 年，德国人弗力斯·汪克尔发明了转子活塞发动机，这是汽油发动机发展的一个重要分支。一般发动机是往复运动式发动机，工作时活塞在气缸里做往复直线运动，为了把活塞的直线运动转化为旋转运动，必须使用曲柄连杆机构。转子发动机则不同，它是利用内转子圆外旋轮线和外转子圆内旋轮线相结合的机构(图 2 - 25)，无曲轴连杆和配气机构，可将三角活塞运动直接转换为旋转运动。它的零件数比往复活塞式汽油机少 40%，质量轻、体积小、转速高、功率大，直接将可燃气的燃烧膨胀力转化为驱动扭矩。与往复式发动机相比，转子发动

图 2 - 23　鲁道夫·狄塞尔

机取消了无用的直线运动，因而同样功率的转子发动机尺寸较小，重量较轻，而且振动和噪声较低，具有较大优势。

日本马自达公司买下了转子发动机的专利，并把转子发动机装在汽车上。安装了转子发动机的 RX - 7 型跑车打入了美国市场，令人刮目相看。可以说，转子发动机生在德国，长在日本。

图 2 - 24　第一台柴油机

图 2 - 25　汪克尔发明的转子活塞发动机

2. 近代汽车的诞生

内燃机的发明为汽车的诞生奠定了坚实的基础。本茨和戴姆勒是世界上公认的以内燃机为动力的现代汽车的发明者。他们的发明创造成为汽车发展史上的重要里程碑。

(1) 卡尔·本茨的第一辆汽车

1879 年，德国工程师卡尔·本茨首先试验成功了一台二冲程试验发动机。1883 年，本茨创立了本茨公司和本茨莱茵发动机厂。1885 年，他在曼海姆制成了第一辆发动机汽车，如图 2 - 26 所示。1886 年 1 月 29 日德国专利局颁发了世界上第一本汽车专利证书(图 2 - 27)，注册号为 37435，专利人为卡尔·本茨。这天被确认为汽车的诞生日，本茨也成了"世界汽车之父"。

本茨发明的汽车为三轮汽车，采用一台二冲程单缸 0.66 kW 的汽油机，自身重量 254 kg，装有 3 个实心橡胶轮胎，最高车速 18 km/h。此车具备了现代汽车的一些特点，如火花塞点火、水冷循环、钢管车架、钢板弹簧、后轮驱动、前轮转向和制动把手。但是该车的性能并不十分完善，行驶速度、装载能力、爬坡性能也不十分如意，而且在行驶过程中经常出现熄火抛锚的情况。

图 2 – 26　卡尔·本茨的第一辆汽车

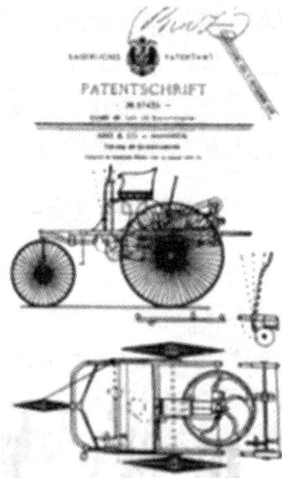

图 2 – 27　世界上第一本汽车专利证书

　　本茨的发明最初被人们所怀疑。当时曼海姆的报纸把他的车描述为无用可笑之物，本茨的夫人贝尔塔为了回击这些人的讥笑，于 1888 年 8 月带领两个儿子驱车从曼海姆到福茨海姆（贝尔塔的娘家），往返 144 km，为本茨的发明增添了说服力。本茨的汽车结构与外形和当时的马车差不多，车速和装载质量也不比马车优越，但是，它的巨大贡献在于其实现了自动化和内燃机的使用。因为这种车能自己行走，所以人们用希腊语中的"auto"（自己）与拉丁语中的"mobile"（会走的）构成复合词来解释这种类型的车，这就是现在我们把汽车称为"automobile"的由来。本茨的第一辆三轮汽车是世界上最早的汽车雏形，这辆汽车现被收藏在德国的本茨汽车博物馆内。

　　（2）戴姆勒的第一辆汽车

　　1883 年 8 月 15 日，戴姆勒和迈巴赫发明了汽油内燃机。1886 年，戴姆勒和迈巴赫成功研制了一台高速四冲程汽油机，排量 0.462 L，功率 0.8 kW，转速为 665 r/min。戴姆勒为了庆祝妻子艾玛的生日，花了 795 马克买来了一辆美国四轮马车，对马车加以改进，增添了传动、转向等必备机构，装上了发动机，世界上第一辆四轮汽车就诞生了。这辆汽车以 18 km/h 的速度从斯图加特开到了康斯塔特，当时人们称之为"没有马的马车"（图 2 – 28）。

图 2 – 28　戴姆勒发明的第一辆四轮汽车

1886 年被公认为是现代汽车的诞生之年。戴姆勒和本茨的成功是站在巨人的肩膀上取得的。早在第一辆汽车发明之前,与它相关的许多发明就已经出现了,如充气轮胎、弹簧悬架、内燃机点火装置等。所以从某种意义上来说,汽车是许多发明和技术的综合运用,很难准确地说它是什么时候由什么人发明的。最重要的是要认识到汽车并不完全是由一个人发明的,而是由几百甚至几千项发明构成的,是人类智慧的结晶。

2.1.4 汽车技术的发展

最初的汽车十分简陋,它只是由马车改装而成的。现代汽车日趋多样化,其结构不断完善、类型日益繁多、技术不断发展,这些都凝结着无数发明者的智慧和心血。

在汽车诞生之前,汽车的能源问题已经得到了解决。1859 年,美国耶鲁大学的教授西利曼建立了最早的石油分馏装置,能够分馏出煤油、汽油和柴油。1859 年 8 月 27 日,美国宾夕法尼亚的提达斯维尔等人打出了第一口具有商业价值的油井。石油的出现为汽车工业带来了生命力。

汽车发展历程分为 4 个阶段:汽车发明实验阶段(1886—1910 年);汽车技术不断完善阶段(1911—1940 年);汽车工业迅速发展阶段(1941—1960 年);汽车高科技广泛应用阶段(1961 年至今)。

1. 汽车发明实验阶段

1886 年:①1 月 29 日,德国曼海姆专利局批准了卡尔·本茨为其在 1885 年研制成功的三轮汽车申请的专利,这一天被大多数人称为"世界汽车诞生日";②德国人哥德利普·戴姆勒制成世界上第一辆四轮汽车;③奥托宣布放弃自己所获得的四冲程发动机专利,任何人都可根据需要随意制作。

1887 年:卡尔·本茨将他的第一辆汽车卖给了法国人埃米尔·罗杰斯,这是世界上第一辆现代汽车的销售。

1888 年:英国人邓禄普发明充气轮胎。

1889 年:①戴姆勒在他的汽车上采用装有滑动小齿轮的四速齿轮传动装置;②6 月 9 日,戴姆勒的 V 形发动机在德国获得专利,后来卡尔·本茨在自己的汽车上采用了这种类型的发动机,并付给戴姆勒 3.7 万马克专利费;③法国人标致成功研制出齿轮变速器和差速装置。

1891 年:①美国芝加哥研制出第一辆电动汽车;②法国人潘赫德和莱瓦索尔采用发动机前置、后轮驱动的结构形式,并设计了专用底盘。这一结构奠定了汽车传动的基本形式,在相当长的时间内被全世界广泛仿效。

1892 年:美国人杜里埃发明喉管型喷雾化油器。

1893 年:①德国人狄塞尔在其论文《转动式热机原理和结构》中,首次论述了柴油发动机原理;②法国巴黎开始实行车辆登记、使用车牌并发放驾驶证;③杜里埃研制出美国历史上第一辆汽油发动机汽车。

1894 年:①狄塞尔展出他的第一台商品型柴油发动机;②法国人米其林兄弟发明充气式橡胶轮胎;③奔驰公司生产了 135 辆维多利亚牌汽车,并采用了米其林兄弟发明的可拆卸式充气轮胎。

1895 年:①世界上第一本汽车杂志《无马时代》在美国出版发行;②法国人莱瓦索尔研制出用手操纵的齿轮变速传动装置;③美国首次举行汽车比赛,获得冠军者用 9 h 跑完 50 mile

（80.45 km）的路程。

1896 年：①亨利·福特研制成功两缸四轮汽车；②美国出版物中首次使用"汽车"（automobile）单词；③美国人将油灯用于汽车照明；④英国人首次使用石棉制动片；⑤德国首次使用汽车计程表；⑥伦敦首次举办国际汽车博览会，展出了小轿车、客货两用车和电动汽车；⑦德国人杜茨成为经营出租汽车的鼻祖。

1897 年：①英国兰切斯特牌汽车采用了高压润滑系统，并获得专利；②狄塞尔制成压缩点火式 1.1 kW 柴油发动机，热效率高达 26%，令世界为之震惊。

1898 年：①美国人富兰克林研制出顶置气门 4 缸风冷式发动机；②转子发动机问世；③法国人雷诺将万向节首先用于汽车传动，并发明伞齿轮式主减速器传动装置以取代链条传动；④英国人制成柴油发动机汽车。

1899 年：①带有整体水箱的蜂窝式散热器、分挡变速器和脚踏式加速器首先被戴姆勒应用；②纽约成立全美第一家汽车修理厂。

1900 年：①全金属车身问世；②德国人保时捷研制出带曲面挡风板的汽车；③奔驰公司以钢材代替木材制作车架；④倾斜式圆形转向盘首次在德国使用。

1901 年：①德国波许公司发明高压磁电机点火装置；②奥兹莫比尔汽车首先使用转速表；③低压磁电机点火系统被戴姆勒公司采用。

1902 年：①盘式制动器专利由英国人获得；②鼓式制动器专利由法国人雷诺获得；③后桥独立式悬架被法国人装于赛车；④摩擦式减振器在英国被使用；⑤用两个前轮的转动代替轴的转动的艾利奥特开始转向原理应用。

1903 年：①法国研制出第一台 V 形发动机；②美国古德伊尔轮胎公司获无内胎轮胎专利；③英国生产全钢车身的轿车。

1904 年：①气压制动系统开始采用；②凯迪拉克汽车装用防盗点火系统；③美国研制出防刺漏式轮胎；④英国希思发明液压制动系统。

1905 年：①法国研制出封闭式驱动桥；②法国研制出轮胎压力计。

1906 年：①带弹簧的保险杠问世；②前轮制动器在德国问世；③别克公司将蓄电池作为轿车的标准配备；④扭力杆式减振器问世。

1907 年：法国采用乙炔车灯。

1908 年：①福特流水式生产线建成，开始了崭新的汽车生产方式；②轮胎刻纹机在美国问世；③电喇叭被美国人应用在汽车上。

1909 年：美国四轮驱动公司生产四轮驱动的战船牌小客车。

1910 年：美国出现消防车。

2.汽车技术不断完善阶段

1911 年：①美国举行 500 mile 汽车赛，获胜者的汽车上首次安装了后视镜；②德国人卡门提出流线型概念；③法国人标致设计出四轮制动器；④电灯被美国人用于汽车照明。

1912 年：①自动起动器被首次装用在凯迪拉克汽车上；②双凸轮顶置式发动机在瑞士问世；③别克 V12 型发动机采用了铝制活塞；④轮胎材料中加炭黑可以提高耐磨性的实验获得成功。

1913 年：①四门轿车问世；②曲面挡风玻璃问世；③汽车前大灯被置于挡泥板上；④汽车销售首次采用分期付款方式；⑤第一个加油站建成。

1914 年：①全钢车身的道奇牌客车问世；②底特律出现第一个管理交通的停止信号灯；③云母质绝缘体的火花塞在英国问世；④英国生产双层客车。

1915 年：①可拆卸式轮辋代替了嵌入式轮辋；②箱形车身的"T"形车问世。

1916 年：①倾斜式挡风玻璃流行，手动刮水器被装于汽车；②美国人开始使用停车灯。

1918 年：①美国人麦克姆·罗西德制成四轮液压制动器并获专利；②英籍德国人阿克曼申请平行连杆式转向机构专利，后来法国人琼特将其改为梯形连杆式。

1919 年：高效制动器装车使用。

1920 年：①雪铁龙和蓝旗亚公司开始采用钢板冲压盘式车轮；②通用公司在车内安装顶灯。

1921 年：①林肯汽车将转向信号装置列为标准配备；②镀镍技术被应用于散热器和车灯；③发现四乙基铅在汽油中具有抗爆作用；④可调式汽车座椅问世。

1922 年：①空气滤清器、油量指示器被应用于汽车；②蓝旗亚汽车采用了 V6 型发动机和四轮独立悬挂装置；③橡胶悬挂装置在美国问世。

1923 年：①戴姆勒公司发明自动喷漆装置；②奔驰公司生产出第一辆柴油载货车；③菲亚特公司推出调式转向盘。

1924 年：①杜邦公司推出新型快干漆；②富兰克林研制出离合器中的减振装置；③莫来石瓷质绝缘体的火花塞在美国问世；④波许公司开始生产电动刮水器；⑤双丝式前大灯问世。

1925 年：本年度供给用户的汽车附属装置有千斤顶、停车信号灯、水箱锁盖、行李架、反光镜、烟灰盒、点烟器和温度计等。

1926 年：①美国研制出汽油辛烷值测定表，使汽油的抗爆性有了衡量标准；②采用降低驱动桥高度和双曲线齿轮，使汽车重心得以降低；③通用公司将汽车大灯变光开关由转向盘移到了地板上，改用脚操纵；④凯迪拉克公司使用防碎玻璃。

1927 年：①真空自动增压器问世；②通过采用在钢制部件中充填毛织物和射流消声的方法使汽车得以消声；③液力制动器问世。

1928 年：同步变速器用于凯迪拉克汽车。

1929 年：①开始安装汽车尾灯；②美国将收音机作为汽车的选用品。

1930 年：①超低压轮胎问世，提高了汽车在松软路面行驶的性能；②镀锡活塞问世；③戴姆勒公司将液力耦合器用于汽车，改变了传统的机械传动方式。

1931 年：①采用独立悬架的汽车问世；②离心式、真空式点火提前角自动调节装置由克莱斯勒公司研制成功。

1933 年：①非贯通式汽车通风系统研制成功；②汽车停放收费计数器问世。

1934 年：①雪铁龙前轮驱动汽车问世；②半自动变速器问世。

1935 年：①手动按钮式齿轮变速器问世；②德国西门子公司开始生产氧化铝瓷质绝缘体火花塞。

1936 年：由钢制扭力杆和双管路紧急制动系统组成的新型安全装置问世。

1937 年：普利茅茨牌汽车开始采用安全玻璃。

1938 年：①空调装置被美国人用于汽车；②人们开始注意汽车升力现象。

1939 年：奥兹莫比尔汽车采用了液压－机械联合传动系统。

　　1940 年：①克莱斯勒公司研制出安全轮辋，它可保证轮胎被刺穿后不脱离轮辋；②封闭式汽车前大灯问世。

　　3. 汽车工业迅速发展阶段

　　1941 年：四速半自动变速器及液压联轴器由克莱斯勒公司研制成功。

　　1944 年：通用公司生产水陆两用汽车。

　　1946 年：①后置发动机客车问世；②全钢客货两用车问世；③米其林公司研制出子午线轮胎；④轿车首次装用无线电话。

　　1948 年：①曲面挡风玻璃问世；②无内胎式轮胎问世；③奔驰轿车首次装用电动车窗。

　　1949 年：①克莱斯勒汽车采用点火钥匙起动；②福特公司推出 V8 船形轿车。

　　1950 年：①英国人获蝶式制动器专利；②英国路虎公司推出世界上第一台采用燃气涡轮发动机的汽车；③第一台直喷式柴油机问世。

　　1951 年：克莱斯勒公司推出具有半球形燃烧室的 V8S 发动机。

　　1952 年：①转向助力器装车使用；②美国人开始采用座椅安全带。

　　1953 年：①玻璃纤维薄板加钢筋构成的车身问世；②捷豹汽车装用蝶式制动器；③晶体管被用于汽车点火系统。

　　1954 年：①三角转子式发动机问世；②燃油喷射式发动机问世。

　　1955 年：电控门锁问世。

　　1956 年：采用四大灯照明系统。

　　1957 年：①林肯 – 大陆汽车采用组合车身；②带冷却片的制动毂问世。

　　1958 年：无线变速器问世。

　　1959 年：①英国推出"MINI"牌小型汽车，该车采用前轮驱动和横置式发动机；②奔驰公司首次进行汽车碰撞和翻滚试验；③控制污染的曲轴箱通气阀研制成功。

　　1960 年：①凯迪拉克推出"一次性底盘润滑油"；②雷鸟牌轿车采用外摆式转向轮；③克莱斯勒公司制成实用型汽车交流发电机。

　　4. 汽车高科技广泛应用阶段

　　1961 年：①奔驰汽车采用了带前后伺服助推装置的盘式制动器；②合成橡胶轮胎问世，其寿命比普通橡胶轮胎提高了一倍以上。

　　1962 年：①聚酯树脂轮胎线研制成功；②法国研制出碘钨汽车前灯。

　　1963 年：①内部带有备胎的轮胎问世，该轮胎能在外胎爆裂以后，利用备胎继续行驶130 km 以上；②楔形汽车问世。

　　1964 年：①庞蒂克"强力"牌轿车开创了采用涡轮发动机的新时代；②福特公司采用计算机辅助设计新车型；③自动变速箱上的选择按钮按照"倒车—空挡—驱动—低速—高速"的顺序实现了标准化；④福特公司开始采用电控喷漆新工艺；⑤半球形燃烧室问世。

　　1965 年：美国颁布《机动车辆安全法规》《净化空气法案》。

　　1966 年：①美国采用可折叠式转向盘；②英国人设计出车内空气排出系统，该系统后来被普遍采用。

　　1967 年：①通用公司推出使点火钥匙与报警器相配合的防盗装置；②隐蔽式挡风玻璃刮水器开始流行。

　　1968 年：废气排出控制系统成为各种汽车上的标准设备。

1970 年：①奔驰公司研制出模拟防抱死制动系统；②丰田公司建成多用汽车风洞。

1971 年：①雪佛兰公司推出全铝发动机；②日本本田公司研制出复合涡流控制燃烧式发动机（CVCC），该机装有催化式排气净化器，其排气净化水平达到美国 1975 年开始实施的《净化空气法案》标准。

1973 年：①美国政府规定，所有在美销售的新型客车都必须安装前后保险杠，并能经受住 9 km/h 的碰撞；②克莱斯勒公司制成电子点火器。

1974 年：美国规定新型客车都必须装备座椅安全带和点火装置联锁系统。

1975 年：①美国开始实施 1970 年修订的《净化空气法案》，对汽车的废气排放进行极其严格的控制；②美国汽车开始采用电控燃油喷射系统。

1976 年：奔驰公司改建成全尺寸现代化汽车风洞，气流速度高达 270 km/h。

1977 年：第一次国际电动汽车会议在美国举行，会上展出了 100 多辆电动汽车。

1978 年：日本研制出使用复合燃料的汽车，即内燃机 - 电动汽车。

1979 年：巴西生产出以酒精为燃料的汽车。

1980 年：西班牙试制出太阳能汽车。

1981 年：①前轮驱动型汽车开始在美国流行；②日本研制出可原地转向的汽车；③福特公司研制出以甲烷为燃料的汽车。

1982 年：①汽车的空气动力学性能已成为汽车的重要设计指标；②批量生产的轿车风阻系数首次达到 0.3（奥迪 100 型）。

1983 年：①广泛使用涡轮增压发动机技术；②铜芯火花塞问世。

1984 年：林肯公司的"大陆"和"马克Ⅱ"型轿车采用了可调整的空气悬架系统，成为美国市场上的一流轿车；②美国研制出全塑料发动机，自重仅 84 kg。

1985 年：①美国出产的豪华型轿车普遍采用了防抱死制动系统；②日本日产公司和马自达公司开发出后轮转向汽车；③丰田公司试制出一种车身、底盘和轴距都可伸长、缩短的小客车。

1987 年：福特公司投资 350 万英镑建立汽车驾驶性能检测室。

1989 年：本田公司的可变气门控制系统问世。

1990 年：①本田公司的导航系统问世；②无人驾驶汽车问世，激光、超声波、电视摄像机取代了人眼。

2.2 世界汽车工业发展历程

2.2.1 外国汽车工业发展历程

1. 德国汽车工业的发展

（1）一战期间汽车工业

德国既是现代汽车文明的发祥地，也是世界汽车工业的摇篮。自 1886 年 1 月 29 日这一具有历史性的世界汽车诞生日起，汽车的诱人前景使德国的汽车厂纷纷涌现，其他行业的一些厂家也纷纷转向汽车生产。1901 年，德国只有 12 家汽车厂，职工 1773 人，年产汽车 884

辆，而到了 1908 年，汽车厂家已达 53 家，职工 12400 多人，年产汽车 5547 辆。1914 年第一次世界大战前，德国汽车工业已基本形成一个独立的工业部门，汽车制造工人有 5 万多人，年产量达 2 万辆。

尽管一战给德国的汽车工业发展带来了不利的影响，但战争结束后，德国人仅用了 10 年左右的时间就大大超过了战前的繁荣。

1934 年 1 月，从戴姆勒 – 奔驰公司辞职的著名汽车设计大师弗迪南德·波尔舍（Ferdinand Porsche，1875—1951 年）（图 2 – 29）联合各方力量，合股成立了大众汽车公司，开发设计了"Volkswagen"，即"大众的汽车"。而随后开发的甲壳虫汽车更令大众汽车公司迅速成为国际性的汽车厂商。

（2）二战期间汽车工业

第二次世界大战爆发后，德国很快卷入全面战争。到战争结束时，大部分的汽车工业都遭受重创，但依靠德国人顽强的民族精神，德国的汽车工业很快得到了恢复。1950 年，

图 2 – 29　弗迪南德·波尔舍

德国的汽车产量达到了 30 万辆。1952 年，"大众汽车加拿大有限公司"的成立标志着大众汽车开始向全球进军，之后大众汽车公司又在巴西、美国和南非建立了销售和装配公司。到了 1960 年，德国汽车的年产量已达 200 万辆，10 年内增长了 5.7 倍，年均增长率达 21%，德国从此成为欧洲最大的汽车生产国和出口国。在 1965 年及随后的几年里，大众汽车公司陆续收购了其他的汽车公司，一个大型的德国汽车制造集团形成了。1991 年，通过收购西亚特和斯柯达，大众汽车公司形成了与多品牌战略相适应的结构，作为欧洲最大的汽车制造集团，其管理权下放到大众汽车、奥迪、西亚特、斯柯达和大众汽车商用车等各独立品牌的董事会手中。

（3）现代汽车工业

经过几十年的演变，世界汽车工业形成了"6 + 3"的格局："6"即 6 大汽车集团——通用、福特、戴姆勒 – 克莱斯勒、丰田、大众、雷诺 – 日产；"3"即三家具有特色的汽车公司——本田、宝马、标致 – 雪铁龙。其中，德国的汽车公司占了"2 + 1"，即三分之一江山。

从总体上看，德国汽车以质量好、安全可靠而著称。曾有报道称："大众的畅销主要由于它是一个老实车。它没有乔装打扮，它使买主有这样一辆老实车而自豪。无论看什么地方，都能看到诚实的设计和坚实的工艺的象征。"同样，奔驰、宝马等豪华车和保时捷跑车在世界车坛也享有盛誉，经久而不衰。

2. 法国汽车工业的发展

（1）一战期间汽车工业

法国在世界历史上占有重要的地位。法国出现第一辆汽油汽车是在 1890 年，由阿尔芒·标致创立的标致公司生产。第一次世界大战前，标致的年产量达 1.2 万辆，到 1939 年时年产量达 4.8 万辆。而 1915 年由安德烈·雪铁龙（图 2 – 30）创办的雪铁龙汽车公司发展更快，在 20 世纪 20 年代初年产量就突破了 10 万辆，1928 年日产汽车量达 400 辆，占全法汽车产量的三分之一。另一创办于 1898 年的大型汽车厂——雷诺汽车公司发展也很快，1914 年便形成了大规模生产，第一次世界大战期间更是因军火生产而筹集了大量资金用于汽车生产。

（2）二战期间汽车工业

第二次世界大战后，雷诺公司在法国政府的
支持下，利用国家资本，兼并了许多小汽车公司，
并发掘自身的技术潜力，开发出多种汽车新产品，
1975 年汽车年产量超过了 150 万辆，成为法国第
一大汽车厂商。而标致汽车公司的产量也在战后
20 年内猛增十几倍，一跃成为法国第二大汽车公
司，20 世纪 80 年代更是超过雷诺而登上榜首。雪
铁龙汽车公司则因经营不善而被标致汽车公司于
1976 年收购，成为法国最大的汽车集团——标致 - 雪铁龙集团。

图 2 - 30　安德烈·雪铁龙

（3）现代汽车工业

汽车产业是法国的经济支柱之一，在历史上曾经为法国带来过无数辉煌，也曾经把法兰
西的浪漫文化撒播到全世界。进入 20 世纪 80 年代，世界性的经济危机使法国汽车工业受到
了一定的挫折，雷诺公司更是连年亏损，1984 年产量急剧下降到 30 万辆。但几年后，雷诺公
司便恢复了元气，1999 年 3 月还收购了日产汽车公司 36.8% 的股份。

3. 美国汽车工业的发展

美国是典型的车轮上的国家。19 世纪末，美国的经济超过了英、法、德，已经达到了比
较高的水平，成为世界最大的工业和农业国。由于工农业的发展，美国产生了对新型运输工
具的强烈需求，同时，它的钢铁和石油化工等工业的发展又为汽车工业的发展创造了条件。
当汽车出现后，美国就有 300 多家公司和个人试制汽车，美国随即出现了普及汽车的高潮。
从 20 世纪初到现在，美国汽车工业的历史已超过了 100 年，在与同行的激烈竞争中不断创新
发展，迎合消费者对汽车造型和性能的需求，主宰了世界汽车工业，成了名副其实的汽车
大国。

美国汽车工业的发展大致可分为以下 6 个阶段。

（1）第 1 阶段（1900—1915 年）

自 1893 年亨利·福特发明世界上第一辆以汽油为动力的汽车后的 7 年时间里，汽车开
始大量生产，人们进入了汽车时代。成立于 1887 年的奥兹莫比尔汽车公司，是美国历史最悠
久的汽车制造厂商，该公司于 1903 年生产的 Doctor Coupe 是单气缸汽车，是该公司第一批大
量生产的汽车，1903 年共生产了约 4000 辆。1908 年，福特汽车推出了著名的 T 形车，这种
售价不足 500 美元，之后更降到 300 美元的汽车，只有当时同类汽车价格的 1/4 甚至 1/10，
美国一个普通工人用一年工资就可以购买到。1913 年，福特公司首先在生产中使用流水线作
业法装配汽车，这给汽车工业带来了革命性的变化，为汽车制造开创了新纪元，当时的媒体
一致推选福特 T 形汽车为 20 世纪最重要的汽车发明。

（2）第 2 阶段（1916—1929 年）

汽车制造在这个时期日臻成熟，越来越多的中等阶层拥有汽车。1916 年美国汽车销量首
度突破 100 万辆，1920 年再度建立超越 200 万辆的新里程碑。这个时期，汽车的造型已经成
为汽车制造过程中的一个重要步骤，通用汽车公司更率先成立了艺术与色彩生产部门。当
时，富有人家流行定做汽车车身，即先购买某种汽车的机械部件，然后再另外设计定做车身。
成立于 1902 年的凯迪拉克汽车公司一向以机械部件优良著称。该公司曾经有过把 3 辆汽车

拆开，将机械零部件整个打散，再重新混合组合成 3 辆汽车的记录。这项创举，旨在强调凯迪拉克的零部件的标准化及一致性。这个时期，美国汽车工业为满足消费者需求已经能够生产 8 缸引擎跑车，时速可达到 185 km。1925 年，在通用汽车公司任职的沃尔特·克莱斯勒买下了马克斯威尔汽车公司，创立了美国第一大汽车制造厂——克莱斯勒汽车公司。在美国经济大萧条前夕的 1929 年，美国汽车年销量仍冲破了 500 万辆。

（3）第 3 阶段（1930—1942 年）

这是汽车关键技术发展的阶段，应用空气动力学原理对汽车引擎的设计在这个时期有了长足的进步。Packard 汽车公司共制造了 7 种时速可达 160 km 的高性能 Packard Speedstar 汽车，被视为当时豪华汽车的代表。当时全球市场上有 15 家厂商制造豪华型汽车，Packrad 就占了 50% 的市场份额。

（4）第 4 阶段（1946—1959 年）

随着喷气飞机时代的来临，汽车造型也趋向更低、更长、更宽，并在车后加上大大的尾翅。这个时期的汽车造型有两大特色，一是车身的防撞设计，二是尾翅的流行。20 世纪 50 年代美国最具特色的汽车是家庭式旅行车（Station Wagon），其象征着郊区家庭的美好生活。这个时期，福特雷鸟汽车曾是公司跑车的代言者。1958 年，美国汽车厂商专为纽约国际汽车展览设计了一款只有 1 辆的 DualGhia 100 原型汽车，具有 400 马力（294 kW），最高时速为 224 km，并配有当时车迷所梦想的盒式磁带汽车音响。

（5）第 5 阶段（1960—1979 年）

此阶段消费者抛弃以往强调越大越美的汽车造型，传统而保守的造型蔚然成风，以甲壳虫为代表的小型汽车大为流行。一些价格合理的小跑车，如 Mustang、Corvette 等普遍受到欢迎，小型汽车市场开始增长。美国三大汽车公司都有此类产品推出，1964 年福特野马跑车率先掀起小型车的革命。

（6）第 6 阶段（1980—2000 年）

从 20 世纪 80 年代起，美国汽车工业几乎难以招架日本汽车业的凌厉攻势，日本的本田、日产、三菱和富士公司相继在美国设厂。美国汽车工业为与日本汽车进行竞争，又不断推出新造型汽车，被称为小型箱式车（Minivan）的客货两用轻型汽车一度成为最受家庭喜爱的车种。20 世纪 90 年代，多功能车又独领风骚，因为很多美国人喜欢有载货和越野功能而又可以做代步工具的汽车。

4. 日本汽车工业的发展

日本汽车工业的起源，可以追溯到明治末期。那时的机械工业以初具汽车生产技术能力的造船公司为主，包括纺织机械制造厂商、铸造厂商等都开始模仿生产，这为日本汽车的出现提供了可能。

（1）一战期间汽车工业

日本汽车制造业的开山者应是吉田真太郎，1904 年他创立了东京汽车制造所，3 年后制造出第一辆国产汽油轿车"太古里 1 号"。1924 年和 1926 年美国福特汽车公司和美国通用汽车公司分别在日本设立子公司，装配汽车和生产汽车部件。美国两大汽车公司向日本的扩展，给日本的汽车工业带来了重大的影响，使软弱的日本汽车工业受到压制。在此背景下，丰田喜一郎（图 2-31）在其父丰田佐吉创办的丰田自动织机公司的基础上，于 1937 年创建了举世闻名的丰田汽车公司。

（2）二战期间汽车工业

第二次世界大战前，日本的汽车年产量达 5 万辆。第二次世界大战期间，由于战争的影响只生产了约 5000 辆汽车。当时的日本政府为了保护本国汽车产业，对进口汽车征收高达 40% 的关税（本项关税于 1978 年废止），同时严格禁止外国资本渗透国产汽车工业。而一些小的汽车厂家为了生存，纷纷与国外厂家联合，采取"事业合作"或"技术合作"的方式，唯有丰田公司依然靠自身力量开发生产国产轿车。

（3）现代汽车工业

图 2-31　丰田喜一郎

1955 年，日本通产省公布了发展国民车的大胆构想，他们提出鼓励企业发展一种供日本老百姓使用的微型汽车的计划。当时的设想是：设计生产出一种 400 kg 以下，时速 100 km 以上，乘坐 4 人或 2 人并可以同时携带 100 kg 货物，发动机排量 350～500 mL，行驶 10 万 km 无大修的汽车。而且这种汽车生产成本限制在 15 万日元以下，售价 25 万日元以下。国民车构想发布后在日本国内引起极大反响，各大汽车公司竭力想在这场竞争中分得一杯羹，因而，促进了日本汽车工业的发展。

20 世纪 70 年代，世界发生两次石油危机，油价的提高使人们对汽车的兴趣大减，欧美汽车生产厂商纷纷减产，而这时日本却以其小型轿车油耗低的特点博得了消费者的青睐，3 年内日本汽车出口量翻了一番，达到了 200 万辆。到 1980 年，日本汽车年产量达到了 1100 万辆，超过美国坐上了世界汽车生产的头把交椅，日本终于成为美国和欧洲之后世界第 3 个汽车工业发展中心。

至 20 世纪 90 年代，日本汽车工业渐呈颓势，许多厂商出现了开工不足、生产力闲置的情况，而美欧汽车商则通过兼并重组恢复了元气，反过来把日本汽车公司当作并购的对象。曾经一度，通用汽车在富士重工、五十铃、铃木三家公司分别拥有 20%、49%、9.9% 的股份，福特汽车则拥有马自达汽车 33.4% 的股份，戴姆勒 - 克莱斯勒拥有三菱汽车 34% 的股份。1999 年，日本第二大汽车——日产汽车公司因亏损严重，被迫将 36.8% 的股权卖给法国雷诺公司。

5. 韩国汽车工业的发展

（1）汽车工业起步期

韩国最早从事汽车生产的公司是起亚工业公司，始建于 1944 年 12 月。由于第二次世界大战后不久又爆发了朝鲜战争，政治局势动荡，韩国经济长期处于不景气的状态。韩国汽车业真正起步于 20 世纪 60 年代初期，先后成立了现代、起亚、大宇等汽车公司。各汽车厂商以组装进口零部件生产整车的方式开始试制汽车，直到 1970 年，韩国的汽车年产量仅为 2.8 万辆。

至 20 世纪 70 年代，韩国政府实行"汽车国产化"政策，各汽车公司开始大规模引进国外生产技术。1973 年，现代汽车公司引进日本三菱公司发动机、传动系和底盘技术，1975 年便开始自己开发生产汽车，并大量向非洲出口。大宇汽车公司 1972 年与美国通用汽车开始合资，随着 1990 年第一辆自主设计名为"王子"的国产车的推出并在市场取得成功，大宇汽车公司 1992 年解除了与美国通用汽车 20 年的合作关系。

（2）汽车工业发展期

20 世纪 80 年代后，韩国经济水平有了较大的改观，到 1987 年，人均国民生产总值突破了 3000 美元，进而出现了普及汽车的热潮，国内市场迅速扩大。同时，国产化政策使韩国的汽车工业获得了飞速发展，经过多年的努力，国家经济得到显著的改观。1985 年，韩国的汽车年产量为 37 万辆，1986 年达到 60 万辆。同时，由于韩国始终坚持把汽车工业作为出口战略产业，不遗余力扩大出口，经过努力终于在 20 世纪 80 年代末取得成效，逐步实现了向美国等发达国家大量出口汽车的目标，而这又进一步推动了韩国汽车工业的高速发展。1988 年韩国汽车产量突破 100 万辆，1995 年达到 240 万辆，1997 年达到 280 万辆，一跃成为世界汽车第五大生产国，从此韩国进入高速普及轿车期。

韩国自 20 世纪六七十年代开始引进国外汽车生产线以来，始终执行着一种多样化的发展方针，汽车品种涵盖了小型客车、小汽车、大型旅游车、吉普车、卡车等多个领域，产量基本可以满足本国需要。

（3）现代汽车工业

韩国经济的腾飞被视为奇迹，而汽车业的发展在其中扮演了极为重要的角色。同韩国的其他工业体系一样，汽车工业的发展是与国家的扶持政策分不开的。但是 1997 年亚洲金融危机爆发后，韩国的汽车业遭受了重大打击，原来被飞速发展所掩盖的政企不分、家族式经营模式日益显露出弊端，很多企业走到了亏损与破产的边缘。在风雨中，韩国汽车工业被迫进行新的调整。1997 年，双龙汽车公司因资不抵债而被大宇汽车公司收购。同年起亚汽车公司也被政府招标拍卖，现代集团奋起应标，于 1998 年收购成功，但不久现代集团内部却出现债务问题。1999 年大宇汽车公司也背上了 180 亿美元债务，不得不向欧美汽车公司求援，现已被美国通用汽车公司收购。

2.2.2　中国汽车工业发展历程

1. 旧中国汽车工业的背景

1901 年，匈牙利商人李恩思从欧洲购进两辆美国生产的奥兹莫比尔汽车（图 2 - 32）到上海自备使用，中国从此开始出现汽车。

图 2 - 32　中国最早出现的汽车

1902 年，袁世凯为取悦慈禧太后，在香港购置了一辆第二代奔驰轿车（图 2 - 33）送给慈禧太后，"老佛爷"慈禧成为中国历史上的第一位有车族。

最早提出要建立中国汽车工业的是孙中山。1912年他在江阴视察江防工作时,曾做了"关于道路与自动车建设"的专题报告,阐明了修筑公路、开办长途客货汽车运输对发展经济的重要作用。1920年,孙中山在《建国方略》中正式提出"建造大路、发展自动车工业"的国家发展方略。

张学良将军是中国历史上第一个实际组织生产国产汽车的人。1927年,张学良在沈阳的兵工厂开始试制生产汽车,于1931年5月,成功制造了一辆"民生"牌载货汽车(图2-34)。

图2-33　第二代奔驰轿车

图2-34　"民生"牌载货汽车

1931年"九一八"事变爆发,日本人侵占了东三省,扼杀了我国汽车工业的萌芽。日本借机盗取成果,成立了同和汽车株式会社,到1945年日本投降,已有年产量5000辆的生产能力。旧中国汽车工业的各种努力均以失败告终。至1949年,中国历年累计进口汽车7万余辆,当时的汽车保有量5万余辆,但产品可以说是"万国汽车"。

2. 新中国汽车工业的崛起

中华人民共和国的成立,为中国汽车工业开辟了新的道路。毛泽东主席、周恩来总理等第一代国家领导人亲自筹划建立中国自己的汽车工业。中国汽车工业从1953年开始建设到现在,已经走过了60多年的历史,经过几代人的艰苦奋斗,现在我国汽车工业进入了快速发展的时期。我国汽车工业的发展可概括为初创、自主建设和全面发展三个阶段。

(1)中国汽车工业初创阶段(1949—1965年)

初创阶段的特征:首先建成了中国第一汽车制造厂,实现了中国汽车工业"零"的突破;接着建立了南京汽车制造厂、上海汽车制造厂、济南汽车制造厂、北京汽车制造厂,形成了5个汽车生产基地。

1950年1月,毛泽东主席、周恩来总理在莫斯科同苏联政府会谈,商定由苏联援助中国建设156项重点工程,其中包括建设一座现代化载货汽车厂。

1950年3月27日,中央重工业部成立汽车工业筹备组,任命郭力为主任,孟少农、胡云芳为副主任。

1951年4月,第一汽车制造厂在长春兴建,第一汽车制造厂开始工厂设计,产品为苏联吉斯150型载货汽车,年产3万辆。

1952年8月17日,中央重工业部撤销,成立第一机械工业部。

1952年12月8日,第一机械工业部任命饶斌为第一汽车制造厂厂长,郭力、孟少农、宋敏芝为副厂长。

1953 年 1 月，第一机械工业部将汽车工业筹备组改为汽车工业管理局，任命张逢时为局长，江泽民为副局长。

1953 年 6 月 6 日，毛主席批示中共中央《关于力争三年建成长春汽车厂的指示》。

1953 年 7 月 15 日，在长春举行了隆重的第一汽车制造厂（简称"一汽"）奠基典礼，毛主席亲笔题词"第一汽车制造厂奠基纪念"（图 2-35）。来自祖国四面八方的建设大军，仅仅用了 3 年时间，便在历史空白处开凿出国产汽车的源头。

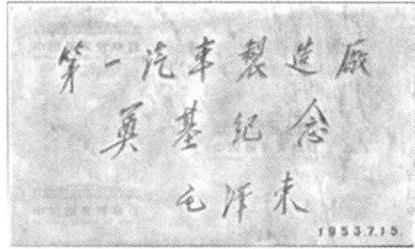

图 2-35 毛泽东为第一汽车制造厂题词的奠基石

1956 年 7 月 13 日，第一辆解放 CA10 型载货汽车下线（图 2-36），1956 年 7 月 15 日，第一批解放 CA10 型载货汽车下线，这表明我国不能制造汽车的历史从此结束，这也为中国汽车工业树立了不朽的丰碑。

1958 年 5 月 5 日，一汽生产出了第一辆东风 CA71 型轿车，东风轿车发动机罩上装饰有一条腾飞的金龙（图 2-37）。

图 2-36 第一辆解放 CA10 型载货汽车下线

图 2-37 中国第一辆东风 CA71 型轿车

1958 年 5 月 21 日，当时正在召开党的八届三中全会，毛主席听说我国自己生产的轿车开来了，高兴地和林伯渠等同志到中南海花园参观，并乘坐了这辆东风轿车。通过东风轿车的试制，我国终于迈开了自制轿车的第一步。

1958 年 7 月，第一汽车制造厂自行设计研制的第一辆红旗牌 CA72 型高级轿车诞生，如图 2-38 所示。这辆车发动机为 8 缸、V 形排列，功率为 162 kW（4000 r/min），装有自动变速器，散热器格栅采用中国传统的扇子造型。1966 年 5 月，国产第一批红旗三排座高级轿车在第一汽车制造厂投产（图 2-39）。红旗牌高级轿车是国产高级轿车的先驱，被列为国家礼宾用车，并用作国家领导人乘坐的庆典检阅车。

1958 年以后，中国汽车工业出现了新的情况，由于国家实行企业下放政策，各省市纷纷利用汽车配件厂和修理厂仿制和拼装汽车，形成了中国汽车工业发展史上的第一次热潮，出现了一批汽车制造厂、汽车制配厂和改装厂，汽车制造厂由当初的 1 家发展为 16 家，维修改装厂也发展为 28 家。其中南京、上海、北京和济南共 4 个有基础的汽车制配厂，经过技术改造后成为继一汽之后的第一批地方汽车制造厂。

图 2-38　红旗 CA72 型高级轿车

图 2-39　红旗 CA770 型高级轿车

1958 年 3 月 10 日，南京汽车装配厂生产出第一辆跃进牌 NJ130 型 2.5 t 轻型载货汽车，如图 2-40 所示；同年 6 月，试制出第一辆 NJ230 型 1.5 t 越野汽车；同年 5 月 10 日，工厂改名为南京汽车制造厂，成为第二家直属中央的汽车企业。

1958 年 9 月，上海汽车装配厂成功试制了第一辆凤凰牌轿车，如图 2-41 所示。1960 年 10 月上海汽车装配厂扩建，更名为上海汽车制造厂。1964 年 12 月，上海汽车制造厂开始生产上海牌 SH760 型轿车。

图 2-40　跃进牌 NJ130 型轻型载货汽车

图 2-41　凤凰牌轿车

1960 年 4 月，济南汽车制造厂成功试制了黄河牌 JN150 型 8 t 重型载货汽车，如图 2-42 所示。

1961 年，北京汽车制造厂试制出第一辆北京 BJ210 型轻型越野汽车，如图 2-43 所示。1966 年 5 月，国务院军用产品定性委员会批准北京汽车制造厂的越野汽车设计定性，并投入批量生产。

图 2-42　黄河牌 JN150 型 8 t 重型载货汽车

图 2-43　北京 BJ210 型轻型越野汽车

1966 年以前，汽车工业共投资 11 亿元，主要格局是形成"一大四小"的 5 个汽车制造厂及一批小型制造厂，年生产能力近 6 万辆，共 9 种车型。1965 年底，全国民用汽车保有量近 29 万辆，国产汽车 17 万辆（其中一汽累计生产 15 万辆）。

（2）中国汽车工业成长阶段（1966—1978 年）

成长阶段的特征：先后建成了第二汽车制造厂、四川汽车制造厂和陕西汽车制造厂 3 个主要生产军用越野汽车的汽车制造厂；开发矿用自卸汽车和重型汽车；地方积极建设汽车制造厂。

1965 年 12 月 21 日，中汽公司决定成立第二汽车制造厂筹备处。1966 年 5 月 10 日，建委在北京召开内地厂址平衡会议，确认第二汽车制造厂厂址位于湖北省十堰镇。1967 年 4 月 1 日，第二汽车制造厂正式破土动工并举行奠基典礼。

1975 年 7 月 1 日，第二汽车制造厂基本建成东风 EQ240 型 2.5 t 越野汽车的生产基地并投产。1978 年 7 月，第二汽车制造厂东风 EQ140 型 5 t 载货汽车（图 2-44）生产基地基本建成，并开始投入批量生产。

1966 年 3 月 11 日，四川汽车制造厂举行开工典礼，厂址选定在四川大足。1966 年 6 月，四川汽车制造厂的红岩牌 CQ260 型越野汽车在綦江齿轮

图 2-44 东风 EQ140 型 5 t 载货汽车

厂试制成功，后改型为红岩 CQ261 型越野车。1971 年 7 月，四川汽车制造厂批量投产红岩 CQ261 型越野车。

1969 年以后，上海、一汽、本溪等投入矿用自卸车辆的研制。1969 年 10 月，国产第一台矿用自卸车在上海试制成功，从此中国的矿山有了国产车。

（3）中国汽车工业全面发展阶段（1979 年至今）

1978 年党的十一届三中全会以后，在改革开放方针的指引下，中国汽车工业进入对外开放阶段，为中国汽车工业在新世纪的腾飞奠定了坚实的基础。这一阶段的特征为：党和政府提出要将汽车工业发展成为国民经济支柱产业；在产量不断提高的同时，加快进行产品结构调整；引进国外先进技术和资本；轿车工业迅猛发展，由此拉开了汽车进入家庭的序幕；生产集中度明显提高，汽车年产量高速增长。

1987—1988 年，生产时间最长的 3 种载货汽车老产品开始换型，转产新解放、新跃进、新黄河。1989 年 6 月 23 日，第一辆中国斯太尔重型载货汽车在济南汽车制造总厂诞生。

1983 年，上海汽车厂试装桑塔纳成功。1984 年，上海汽车厂与德国大众签署合资协议，于 1984 年 10 月 10 日，上海大众合营合同在北京人民大会堂签署。1985 年 3 月 21 日，上海大众有限公司成立，开始批量生产桑塔纳，标志着中国汽车工业从此掀开了历史性的一页。国内汽车专家认为，没有桑塔纳就没有今天中国汽车市场的繁荣。桑塔纳"实际上为新时期的中国汽车业发展开辟了一条道路，奠定了中国轿车工业的基础，开创了一个新纪元"。上海大众通过一期改造后，达到年产 6 万辆的生产能力，拥有了国内第一条高标准轿车整车生产线，使中国轿车工业确立新的规模标准。

一汽、二汽、南汽（南京汽车集团有限公司）、北二汽（北京轻型车厂）、天汽（天津汽车集团公司）、哈飞（哈尔滨哈飞汽车制造有限公司）、江西汽车、昌河、长安、吉林、汉江汽车

等公司分别采取引进技术、工厂改造和扩大生产能力等措施,发展轻型、微型汽车(包括厢式货车和客车)。

至20世纪90年代,一汽、二汽、北汽(北京汽车工业集团)、南汽分别建立合资轿车生产企业,一汽大众(中德合资)、神龙汽车(中法合资)、北京吉普(中美合资)、南京依维柯(中意合资)等汽车品牌相继进入人们的视线。

1978年,我国汽车年产量近15万辆(14.9万辆),这一时期的汽车产品主要以载货汽车和越野汽车为主。2000年汽车年产量突破200万辆(206.8万辆),汽车产品从只能生产货车的单一品种,发展到包括货车、客车、轿车、越野车、自卸车、牵引车等6大类150多个基本车型,以及厢式、罐式、矿用自卸车、特种作业专用汽车1000多种产品,并开始出口汽车,国产品牌汽车市场占有率达到90%以上。

进入21世纪以来,中国汽车工业进入了快速发展的高速路,2000—2002年,仅仅用了2年时间,就完成了从200万辆到300万辆的跨越,2002年我国汽车年产量为325.1万辆(同年汽车销售量为324.8万辆),其中轿车产量为109万辆。2002年中国汽车产量仅次于美国、日本、德国和法国,居世界第5位。2003年我国汽车年产量为444.4万辆,其中轿车为201.9万辆,成为世界第四的汽车生产大国;同年,全国汽车生产企业共销售汽车439.1万辆。2000—2007年,中国汽车产量从200万辆跃升至888万辆,连续7年平均增速超20%。2005年,我国汽车销量超过日本而成为全球第二大汽车市场,汽车产销持续快速增长,到2009年我国汽车销量超过美国,成为全球第一汽车消费大国。

2.2.3 全球汽车工业变革和格局

1.汽车工业史上的四次重大变革

(1)流水线生产方式的出现

1903年,福特汽车公司诞生。美国汽车大王亨利·福特(Henry Ford)首先提出并实现了"让汽车成为广大群众的需要"。福特汽车公司积极研制结构简单、实用,同时性能完善而售价低廉的普及型轿车。

1908年10月,福特汽车公司正式投产T形汽车,如图2-45所示;1913年创建世界上第一条汽车装配生产流水线,如图2-46所示,并实行了工业大生产管理方式,实现了产品系列化和零部件标准化。1914年,福特汽车公司年产量达到30万辆,1926年达到200万辆。而每辆汽车售价由首批的850美元下降到1923年的265美元。到1929年T形车停产时,共计生产了1500万辆。

图2-45 福特T形车

图2-46 福特第一条汽车装配生产流水线

福特 T 形车使汽车在美国得到了普及，汽车进入了美国普通家庭。福特生产 T 形车的经验不仅为美国，甚至为世界汽车工业的发展奠定了基础，福特汽车公司因此被誉为"汽车现代化的先驱"。从那时开始，汽车工业才有条件发展为世界性的成熟产业，现代流水线的生产方式（图 2 - 47）也成为其他汽车厂商争相效仿的生产方式。

美国汽车工业的形成和发展与当时美国在资本、国民收入、石油资源、市场等各方面都存在优于欧洲的具体条件有关，而且美国政府还十分重视国民交通工具的现代化，有意识地引导人们购买汽车。巨大的国内市场促进了美国汽车工业的大发展，出现了一大批汽车公司，诸如后来闻名世界的通用汽车公司、克莱斯勒汽车公司等，最多时美国曾有 181 家汽车厂。到了 1927 年，经过残酷的市场竞争仅存留了 44 家，其中福特、通用、克莱斯勒三大汽车巨头公司的销售量占美国汽车总销售量的 90% 以上。美国汽车工业的突飞猛进，也使美国率先进入了现代化。

（2）汽车产品的多样化

第二次世界大战以前，西欧各国的汽车产量仅为北美的 11.5%；到战后这一数字提高到了 16%；而到 1970 年，北美年产量仅 749.1 万辆，而西欧各国却超过 38.5%，达到 1037.8 万辆。许多欧洲汽车厂家，如德国大众、奔驰、宝马，法国标致、雪铁龙，意大利菲亚特，瑞典沃尔沃等，均已闻名遐迩。汽车工业的重心逐步由美国移向欧洲。

欧洲汽车工业既有美国式汽车工业大规模生产的特征，又有欧洲式汽车工业多品种、高技术的优势，尽量适应不同的道路条件、满足国民爱好，因而形成了由汽车产品单一到多样化的变革。针对美国车型单一、体积庞大、油耗高等弱点，欧洲各国利用本国的技术优势，开发多品种和轻便普及型汽车，出现了多姿多彩的新型车，其中最具代表性的是德国大众公司的甲壳虫普及型轿车，如图 2 - 48 所示。

图 2 - 47　现代化的汽车生产流水线　　　　图 2 - 48　大众公司的甲壳虫普及型轿车

在这一时期，汽车工业保持了大规模生产的特点，世界汽车保有量激增，汽车工业发展的中心由美国转移到西欧。汽车技术的科技含量增加，汽车品种进一步增多。汽车工业界对于汽车造成的安全问题、污染问题，在政府的督促和支持下制定了许多对策，并使汽车在结构、性能等方面都得到了大幅度提高。

（3）精益的生产方式

日本汽车工业在 20 世纪 50 年代形成完整体系，20 世纪 60 年代是其突飞猛进的时期。1960 年，正当美国与欧洲的汽车工业激烈竞争时，日本推行了终身雇佣制及全面质量管理体系，促进了劳动者与管理者之间的相互信任，提高了人员素质，调动了积极因素，使工业发展出现了飞跃。特别是汽车工业，出现了有名的"丰田生产方式（Toyota production system,

TPS)"，从而在生产组织管理上产生了新的突破，生产出高质量、低消耗、廉价精巧、多品种的汽车，畅销全世界。

20世纪70年代的两次石油危机使日本意识到包括能源在内的资源短缺是日本的致命弱点，于是，日本政府不断强化汽车法规。1978年修改的排放及噪声法规是世界最严格的相关标准，从而迫使日本汽车工业放弃了向"大功率、高车速、豪华大型"发展的意图，形成了经济、实用的日本汽车风格，代表车型如丰田卡罗

图2-49　丰田卡罗拉

拉等，如图2-49所示。与此同时，日本政府对国外进口汽车进行严格限制，并鼓励各公司积极引进美国汽车技术，从而保护了日本的民族汽车工业。

日本人对世界汽车工业的最大贡献就是开创了"精益生产方式"。这种精益生产方式就是用精益求精的态度和科学的方法来控制和管理汽车的设计开发、工程技术、采购、制造、储运、销售和售后服务的每一个环节，从而达到以最小的投入创造出最大价值的目的。这其中的每一个环节以及各环节之间的衔接都是经过精心筹划和计算的。日本人的这一创举具有划时代的意义。如日本丰田汽车公司的"丰田生产方式"，日产汽车公司的"活动板生产方式"，五十铃公司的"流通生产法"等，这些生产方式的目的都是减少生产过程中的浪费，最大限度地降低成本，加快资金周转，使产品更具竞争力。日本的这种先进生产方式目前已为各国所效仿。

1980年，日本汽车年产量首次突破1000万辆大关，达到1104万辆，一举超过美国成为世界第一。到1987年，日本汽车的年总产量占世界汽车年总产量的26.6%，而美国和西欧四国(英国、法国、德国、意大利)分别占23.7%和24.8%。此时，世界汽车工业的重心已移向日本。

当前，尽管世界汽车市场日趋饱和，但日本汽车仍以其优越的性能、合理的价格、可靠的质量、完善的电子设施、低排放、低油耗和多样化的品种不断地扩大其在世界汽车市场的占有率。

(4)汽车工业走向世界

发达国家汽车需求萎缩，全球汽车格局正面临一次巨大的变革。全球汽车产业正在往新兴市场转移，全球汽车产业第四次转移已成为共识。

2. 世界汽车工业的产业格局

从20世纪90年代后期起，全球汽车工业格局有两个最重要的特点：一是汽车企业资产重组与联合兼并；二是汽车生产正在从传统的、成熟的汽车市场转向新兴的汽车市场。这一系列变化导致全球汽车工业将可能出现新的"6+3+X"的格局。

传统意义上的"6+3"，是指全球乘用车市场上，被6个汽车集团或联盟和3个大型独立的企业所垄断。6个汽车集团或联盟是指通用-菲亚特-铃木-富士重工-五十铃联盟、福特-马自达-沃尔沃轿车集团、戴姆勒-克莱斯勒-三菱集团、丰田-大发-日野集团、大众-斯堪尼亚集团和雷诺-日产-三星集团，3个大型独立企业是指本田、标致-雪铁龙和宝马。然而，时过境迁，传统意义上的"6+3"早在2005年开始就发生了显著的变化，全球汽

车业的新版图一直在进行着小幅调整。

新的6大集团包括日本丰田集团、德国大众集团、新通用、福特、日欧联合企业雷诺-日产联盟及新的菲亚特-克莱斯勒联盟（这个联盟可能还会增加新的成员）。新的3小集团包括现代-起亚、本田和标致-雪铁龙。另外，戴姆勒、宝马和包括铃木在内的多家日本汽车企业、不断成长的中国和印度新兴市场的汽车工业也是全球汽车版图中不可忽视的力量，成为世界汽车工业格局中的"X"因素。

第3章 汽车公司文化

一百多年前，极富创新精神的德国人卡尔·本茨和哥特利布·戴姆勒发明了现代意义上的汽车。从此以后，人类逐渐告别了马车时代，迎来了汽车时代。汽车的广泛使用，给人们的生活带来了翻天覆地的变化，同时，把世界经济的发展不断地推向新的高潮。随着汽车产品的不断创新，汽车品牌的创立，汽车工业的发展逐步走向集团化、规模化和现代化，汽车企业之间的强强联合、兼并重组为企业提供了很好的发展思路，取长补短的发展模式把整个汽车工业的发展推向了新的发展阶段。

3.1 美国汽车公司与品牌

1.通用汽车公司与品牌

（1）概述

通用汽车公司目前是世界上最大的汽车公司，它是由创始人威廉·杜兰特于1908年9月在别克汽车公司的基础上发展起来的，成立于美国汽车城密歇根州底特律市，现总部仍设在底特律市。

通用汽车公司在全球最大500家企业中居首位。该公司是美国最早实行股份制和专家集团管理的特大型企业之一。其生产的汽车集中体现了美国汽车豪华、宽大、内部舒适、速度快、储备功率大等特点。

（2）通用汽车公司标志

通用汽车公司的标志取其英文名称 General Motor Corporation 的前两个单词的第一个字母，如图3-1所示。各车型标志都采用了各通用汽车公司分部的标志。

（3）著名汽车品牌

通用汽车旗下多个品牌全系列车型畅销于全球125个国家和地区，包括电动车、微型车、重型全尺寸卡车、紧凑型车及敞篷车。通用汽车在全球生产和销售包括：雪佛兰、别克、GMC、凯迪拉克、霍顿、宝骏、五菱以及解放等一系列品牌车型并提供服务。在中国，通用汽车拥有多个重要的合资企业，包括上汽通用、上汽通用五菱和一汽通用。在韩国，通用汽车拥有通用汽车韩国公司。

图3-1　美国通用汽车公司标志

1)凯迪拉克

通用汽车公司凯迪拉克汽车分部的前身是凯迪拉克公司,建于1902年,创建人是亨利·利兰德。为了向法国的皇家贵族、探险家安东尼·门斯·凯迪拉克表示敬意,选用凯迪拉克作为公司的名称,因为凯迪拉克于1701年建立了底特律市。

凯迪拉克标志[图3-2(a)]为经典的盾牌形状,而盾牌形状则由各种颜色的小色块组成,其中红色代表勇气,银色代表纯洁的爱,蓝色代表探索。

凯迪拉克汽车分部以生产豪华舒适的高级轿车闻名于世,成为美国汽车技术和工艺水平的代表。历史上的一些美国总统和许多国家的元首都以凯迪拉克轿车作为专车。凯迪拉克车系中既有高级轿车和跑车,也有越野车[图3-2(b)],但主要产品以高级轿车为主。凯迪拉克的产品主要有 CT5、XT6、CT6、XT4、XT5、XTS、ESCALADE 等。

(a)凯迪拉克车标　　　　　　　　　　　(b)凯迪拉克越野车

图3-2　凯迪拉克车标和凯迪拉克越野车

2)雪佛兰

通用汽车公司雪佛兰汽车部原是密执安雪佛兰汽车公司,建于1911年,创建人是威廉·杜兰特和瑞士赛车手、工程师路易斯·雪佛兰(Chevrolet)。1918年5月雪佛兰公司并入通用汽车公司,雪佛兰汽车分部是通用汽车公司最大的分部。

闻名遐迩的雪佛兰,是全球最成功汽车品牌之一,更是汽车史上永恒的经典和传奇。作为美国销售数量最多的汽车品牌之一,雪佛兰早在1930年底就创出每49秒卖出一台汽车的传奇销售记录。

雪佛兰汽车标志如图3-3(a)所示。标志是由图形和文字两部分组成。"雪佛兰"标志的设计是由雪佛兰的创建人之一杜兰特看报纸时想到的这个图形,又从巴黎酒店的墙上获得灵感,受到法国古老挂壁的启发。领结是人人喜爱的饰物,形似领结的标志不但体现大众化,更标志着大方、贵族气派与优质的服务精神。

雪佛兰科鲁兹(Cruze)[图3-3(b)]是通用汽车以打造设计和性能紧凑型标杆车型为目标,整合全球资源开发的新一代作品。科鲁兹以其前卫的设计风格吸引了人们的视线,其精密的制造工艺使其有望成为紧凑车型的全新标杆。作为通用最新的全球紧凑型平台 DeltaII 上下线的产品,雪佛兰 Cruze 充满动感的跑车造型创新演绎了传统三厢轿车的车型特征,经典的前隔栅、雕塑感的肩部线条以及双座驾驶舱的内饰设计,展现出雪佛兰全新的设计语言。

| (a)雪佛兰汽车标志 | (b)科鲁兹轿车 |

图 3 – 3　雪佛兰汽车标志和科鲁兹轿车

3）别克

通用汽车公司别克汽车部建于 1903 年，创建人是大卫·别克。别克部主要生产凯越、英朗、阅朗、君威、君越等类型的轿车。97 别克·世纪中型轿车是为迎接新世纪的到来精心设计制造的经典代表车型，其精致的垂直竖条散热器罩是新款车的醒目标志，流畅侧视雕塑式外形极具现代气息，更增加了别克轿车的品牌特征。

别克标志和别克昂科旗如图 3 – 4 所示。别克的标志是三把颜色不同（从左到右，红、白、蓝）依次排列在不同高度上的利剑，表示积极进取、不断攀登；也表示别克部采用顶级技术，刀刃见锋；还表示别克部培养出的人才个个游刃有余，是无坚不摧、勇攀高峰的勇士。

| (a)别克汽车标志 | (b)别克昂科旗 |

图 3 – 4　别克汽车标志和别克昂科旗轿车

2. 福特汽车公司与品牌

（1）概述

1896 年，亨利·福特发明了他的第一辆汽车。1903 年，他创建了福特汽车公司，总部设在底特律市。1908 年，福特公司率先推出著名的经济型轿车 T 型车。福特汽车公司最多的时候拥有 8 个品牌系列：福特、林肯、沃尔沃、水星、马自达、路虎、捷豹、阿斯顿马丁，目前只有福特和林肯品牌。

（2）著名汽车品牌

福特汽车公司设计、制造、销售和服务全系列的福特汽车、卡车、SUV、电动汽车和林肯豪华车。与通用不同，福特既是集团标志，也是集团旗下的一个中坚品牌。

1）福特

福特车系是福特集团在北美的本土品牌，经济耐用，属于中档品牌。福特汽车公司的标志是采用蓝底白字的英文 Ford 花体字样，如图 3 – 5 所示，形似小白兔。由于福特十分喜爱小动物，标志设计者为了迎合福特的嗜好，就将英文 Ford 设计成形似奔跑的小白兔形象，象征福特汽车飞奔世界各地，令人爱不释手。

福克斯（图3-5）是福特有史以来最重要的车型之一，自1998年首次亮相，它在欧美各地战绩卓著。它是唯一囊括欧、美、加三大风云轿车头衔的产品。

图3-5 福特汽车标志和福克斯轿车

2）林肯

1917年8月，亨利·利兰德创建了豪华汽车公司。1922年2月，福特汽车公司收购了豪华汽车公司，将其更名为林肯部。1949年，福特汽车公司将林肯部和默寇利部合并为林肯·默寇利部。"林肯"是美国豪华轿车的品牌，"林肯"轿车是美国豪华轿车的首选品牌，它是财富和地位的象征，是政界、商界领袖和社会名流的常备座驾。

"林肯"是以美国前总统林肯的英文名字（Lincoln）命名的。"林肯"汽车标志是一颗闪闪发光的星辰和一个近似矩形的外框组成的图案，如图3-6所示，该图案表示林肯总统是美国联邦统一和废除奴隶制度的启明星，喻示着林肯牌轿车的前景光辉灿烂。

林肯车系著名的产品品牌有大陆、飞行家、冒险家、航海家、领航员等。林肯领航员（图3-6）以其引人注目的外观和一系列独特的豪华设施，展现了动力和豪华的终极象征。

图3-6 林肯汽车标志和林肯领航员 SUV

3. 克莱斯勒汽车公司与品牌

（1）概述

克莱斯勒汽车公司总部设在底特律市。沃尔特·克莱斯勒是克莱斯勒汽车公司的创始人，克莱斯勒汽车公司的前身是1907年建立的马克斯威尔汽车公司。1925年，克莱斯勒买下了该公司，更名为克莱斯勒汽车公司。1998年11月美国的克莱斯勒汽车公司与德国戴姆勒-奔驰汽车公司合并为戴姆勒-克莱斯勒汽车公司（简称戴克公司）。2009年4月，陷入困境的克莱斯勒公司发表声明宣布申请破产保护。2014年1月，意大利汽车制造商菲亚特集团宣布购得克莱斯勒，合并为菲亚特克莱斯勒汽车公司 FCA（Fiat Chrysler Automobiles）。

（2）克莱斯勒汽车公司标志

从 1924 年起，克莱斯勒就在水箱盖上装有醒目的银色飞翔标志，并在水箱罩上刻有金色克莱斯勒印章，这标志着汽车工程与汽车设计从此进入了一个崭新的时代。一直到 20 世纪 50 年代后期，克莱斯勒公司都一直沿用这种安装在发动机罩上的飞翔装饰。1957 年以后，该公司不再使用此标志。1995 年银色的飞翔标志和金色的徽章又重新被采用，两年之后，这两种图案被融合在一起。今天，这精致的徽章不仅装饰着公司生产的每一辆车，更成为汽车工程与汽车设计辉煌历史的标记。克莱斯勒标志及其轿车如图 3 - 7 所示。

图 3 - 7　克莱斯勒汽车标志

（3）著名汽车品牌

克莱斯勒汽车公司下的著名品牌有顺风、道奇、JEEP、克莱斯勒（Chrysler）等。

1）道奇部

1914 年，道奇（Dodge）兄弟俩（哥哥约翰·弗朗西斯·道奇和弟弟霍瑞斯·埃尔金·道奇）创立了道奇汽车公司。1928 年道奇汽车公司被克莱斯勒汽车公司收购。

道奇部的标志［图 3 - 8（a）］是一个五边形中的公羊头，象征着道奇汽车强壮剽悍，善于决斗。

如图 3 - 8（b）所示为道奇酷威。

(a)道奇部汽车标志　　　　　　　　(b)道奇酷威

图 3 - 8　道奇部汽车标志和道奇酷威

2）鹰·吉普部

鹰·吉普（Jeep Eagle）部是克莱斯勒汽车公司专门生产轻型越野汽车的部门，是世界上最大的越野车制造厂。

鹰·吉普部的标志［图 3 - 9（a）］是一只雄鹰，表示该部具有雄鹰的优秀品质，勇攀技术高峰。

切诺基越野车（Cherokee Jeep）［图 3 - 9（b）］是鹰·吉普部生产的越野汽车。切诺基取自美洲印第安部族切诺基土人。他们世代居住在山区，生活迫使他们擅长在山地攀行，以此表示切诺基吉普汽车具有很强的攀岩石、涉泥水的越野性能。

(a)鹰·吉普部汽车标志　　　　　　(b)切诺基越野车

图 3 – 9　鹰·吉普部标志和切诺基越野车

4.特斯拉汽车公司与品牌

（1）概述

特斯拉(Tesla)汽车公司是一家美国电动车及能源公司，产销电动车、太阳能板及储能设备，总部位于美国加利福尼亚州硅谷的帕罗奥多。2003 年最早由马丁·艾伯哈德和马克·塔彭宁共同创立，2004 年埃隆·马斯克进入公司并领导了 A 轮融资，创始人将公司命名为特斯拉汽车，以纪念物理学家尼古拉·特斯拉。特斯拉公司的愿景是"加速全球向可持续能源的转变"。2018 年 7 月，特斯拉全球副总裁任宇翔在特斯拉中国总部接受采访时介绍，特斯拉(北京)科技创新中心设立在北京，主要包括电动汽车及零备件、电池、储能设备及信息技术的研究、开发等。2019 年 1 月，位于上海的特斯拉超级工厂一期宣布开工建设，2019 年 12 月，中国制造的 Model 3 产品正式下线。

（2）特斯拉汽车公司标志

其 Logo 是 Tesla 品牌的首字母"T"，其实这个"T"意指物理学家尼古拉·特斯拉(尼古拉·特斯拉，交流电动机的发明者，百年不遇的旷世奇才)，也就是特斯拉公司的命名来由。从表面上看，特斯拉标志只是一个简单的"T"字，它代表了公司产品；实际上还有另一层意思，"T"还象征着电力发动机的横截面。特斯拉标志如图 3 – 10 所示。

（3）著名汽车品牌

特斯拉汽车目前产品主要有 Roadster、Model S、Model X、Model 3、Cybertruck 等。

1）Roadster

特斯拉开发的第一款车 Roadster(图 3 – 11)，是在莲花

图 3 – 10　特斯拉汽车标志

汽车公司(Lotus)的 Elise 跑车基础上开发的。它是全球首款量产版电动敞篷跑车，也是第一辆使用锂电池技术每次充电能够行驶 320 km 以上的电动车。特斯拉的传动技术来自 AC Propulsion 公司；它的电池采购自松下生产的 18650 电池；它的电机采购自台湾富田电机。

图 3 - 11　Roadster

2）Model S

Model S（图 3 - 12）是一款由 Tesla 汽车公司制造的全尺寸高性能电动轿车。外观造型方面，该车的定位是一款四门 Coupe 车型，动感的车身线条使人过目不忘。此外在前脸造型方面，该车也采用了自己的设计语言。值得一提的是，特斯拉 Model S 的镀铬门把手在触摸之后可以自动弹出，充满科技感的设计从拉开车门时便开始体现。该款车的设计者 Franz von Holzhausen，曾在马自达北美分公司担任设计师。

图 3 - 12　Model S

3）Model 3

Model 3（图 3 - 13）属于中型轿车，长度为 4694mm，轴距为 2875mm，标配 18 英寸（1 英寸 = 25.4 mm）低风阻轮圈，自身拥有不错的跑车风格，有一块大尺寸的中控屏，去掉了传统的仪表盘和所有"繁杂"的控制按键，比较有标新立异的科技亮点。

图 3 - 13　Model 3

3.2　欧洲汽车公司与品牌

3.2.1　德国汽车公司与品牌

1. 大众汽车公司与品牌

(1) 概述

大众汽车公司是世界十大汽车公司之一，是德国最大也是最年轻的汽车制造企业，其创始人是世界著名的汽车设计大师费迪南德·波尔舍。该公司以生产大众型小轿车和轻型货运车而著称于世。

1938 年大众开始修建自己的第一个生产车间的时候，恐怕还没有人能想到，有朝一日会有如此众多的品牌聚集在大众的屋檐下。一开始，大众建厂的目的只是为了响应当时希特勒提出的国民轿车计划，生产甲壳虫车。因爆发第二次世界大战，只生产了530 辆便被迫停产，转向生产军用汽车。在此期间，波尔舍和他的同事们设计研制出四轮驱动轻型越野车和水陆两用汽车，并投入大量生产，作为当时希特勒的重要军用车辆。

第二次世界大战后，大众汽车公司又重新开始生产家用轿车。由于这种车的外形很像甲壳虫，人们就称它为"甲壳虫"轿车(图 3 - 14)。该车价格低廉，样子又很神气，很快风靡德国和欧洲其他国家，从 1943 年开始生产到 1981 年最后一辆"甲壳虫"轿车开下流水线，近 40 年累计生产 2000 万辆，打破了福特 T 型车的世界纪录。1998 年，大众公司推出了其全新打造的最新款甲壳虫汽车。随着"甲壳虫"的畅销，大众汽车公司也成长为一个强大的世界汽车生产集团，随后相继收购了其他汽车品牌。

图 3 - 14　大众"甲壳虫"新式轿车

(2) 大众汽车公司标志

大众汽车公司标志和汽车标志均为圆圈里上下叠加着"V""W"两个字母(图 3 - 15)，它们是德文词组 Volks Wagenwerk 中两个单词的第一个字母，图案简洁、大方、明了。Volks Wagenwerk 在德文里的意思是"大众化车"，这是公司创建的宗旨。

(3) 著名汽车品牌

大众集团旗下的乘用车品牌包括：大众、斯柯达(Skoda)、西亚特(Seat)、奥迪(Audi)、保时捷(Porsche)、宾利(Bentley)、布加迪(Bugatti)、兰博基尼(Lamborghini)。各个品牌均有自己的标志,自主经营,产品从超经济的紧凑车型(耗油率仅为 3 L/100 km)到豪华型小轿车应有尽有。斯堪尼亚和 MAN 品牌由大众卡车和巴士公司管理。

1)奥迪(Audi)

1932 年,霍尔茨汽车公司、奥迪汽车公司、蒸汽动力车辆厂和漫游者汽车公司 4 家合并组成联合汽车公司,该公司在二战中被毁,1949 年重新成立后更名奥迪汽车联合公司(Audi Auto Union AG),以后就只生产奥迪牌轿车。奥迪汽车公司现为大众汽车公司的子公司,总部设在德国的英戈尔施塔特。

图 3 – 15　德国大众汽车标志

奥迪汽车标志如图 3 – 16(a)所示。四个圆环分别代表四家公司,象征着兄弟四人紧握手,半径相等的四个紧扣连环象征公司成员平等、互相协作的亲密关系和奋发向上的敬业精神。下面的 Audi 字样,是联合公司的第一家霍尔茨汽车公司的创始人霍希提出的,因为霍希的德文意思是"听",译成拉丁文为"Audi"。

主要产品有 A3、A4、A5、A6、A7、A8、Q3、Q5、Q7、TT、R8 以及 S、RS 性能系列等,图 3 – 16(b)为奥迪 A6L 轿车。

(a)奥迪汽车标志　　(b)奥迪A6L轿车

图 3 – 16　奥迪汽车标志和奥迪 A6L 轿车

2)保时捷(Porsche)

保时捷(又名波尔舍)汽车公司成立于 1930 年,创始人是费迪南德·波尔舍,公司总部设在德国斯图加特市。

保时捷汽车公司的标志采用斯图加特市的盾形市徽,中间的黑马表示这里早在 16 世纪就以盛产名马闻名,上面有 STUTTGART(斯图加特)字样,如图 3 – 17(a)所示。背景的鹿角告诉了人们这里曾经是狩猎场,金黄的底色表示丰收在望的麦子,黑红相间的条纹分别代表肥沃的土地和人们的智慧,上方最显眼的 PORSCHE 字样是保时捷汽车公司的名称。整个标志勾画了一幅美好的田园景色。

1952 年费迪南德·波尔舍去世,但他开创的事业仍然飞速发展。1963 年,一种更加诱人的保时捷超级赛车诞生了,这就是老波尔舍的孙子亚历山大·费迪南德·波尔舍设计的保时捷 911 赛车[图 3 – 17(b)]。

(a) 保时捷汽车标志　　　　　　　(b) 保时捷 911 Carrera 4 跑车

图 3 – 17　保时捷商标和保时捷 911 Carrera 4 跑车

2. 戴姆勒 – 奔驰汽车公司与品牌

(1) 概述

1883 年 10 月 1 日，本茨创建了奔驰公司和莱茵煤气发动机厂，它是奔驰汽车公司的前身。1890 年 11 月 28 日，戴姆勒创建了戴姆勒发动机公司。1926 年 6 月 29 日，戴姆勒汽车公司与奔驰汽车公司正式合并，成立了戴姆勒 – 奔驰汽车公司，本部设在德国斯图加特市，成为强强联合的首创者。它是德国最大的工业集团和跨国公司，所产轿车以戴姆勒汽车公司经销商埃米尔杰里克的女儿梅赛德斯 (Mercedes) 的名字命名。奔驰的技术、工艺和质量是全球最高的，奔驰是汽车的第一品牌。

中国人习惯将戴姆勒 – 奔驰汽车公司简称为奔驰汽车公司。奔驰汽车公司是世界上资格最老的企业，也是经营风格始终如一的企业。从 1926 年至今，公司不追求汽车产量的扩大，而只在质量、性能和工艺上下功夫，专门生产高档汽车。

奔驰的载重汽车、专用汽车、大客车等品种繁多，仅载重汽车就有 110 多种类型。奔驰是世界上最大的载重车生产厂家，其全轮驱动 3850AS 载重汽车最大功率可达 368 kW，拖载能力达 220 t。1984 年奔驰汽车公司投放市场的 6.5 t 至 11 t 新型载重汽车采用空气制动、伺服转向、电子防抱死制动装置，这是各大载重汽车公司所没有的配置。20 世纪 80 年代，奔驰汽车公司和中国北方汽车公司合作，向中国转让奔驰重型汽车的生产技术，已经投入批量生产。

(2) 奔驰汽车公司标志

1909 年奔驰汽车公司用代表吉祥、胜利的月桂枝围绕着 BENZ 字样的圆形图徽作为奔驰汽车标志 (图 3 – 18)。同年戴姆勒公司将表达戴姆勒在陆海空领域全面实现机动化夙愿的三叉星正式注册为标志。1926 年两家公司合并后，将两个标志结合起来，用本茨的月桂枝围绕着戴姆勒的三叉星，MERCEDES (梅赛德斯) 的字样在上面，BENZ (本茨) 的字样在下面。现在戴姆勒 – 奔驰汽车公司的标志和汽车上的标志均为简化后形似方向盘的一个环形圆包着三叉星 (图 3 – 19)，并以月桂枝包围着的 MERCEDES、BENZ 的圆盘为底座，三叉星表示陆海空领域全方位的机动化，环形圆表示占领全球营销市场。

(3) 奔驰主要车型

戴姆勒 – 奔驰生产的轿车有 A 级、C 级、E 级、S 级等级别 (表 3 – 1)，其中 S 级轿车是奔驰汽车公司的旗舰，是豪华的完美表达和工程的技术精品。S 级轿车具有数百项先进的技术性能，不仅确保驾驶安全，为驾驶过程增添舒适和乐趣，同时不断减轻对环境的影响。另

43

外，戴姆勒－奔驰还生产跑车、越野车等。

图 3－18　戴姆勒－奔驰汽车标志

图 3－19　奔驰汽车标志

表 3－1　奔驰的字母代号的含义

字母	含义	字母	含义
A	单厢轿车	V	多功能厢式车
C	小型轿车	CL	高级轿跑车
E	中级轿车	CLK	中型跑车
G	越野车	SL	高级跑车
M	SUV	SLK	小型跑车
S	高级轿车	SLR	超级跑车

作为拥有百年历史的豪华品牌，戴姆勒－奔驰继承下来的传统远远超过了其他汽车制造商，因此，奔驰的设计师们经常在经典车型上寻找灵感。在 1999 年底特律车展中首次亮相的 SLR 迈凯伦超级跑车(图 3－20)，是戴姆勒－奔驰同其 F1 合作伙伴迈凯伦在 300 SL 的基础上，借鉴了 F1"银箭"赛车的设计风格并沿用了经典的鸥翼车门，运用了诸多 F1 的尖端技术所制造出来的一款高性能跑车，被人们称为"传统和创新的梦幻组合"。

图 3－20　戴姆勒－奔驰 SLR 迈凯伦

戴姆勒－奔驰汽车集团旗下最为顶级的产品——迈巴赫，曾在 20 世纪三四十年代名噪一时，是富有和地位的象征，但随后销声匿迹。

50 年后，戴姆勒－奔驰重新生产了新一代的迈巴赫，首次推出的有迈巴赫 57 和迈巴赫 62 两款，该品牌定位于梅赛德斯－奔驰之上，是奔驰的最高级品牌，图 3－21(b)为迈巴赫 62。同劳斯莱斯"天使"标志相比，迈巴赫的双 M 标志要简单得多。最初，双 M 代表"迈巴赫汽车"，现在双 M 意味着"迈巴赫制造"[图 3－21(a)]。

(a)迈巴赫汽车标志　　　　　　　　　(b)迈巴赫62轿车

图 3 - 21　迈巴赫汽车标志和迈巴赫 62 轿车

3. 宝马汽车公司与品牌

（1）概述

宝马汽车公司是高档轿车制造业的先导，其公司总部设在德国慕尼黑。1916 年，卡尔·拉普和马克斯·弗里茨两人共同创建了巴依尔发动机公司，1918 年更名为宝马汽车公司。80 多年来，它由最初的一家飞机引擎生产厂发展成为今天以高级轿车为主导，同时生产飞机引擎、越野车和摩托车的具有综合生产能力的企业集团。

（2）宝马汽车公司标志

宝马汽车公司的标志是在双圆环的上方标有 BMW 字样，这是公司全称三个单词的首位字母缩写。标志内圆为蓝白两种颜色相间的螺旋桨图案，表示在蓝天白云和广阔时空旅途中运转不停的螺旋桨，象征着该公司过去在航空发动机技术方面的领先地位，又象征着该公司以创新的科技、先进的观念满足顾客最大的愿望，反映了宝马公司蓬勃向上的气势和日新月异的面貌（图 3 - 22）。

图 3 - 22　宝马汽车标志

（3）著名汽车品牌

目前，宝马汽车公司下的著名品牌有宝马、迷你、劳斯莱斯等。

1）宝马

宝马系的主要车型有：7 系、5 系、3 系轿车；Z8、Z3 跑车；M 系运动型轿车及 X5 多功能运动汽车等。

宝马 7 系是宝马公司顶级的豪华轿车系列，在 1977 年取代了"New Six"车型，是宝马汽车的旗舰车型。作为强调运动能力的德系豪华轿车，宝马新 7 系的动力系统也相当强大，2019 款 760Li xDrive（图 3 - 23）是双涡轮增压 V12 缸车型。

图 3 - 23　宝马 760Li 轿车

2）迷你

Mini 是人们生活中常用的一个词语，是微型和袖珍的代名词。中文译音"迷你"用在许多商品上,如迷你裙、迷你音响等,但许多人并不知道"迷你"首先是用在一辆汽车上,这也是世界上唯一被用生活名词取名的汽车品牌。

1956 年,欧洲汽油的供应紧张到了极点,英国政府开始强制执行燃油配额供给制度,这让宝马下定决心,开发一辆燃油效率最大化的小车。工程师阿莱克·伊斯古尼斯(Alec Issigonis)接受了这个课题。在戛那海滨酒店的一张餐巾纸上,伊斯古尼斯画下了 Mini 的第一张草图,Mini(图 3 – 24)的传奇故事在 1959 年 8 月 26 日正式开始。图 3 – 24 为宝马迷你汽车标志和迷你 COOPER 轿车。

(a)宝马迷你汽车标志　　　　　　　　　　　　(b)迷你COOPER轿车

图 3 – 24　宝马迷你汽车标志和迷你 COOPER 轿车

3)劳斯莱斯

劳斯莱斯(Rolls-Royce)是世界顶级超豪华轿车厂商,1906 年成立于英国,公司创始人为 Henry Royce(亨利·莱斯)和 Charles Rolls(查理·劳斯)。Rolls-Royce 出产的轿车是顶级汽车的杰出代表,以豪华而享誉全球,是欧美汽车的主要代表。

除了制造汽车,劳斯莱斯还涉足飞机发动机制造领域,它也是一家优秀的发动机制造商,世界著名的空客飞机部分型号用的就是劳斯莱斯的发动机。2003 年劳斯莱斯汽车公司被宝马(BMW)接手。

劳斯莱斯的标志图案采用两个"R"重叠在一起,象征着你中有我,我中有你,体现了两人融洽及和谐的关系。而著名的飞天女神标志则是源于一个浪漫的爱情故事。图 3 – 25 为宝马劳斯莱斯汽车标志和劳斯莱斯幻影轿车。

(a)宝马劳斯莱斯汽车标志　　　　　　　　　　　(b)劳斯莱斯幻影轿车

图 3 – 25　宝马劳斯莱斯汽车标志和劳斯莱斯幻影轿车

3.2.2　法国汽车公司与品牌

1. 标致–雪铁龙汽车公司与品牌

(1) 标致汽车公司

标致汽车公司是世界十大汽车公司之一，法国最大的汽车集团公司，创立于 1890 年，创始人是阿尔芒·标致。

标致汽车公司创始之初以生产自行车和三轮车为主，1891 年开始涉足汽车领域并获得成功。由于不断采用新技术，公司的产量与日俱增。到第一次世界大战前，产量已超过法国所有的汽车生产厂家，达到 12000 辆。第一次世界大战中，阿尔芒·标致及时调整经营战略，使标致汽车公司在战争中继续得以发展，1939 年，年产汽车达 4.8 万辆。标致汽车公司的第二次大发展时期是 20 世纪的五六十年代，汽车产量在 20 年间猛增十几倍，一跃成为法国第二大汽车公司。

1976 年，标致汽车公司以自己的经济实力收购了法国历史悠久但经营不善的雪铁龙汽车公司 60% 的股份，从而扩充了自己的实力，汽车总产量超过雷诺汽车公司而居法国第一。

(2) 标致汽车公司标志

标致汽车公司的标志 [图 3–26(a)] 是一只站立着的雄狮。雄狮是标致家庭的徽章，也是蒙贝利亚尔省的省徽。徽章既突出力量，又强调节奏感，富有时代感，喻示标致汽车像雄狮一样威武、敏捷，永远保持旺盛的生命力。

(3) 标致汽车公司的车型

标致汽车公司的主要车型有标致 408、标致 508、标致 4008、标致 5008 [图 3–26(b)] 等车型。

(a) 标致汽车标志　　　　　　　　　　(b) 标致 5008 轿车

图 3–26　标致汽车标志和标致 5008

(4) 雪铁龙汽车公司

雪铁龙汽车公司是法国第三大汽车公司，创立于 1915 年，创始人是安德烈·雪铁龙。总部设在法国巴黎，目前年产汽车 90 万辆。

雪铁龙汽车公司素以技术先进而著称，常常率先采用一些领先的技术，如它在 1934 年生产出第一辆前轮驱动汽车。该公司是法国最早采用流水线生产的汽车公司。后来由于经营不善走下坡路，在法国政府的干预下，1976 年，雪铁龙汽车公司并入标致集团。

雪铁龙汽车公司有 13 个生产厂家和一个研究中心。其中阿尔内·色·布瓦是欧洲最先进的汽车厂。该厂采用计算机控制，机器人操作，日产汽车 900 辆。雪铁龙汽车公司的产品有雪铁龙 AX、BX、CX 系列，以及雪铁龙 TDR 等。20 世纪 80 年代末 90 年代初，又推出雪铁龙 ZX 系列新车，其技术水平居世界领先地位。1990 年，ZX 车成为欧洲最畅销的汽车，并在巴黎 – 达喀尔汽车拉力赛中获胜。同年法国雪铁龙和中国东风汽车集团合作，成立了神龙汽车有限公司，签订了 ZX 型富康轿车合作生产的协议。

（5）雪铁龙汽车公司标志

雪铁龙的车名以其创始人安德烈·雪铁龙命名。由于雪铁龙汽车公司前身为雪铁龙齿轮公司，所以其标志以齿轮为背景，由人字形轮齿构成，它象征着人们密切合作，同心协力。图 3 – 27 为雪铁龙汽车标志和雪铁龙赛纳轿车。

(a)雪铁龙汽车标志　　　　　　　　(b)雪铁龙赛纳轿车

图 3 – 27　雪铁龙汽车标志和雪铁龙赛纳轿车

（6）雪铁龙汽车公司著名品牌

赛纳在世界拉力锦标赛（WRC）赛场上取得了令人瞩目的成绩。事实上，它是近年来在拉力赛领域最成功的车型。当然，它的传奇故事总是和传奇车手、法国人塞巴斯蒂安 – 勒布（Sébastien Loeb）的名字交织在一起。

2．雷诺汽车公司与品牌

（1）概述

雷诺汽车公司是世界十大汽车公司之一，法国第二大汽车公司。雷诺汽车公司是路易·雷诺三兄弟于 1898 年在法国比扬古创建，并以创始人姓氏命名，而今的雷诺汽车公司已被收为国有，是法国最大的国有企业，也是世界上以生产各类汽车为主，涉足发动机、农业机械、自动化设备、机床、电子、塑料橡胶业等垄断工业集团。

雷诺汽车公司第一次大发展是在第一次世界大战中，它为军队生产枪支弹药、飞机，并设计出轻型坦克车，使雷诺公司大发战争财。第一次世界大战结束后，公司转向农业机械和重型柴油汽车生产，其柴油机核心技术处于世界领先地位。二战期间，雷诺汽车公司为德国军队提供大量坦克、飞机发动机和其他武器。二战结束后，路易·雷诺三兄弟被逮捕。雷诺汽车公司被法国政府接管，公司利用国家资本，兼并了许多小汽车公司，并发挥了雷诺汽车公司的技术潜力，开发出多种汽车新产品，雷诺汽车公司得到第二次大发展。

（2）雷诺汽车公司标志

雷诺汽车公司和汽车标志是四重菱形图案.如图 3 – 28（a）所示，它象征雷诺三兄弟和汽车工业融为一体,表示雷诺能在无限(四维)的空间里竞争、生存和发展。

(3)雷诺汽车公司的著名品牌

雷诺 – 梅甘娜[图 3 –28(b)]是雷诺的支柱品牌。该品牌有双门、4 门、二厢、三厢及敞篷车等,以中低档车为主的梅甘娜设计宗旨之一就是追求尽量完善的安全性能。它的小型厢式轿车是该品牌销量最大的大众化品牌,以风景轿车为典型代表。风景轿车已畅销多年,为欧洲微型厢体车销量第一名。

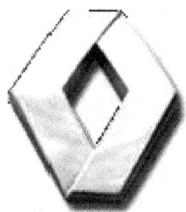

(a)雷诺汽车公司标志　　　　　　　　　(b)雷诺–梅甘娜(风景)轿车

图 3 –28　雷诺汽车标志和雷诺 – 梅甘娜(风景)轿车

3.2.3　意大利汽车公司与品牌

1. 菲亚特汽车公司与品牌

(1)概述

菲亚特汽车股份公司是意大利最大的汽车公司。1899 年乔瓦尼·阿涅利在意大利都灵市创建了这个家族式企业——都灵意大利汽车厂。当时只有 50 多名工人,用手工生产发动机功率为 2.2 ~4.4 kW 的小型轿车,它是世界上最早生产小型轿车的汽车厂,1899 年更名为菲亚特汽车公司,至今仍以生产小型轿车为主。

1967 年至 1969 年期间,菲亚特汽车公司先后收购了奥姆、阿巴斯、奥托比安希、兰西亚、法拉利等 5 家小公司,1987 年收购了阿尔法·罗密欧,1989 年又收购了玛西拉蒂、英诺森蒂两家公司的股份。目前,菲亚特汽车股份公司雇员约 27 万人,在 100 多个国家设有子公司和销售机构。其轿车部主要有菲亚特、法拉利、阿尔法·罗密欧和兰西亚等公司。

(2)菲亚特汽车标志

菲亚特汽车标志是月桂枝树叶环绕 FIAT 的圆形图案,表示菲亚特汽车公司的成功、荣誉和辉煌,如图 3 –29(a)所示。

(3)菲亚特汽车著名品牌

菲亚特 500 是菲亚特经典车型、全球微型车的奠基者,也是后起之秀 Mini 和 Smart 超越和模仿的对象。现款菲亚特 500[图 3 –29(b)]是指菲亚特在 2007 年上市的车型,在此之前有两款菲亚特 500 历史车型,即菲亚特 500 Topolino(1936—1955 年)和 Fiat 500 Nuova(1957—1975 年)。

菲亚特轿车强调实用性和经济性;阿尔法·罗密欧注重性能和驾驶乐趣。

法拉利(Ferrari)是一家意大利汽车生产商,1929 年由恩佐·法拉利(Enzo Ferrari)创办,

(a)菲亚特汽车标志　　　　　　(b)菲亚特500轿车

图 3 - 29　菲亚特汽车标志和菲亚特 500 轿车

主要制造一级方程式赛车、赛车及高性能跑车。法拉利是世界闻名的赛车和运动跑车的生产厂家，早期的法拉利赞助赛车手及生产赛车，1947 年独立生产汽车。菲亚特(FIAT)拥有法拉利 90% 的股权，但法拉利却能独立于菲亚特运营。法拉利是跑车中的精品。

　　第一次世界大战也为法拉利的跑车提供了商标——"跃马"。1923 年 25 岁的恩佐·法拉利在参加阿拉法赛车中，有幸遇到了在第一次世界大战中阵亡的意大利杰出飞行员的母亲——康蒂丝·白丽查女士，她告诉法拉利，她儿子战斗机两侧的飞行徽章是一匹"跃马"，如果法拉利把它画到赛车上的话会带来好运。恩佐·法拉利听了这位母亲的话，回去后照她的说法做了，果真带来了好运。图 3 - 30 为法拉利汽车标志和法拉利恩佐轿车。

(a)法拉利汽车标志　　　　　　(b)法拉利恩佐轿车

图 3 - 30　法拉利汽车标志和法拉利恩佐

3.2.4　瑞典汽车公司与品牌

1. 沃尔沃

（1）概述

沃尔沃是瑞典著名汽车品牌，原沃尔沃集团下属汽车品牌，又译为富豪，1924 年由阿瑟·格布尔森和古斯塔夫·拉尔森创建，该品牌汽车是目前世界上最安全的汽车。

　　成立于 1927 年的沃尔沃公司生产的每款沃尔沃轿车，处处体现出北欧人那高贵的品质，给人以朴实无华和富有棱角的印象，尽管"沃尔沃"充满了高科技，但仍不失北欧人的冷峻。沃尔沃典雅端庄的传统风格与现代流线型造型糅合在一起，创造出了一种独特的时髦。卓越的性能、独特的设计、安全舒适的沃尔沃轿车，为车主提供一个温馨的可以移动的家。

沃尔沃汽车以质量和性能优异在北欧享有很高声誉，特别是安全系统方面，沃尔沃汽车公司更有其独到之处。美国公路损失资料研究所曾评比过十种最安全的汽车，沃尔沃荣登榜首。

1999 年沃尔沃集团将旗下的沃尔沃轿车业务出售给美国福特汽车公司。2010 年中国汽车企业浙江吉利控股集团从福特手中购得沃尔沃轿车业务，并获得沃尔沃轿车品牌的拥有权。

（2）沃尔沃汽车标志

标志由图标和文字两部分组成。文字标志"VOLVO"为拉丁语［图 3 - 31（a）］，是"滚动向前"的意思，喻示着沃尔沃汽车车轮滚滚向前、公司兴旺发达和前途无限。其图形标志画成车轮形状，并有指向右上方的箭头。

（3）沃尔沃汽车著名品牌

沃尔沃汽车在中国销售的车型有 S60 轿车、S90 轿车、XC60、XC90 豪华 SUV［图 3 - 31（b）］等。

(a)沃尔沃汽车标志　　　　　　　(b)沃尔沃XC90轿车

图 3 - 31　沃尔沃汽车标志和沃尔沃 XC90 轿车

3.3　亚洲汽车公司与品牌

3.3.1　日本汽车公司与品牌

1.丰田汽车公司与品牌

（1）概述

丰田汽车公司是世界十大汽车公司之一，日本最大的汽车公司，创立于 1933 年，现已发展成为以汽车生产为主，业务涉及机械、电子、金融等行业的庞大工业集团，总部设在东京。

丰田汽车公司有很强的技术开发能力，而且十分注重顾客对汽车的需求。因而在它发展的各个不同历史阶段创出了不同的品牌产品，而且以快速的产品换型击败欧美竞争对手。早期丰田的皇冠、花冠汽车曾名噪一时，近年来的雷克萨斯豪华汽车也极负盛名。

（2）丰田汽车公司标志

丰田在英语中被拼写为 TOYOTA。丰田汽车公司的标志由三个椭圆形的环组成（图 3 -

32），中间的两个椭圆形环一横一竖，垂直重合，构成了一个"T"字，外边的一个椭圆代表地球，而由两个椭圆组成的"T"字最大限度地占据了外面椭圆的空间，寓意丰田汽车公司要把自己的技术、产品推向全世界。

（3）丰田汽车公司著名品牌

丰田集团的品牌阵营有三大梯队：丰田主攻大众系列，雷克萨斯主打高端市场，Scion 主打低端市场。汽车品牌有雷克萨斯（Lexus）、皇冠（Crown）、花冠、克雷西达。

图 3-32　丰田汽车公司标志

①雷克萨斯部是 1989 年丰田汽车公司专门在国外销售豪华轿车成立的一个分部。雷克萨斯车名是丰田花费 3.5 万美元请美国一家起名公司命名的，因为雷克萨斯（Lexus）的读音与英文豪华（Luxe）一词相近，使人联想到该车是豪华轿车（见图 3-33）。随着人们生活水平的提高，对汽车的舒适性和安全性要求越来越高，雷克萨斯汽车是丰田汽车公司于 20 世纪 80 年代推出的豪华轿车系列。

20 世纪 90 年代，丰田汽车公司推出的雷克萨斯牌高级轿车，就像一匹黑马，以与众不同的风格跃入人们的眼帘，以不同凡响的标志"L"标新立异。

雷克萨斯标志由图形标志和文字标志两部分组成。它的图形标志不是采用常见的三个椭圆相互嵌套形式，而是在一个椭圆中镶嵌英文"Lexus"的第一个大写字母"L"，椭圆代表着地球，表示雷克萨斯轿车遍布全世界。该标志被镶在散热罩正中间，车尾标有文字标志"Lexus"。图 3-33 为雷克萨斯标志和雷克萨斯轿车。

图 3-33　雷克萨斯标志和雷克萨斯轿车

②丰田部是丰田集团在日本本土成长的品牌，旗下车系种类齐全，主要包括轿车品牌皇冠（Crown）、佳美（Camry）、花冠（Corolla）等；多功能车品牌陆地巡洋舰（Land Cruiser）、特锐；商务车品牌海狮等。皇冠是丰田汽车公司生产的一款外形美观、线条流畅、性能优越的中级轿车，该型车于 1955 年 1 月销售，畅销世界各地。皇冠是丰田汽车公司的代表车型之一，被称为丰田汽车公司的旗舰。皇冠轿车的标志是一顶象征王位的皇冠（图 3-34）。

新 CROWN 皇冠追求驰骋的快乐与操控的快感，实现了世界级高水准的行驶性能。加长轴距和加宽轮距的舒展外形，将跃动感与高贵气质表现得淋漓尽致。作为一辆名副其实的高级车，新 CROWN 皇冠采用 FR 平台，使流畅的操纵性与充沛的驱动力完美结合，真正实现了卓越的驾驶性能。

花冠（Corolla），是丰田车系中的代表车型和佼佼者。自从 1966 年成功推出后，至 2004 年历经八代畅销不衰，行销世界 140 个国家和地区，累积销量超过 2800 万辆，创造了单一品牌

图 3 - 34　皇冠标志及皇冠轿车

车型累积销量第一的世界纪录。花冠车的标志和丰
田标志一样，另外车尾标有文字标志"COROLLA"。
图 3 - 35 为花冠轿车。

2. 日产汽车公司与品牌

（1）概述

日产（NISSAN）汽车公司前身是 1933 年 12 月
26 日日本产业公司与户畑铸造公司联合成立的汽
车制造公司，于 1934 年正式更名为日产汽车公司，
总部设在东京，它是日本的第二大汽车生产厂家。

图 3 - 35　花冠轿车

日产的经营战略有两大特色：一是浓厚的技术色彩，热衷于技术的创新和采用；二是国
际化的设计、生产方针。日产先后建立了美国日产汽车制造公司、牛津大学日产研究所、英
国日产汽车制造公司、日产北美公司等。1993 年中日合资郑州日产公司成立，标志了日产汽
车品牌和日产汽车技术开始进入中国。

（2）日产汽车公司标志

日产汽车公司标志如图 3 - 36（a）所示。简洁明了的红色圆表示日本国国旗——太阳，
中间的蓝色长方形及其上白色的字 NISSAN 是"日产"的拼写形式，整个图案表明了日产汽车
公司位于"日出之国"的日本。日产的日语读音近似"尼桑"，所以也被音译为"尼桑"。

（3）日产汽车公司著名品牌

日产汽车公司的主要车型有蓝鸟［图 3 - 36（b）］、轩逸、天籁、英菲尼迪等。

(a)日产汽车公司标志　　　　　　　　　(b)日产蓝鸟轿车

图 3 - 36　日产汽车公司标志和日产蓝鸟轿车

3.本田汽车公司与品牌

（1）概述

本田（Honda）汽车公司全称为本田技研工业股份有限公司。其前身是本田技术研究所，始建于1948年，创始人是本田宗一郎。该公司是世界上最大的摩托车生产厂家，于1962年开始生产汽车。汽车产量和规模名列世界十大汽车厂家之列。公司总部在日本东京。本田先后在美国、亚洲各国、英国等建立了分公司。它的产品除汽车、摩托车外，还有发电机、农机等。

（2）本田汽车标志

"本田"即本田宗一郎的姓氏。本田汽车公司标志是带方框的"H"，H是"本田"拼音Honda的第一个字母，这个标志体现出技术创新、完美和经营先进的特点。图3-37为本田汽车标志和雅阁轿车。

图3-37 本田汽车标志和雅阁轿车

（3）本田汽车公司著名品牌

Acura源于拉丁语中的accuracy，意味着"精确"。而"精准"的含义可以追溯到Acura最初的造车理念"精湛工艺，打造完美汽车"。Acura的中文名称（讴歌）取意为：对生活充满自豪和乐趣，人生充满活力，积极向上。图3-38为讴歌标志和讴歌轿车。

图3-38 讴歌标志和讴歌轿车

4.马自达汽车公司与品牌

（1）概述

马自达汽车公司是由松田创立于1920年。1931年正式开始在日本广岛生产小型载货车，20世纪60年代初正式生产轿车。马自达汽车公司在日本国内排名始终紧跟丰田、日产之后。

马自达汽车公司拥有完备的产品构成，涉及经济型轿车、越野车、跑车等各种车型，其中家庭用车一直占据其主导地位，生产的跑车也闻名于世。迄今为止，马自达汽车仍然是全球各大汽车厂商中唯一将转子发动机汽车投入批量生产的汽车制造商。如应用在 RX 与宇宙跑车上的转子发动机，原是由德国工程师汪克尔博士，在 1956 年发明的，是一种和常用的活塞式气缸发动机完全不同的新型发动机，具有质量小、功率大、宁静和灵敏等优点，至今只有马自达汽车公司在独家使用。马自达生产的汽车外形给人一种光滑圆润、不带一点棱角线条的感觉，因而特别受到广大女车迷的青睐。

（2）马自达汽车标志

马自达车名的来历，源自西亚人传说中神的名字——阿弗拉·马自达（Afure Mazda），它象征古代文明，含有聪明、理智、理性和协调之意，代表古西亚文明的铁器、车轮和家畜。"马自达"的中文意译具有马上自动到达的快速之意。马自达的文字标志是日本"松田"拼音"Mazda"字样（两者发音相同），松田是马自达公司创始人的姓。目前，马自达标志采用飞鹰，意味着马自达展翅高飞，勇闯车坛顶峰。图 3 – 39 为马自达汽车标志和马自达阿特兹轿车。

图 3 – 39　马自达汽车标志和马自达阿特兹轿车

（3）马自达汽车公司著名品牌

2003 年 4 月 10 日马自达 6 来到中国，凭借着其非凡的外观及操控性，在当年获得年度车"弯道之王"的称号，并一直保持旺销势态，其动感的内饰外形、优异的操控性、高标准的安全性、宽大的内部空间和精细的做工等，创设了 21 世纪中高级轿车的一个新的全球标准。

3.3.2　韩国汽车公司与品牌

1. 现代汽车公司与品牌

（1）概述

现代汽车公司是韩国最大的汽车企业，世界 20 家最大汽车公司之一，创立于 1967 年，创始人郑周永，公司总部设在韩国首尔。目前现代汽车公司已发展成为现代集团，其经营范围由汽车扩展到建筑、造船和机械等领域。

（2）现代汽车标志

韩国现代汽车公司和汽车标志，如图 3 – 40（a）所示。现代汽车公司采用英文拼音 Hyundai 第一个字母"H"，与日本本田汽车标志的区别在于它用的"H"为斜花体，且外边用椭圆包围着。

（3）著名品牌

第十代索纳塔[图 3 – 40（b）]是采用 i – GMP 平台的车型，用了 Sensuous Sportiness 设计

语言，大灯组造型与现款有所不同，且下方雾灯区域被取消，保险杠部分的镀铬装饰贯穿整个车头，进气格栅为六边形，犹如张开的"大嘴"，充满了霸气。尾部大灯组也与现款有明显不同，最大的亮点是贯穿式装饰条营造出一体尾灯的氛围。

(a)现代汽车标志 　　　　　　(b)现代索纳塔轿车

图 3 – 40　现代汽车标志和现代索纳塔轿车

2.起亚汽车公司与品牌

（1）概述

起亚即起亚汽车集团，是韩国最早的汽车制造商。2000 年与现代集团合并成立现代起亚汽车集团。现代起亚汽车集团是世界产量第五大的汽车生产商。起亚（KIA）汽车公司是韩国最早的机动车制作商，成立于 1944 年。起亚的车系基本上已经覆盖了从轿车到 SUV、MPV 的各种车型，其中很多车型多次获得各项殊荣。

（2）起亚汽车标志

起亚的第一个音节 KI 意思是揭示给世人。第二个音节 A 是亚洲字的第一个字母，因此，起亚的意思是亚洲揭露世界。起亚的名字，源自汉语，"起"代表起来，"亚"代表在亚洲。因此，起亚的意思，就是"起于东方"或"起于亚洲"。源自汉语的名字、代表亚洲崛起的含义，正反映了起亚的胸襟崛起亚洲、走向世界。图 3 – 41 为起亚汽车标志和起亚 K5 轿车。

图 3 – 41　起亚汽车标志和起亚 K5 轿车

（3）著名品牌

Cadenza 命名含义是取自于意大利文描述歌剧之用，意旨精彩、优美而意义深长的乐曲。而车辆设计取向与质感也与其名颇为相符，同时起亚 Cadenza 全尺寸豪华轿车在韩国本土市场将被称为 K7，被视为现行旗下豪华房车 Opirus 欧菲莱斯之后继车型，它的全新设计已经完全打破了欧菲莱斯古典的造型，在起亚 FWD 平台上打造的这款全新的车型。

3.4　中国汽车公司与品牌

3.4.1　一汽集团公司与品牌

1.概述

1953 年,在党中央的亲切关怀下,在全国人民的大力支援下,一汽奠基兴建,1956 年建成并投产。一汽的建设,只用了三年的时间,其速度之快,工程质量之好,被人们称为奇迹。一汽的建成,开创了中国汽车工业的历史。

从 1956 年开工生产到 1978 年末,一汽有过乘"东风"展"红旗"制造国产轿车等创举。

一汽自 1980 年末到 1983 年 7 月,用了近三年的时间,完成了"解放"第二代产品 CA141 汽车的设计、试制、实验和定型。

从 1988 年到 2001 年末,以发展轿车、轻型车为主要标志。通过建设一汽轿车、一汽 - 大众两个现代化轿车生产基地,以及兼并、重组、改造轻型车生产企业,产品结构调整取得重大突破,中、重、轻、轿并举的局面已经形成。通过不断深化企业改革,基本实现了由传统的工厂向集团公司体制的转变,以及由单一的国有资产向多元化资产结构的转变。通过对外合作和开拓国外市场,建立了一汽 - 大众等一批中外合资企业,产品出口到 70 多个国家和地区,初步实现了从单一的国内市场向国内、国外两个市场转变。

2.标志

第一汽车集团公司及生产的汽车标志(图 3 - 42)由阿拉伯数字"1"和汉字"汽"两个字的艺术组合,构成一只形似展翅翱翔在蔚蓝天空中的雄鹰。该标志既代表不断进取、展翅高飞的中国"一汽"精神,又表达了中国汽车工业冲出国门、走向世界的决心。出口的一汽载货汽车车头还标有"FAW"字样,意思是第一汽车制造厂。

图 3 - 42　中国第一汽车集团公司标志

3.公司体系

第一汽车集团公司拥有 28 个全资子公司,18 个控股子公司,资本结构如图 3 - 43 所示。其中一汽轿车股份、长春一汽富维、天津一汽夏利、启明信息技术股份为国内上市企业。

4.公司著名品牌

(1)一汽轿车

一汽轿车股份有限公司(简称一汽轿车)是中国第一汽车集团的控股子公司,为中国轿车制造业首家股份制上市公司,它由一汽集团公司主要从事红旗轿车整车及其配件生产的优质资产重组成立。

红旗是中国轿车第一品牌,在中国备受尊崇,是我国领导人和许多外国首脑访华时主要专用车。

红旗 L5(图 3 - 44),是基于 2009 年红旗牌检阅车项目成功后,一汽正式启动红旗 L 平台产品开发及生产准备后打造的一款 100% 自主知识产权的 E 级轿车。

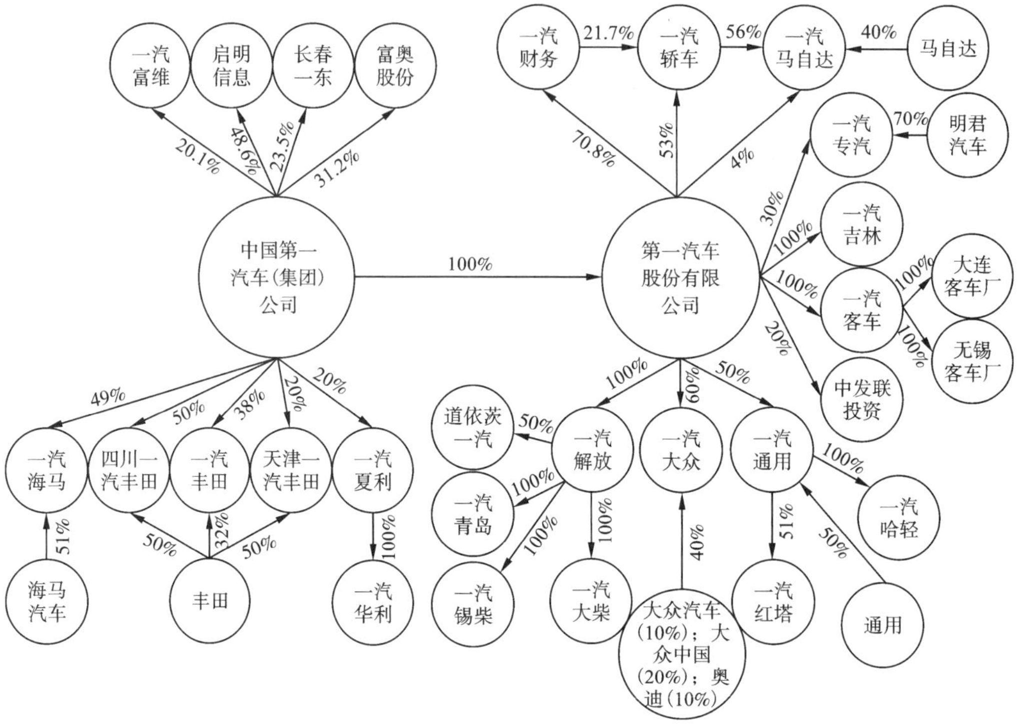

图 3 – 43　第一汽车集团公司资本结构图

红旗 L5 的造型延续了经典的红旗 CA770 的设计，外观传承了很多经典元素。新车前脸的设计源自 2009 年国庆检阅车 CA7600J，外观设计大气端庄，圆形的前大灯和前部流线型红旗立标是红旗汽车十分经典的设计元素。

图 3 – 44　红旗 L5 轿车

（2）一汽大众

一汽大众汽车有限公司是中国第一汽车集团公司和德国大众汽车股份公司及奥迪汽车股份公司合资经营的大型轿车生产基地，是我国第一个按计划经济规模起步的现代轿车工业基地。在生产过程中实行严格的质量控制，并采用德国先进的奥迪质量评审体系，使奥迪和捷达轿车的整车质量超过在德国生产时的质量水平。

（3）天津汽车工业（集团）有限公司

天津汽车工业（集团）有限公司是中国轿车、微型车的生产基地。主要生产丰田轿车、夏利轿车、华利微型车、三峰旅行车和雁牌轻型货车等。1986 年，该公司引进日本大发工业株式会社的技术开始生产天津夏利轿车。车名的日本音译为"夏来多"，公司初步确定中文名为"夏利得"，当时任天津市市长的李瑞环同志提议改成"夏利"两个字，意为对华夏有利。图 3 – 45 为夏利标志及天津夏利轿车。

天津夏利轿车标志最早是在散热器格栅中央镶嵌夏利两个字。1997年开始采用形似高速公路的新标志，其图案中横为立交桥连通东西，纵为两高速公路贯南北，象征着"夏利"轿车驰骋在祖国大地，表示夏利轿车既是受大众欢迎的节油车，又是在高速公路上与其他汽车竞争的优质车，喻示夏利前程远大。

2002年6月14日，中国第一汽车集团有限公司与天津汽车工业（集团）有限公司在北京人民大会堂签署联合重组协议，一汽集团持有公司50.98%的股份，企业正式融入一汽体系。2019年10月，通过破产重组后，一汽夏利和造车新势力博郡汽车达成合作，双方将设立名为天津博郡汽车有限公司的合资公司。

图3-45 夏利标志及天津夏利轿车

3.4.2 东风汽车集团公司与品牌

1. 概述

东风汽车公司（原第二汽车制造厂）始建于1969年，是中国特大型国有骨干企业，总部设在湖北省会武汉，主要基地分布在十堰、襄阳、武汉、广州等地，主营业务涵盖全系列商用车、乘用车、零部件、汽车装备和汽车水平事业。经过四十余年发展，公司已经构建起行业领先的产品研发能力、生产制造能力与市场营销能力，东风品牌早已家喻户晓。

1952年底，在一汽建设方案确定之后，毛泽东主席就做出了"要建设第二汽车厂"的指示。次年，第一机械工业部组织拉开了二汽筹建工作的序幕，并在武汉成立了第二汽车制造厂筹备处。几经周折之后，1969年初，在湖北省十堰市召开了二汽建设现场会议，成立了第二汽车制造厂建设总指挥部。下半年，10万人的建设大军陆续进入十堰基地，9月28日，第二汽车制造厂大规模施工建设正式拉开序幕。

1981年是我国改革开放的初始时期，也是二汽成长壮大的开始。当时，受国内经济环境制约，汽车市场出现了滞销局面，但二汽抓住时机，及时调整，采取针对性措施，结果当年就销售39028辆、散装车1525辆，利润1.2677亿元，大大超过预期。尤其重要的是，二汽的产销衔接基本走上了正轨。1991年4月9日，第100万辆东风车下线。二汽人用不到16年的时间，创造了第一个百万辆。这一成绩的取得标志着二汽步入成熟期，同时向新的发展期跨越。

1992年9月1日，第二汽车制造厂正式公告更名为"东风汽车公司"；东风汽车工业联营公司更名为"东风汽车集团"。

在新的经济形势之下,东风汽车公司亟待有更大突破。1999年6月17日,东风汽车公司召开领导干部大会,全面推出体制改革新框架,构建了新的三层次公司化管理体制,完成了从管理一个工厂到管理一个公司的巨大跨越。

在国家经贸委的支持下,2003年6月东风和日产成功联姻,东风拿出了主业的70%资金,日产拿出同等价值的83.5亿元现金,建立了迄今为止仍属国内规模最大的合资公司——东风汽车有限公司。就在这一年的9月28日,东风汽车公司总部迁往武汉市,为公司更有效实施集团管理、谋求更大发展奠定了坚实基础。

东风汽车公司日益发展壮大,逐步成为集科研、开发、生产、销售于一身的特大型国有骨干企业,是国有经济的重要支柱企业。

2. 东风汽车标志

东风汽车公司及其东风汽车标志(图3-46),以艺术象征手法取燕子凌空飞翔时的尾翼剪影,寓意双燕舞东风,格调新颖,意味深长。使人自然地联想到东风送暖,春光明媚,神州大地生机盎然的景象。东风汽车公司原名为第二汽车制造厂,腾越翻飞的双燕寓意"二汽",外圆表示车轮,寓意东风汽车一往无前。

图3-46 东风汽车标志

3. 公司体系

东风汽车公司拥有神龙汽车、东风本田、东风日产、东风悦达起亚、东风汽车股份等整车企业,已建成十堰、襄阳、武汉、广州四大生产基地,另在上海、柳州、盐城、郑州、杭州、成都等地设有分支企业。公司资本结构如图3-47所示。公司先后与法国PSA集团开展深度合作;与日产进行全面合资重组;与本田拓展合作领域;与江苏悦达集团、韩国起亚整合重组东风悦达起亚;与重庆渝安创新科技(集团)公司合资成立东风渝安车辆有限公司,生产东风小康微车;与台湾裕隆集团合资成立东风裕隆汽车有限公司,生产纳智捷SUV/MPV等车型。

4. 公司著名汽车品牌

(1)东风汽车有限公司

2003年6月9日上午,由东风汽车公司与日产汽车公司合资组建的东风汽车有限公司在武汉创立,这是国内首家拥有全系列载货汽车、客车、轻型商用车及乘用车产品的中外合资企业,它的乘用车采用日产品牌,而商用车则采用东风品牌。

(2)东风商用车公司

东风汽车有限公司商用车公司产品覆盖载货车、客车、专用车、越野车、底盘、发动机、驾驶室及关键零部件,是我国规模最大的载货汽车工业生产基地之一。

(3)东风乘用车公司

东风乘用车公司的全称为东风汽车集团股份有限公司乘用车公司,是东风汽车公司于2006年开始筹建,2007年7月25日全资组建的集研发、生产制造、销售自主乘用车品牌。

(4)神龙汽车有限公司

神龙汽车有限公司是东风汽车公司与法国PAS标致雪铁龙集团等股东合资兴建的轿车

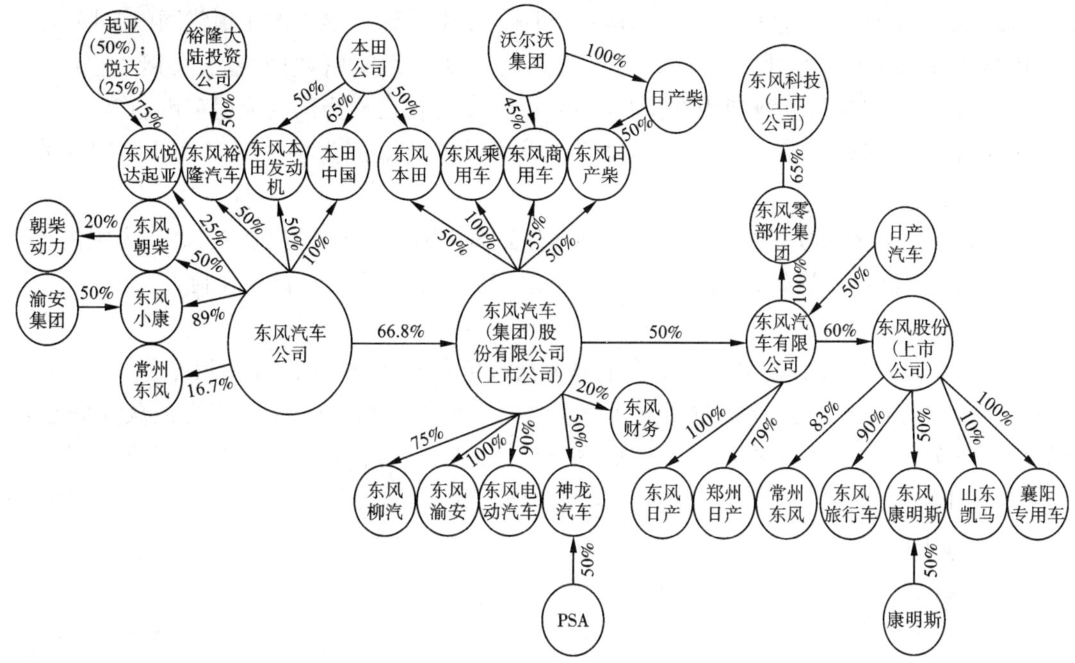

图 3 – 47　东风汽车集团资本结构图

生产经营企业。神龙汽车有限公司目前生产经营的产品主要有 SUV 云逸 C4 AIRCROSS、天逸 C5 AIRCROSS、第三代 C5、C6、C4 世嘉、全新爱丽舍、新 C4L、C3 – XR 等。

（5）东风悦达起亚汽车有限公司

东风悦达起亚汽车有限公司系由东风汽车公司、江苏悦达投资股份有限公司、韩国起亚自动车株式会社共同组建的中外合资轿车制造企业。

3.4.3　上海汽车集团公司与品牌

1. 概述

上海汽车工业可追溯到 20 世纪上半叶，源自服务于外国汽车的修配业。从无到有，上海汽车工业秉持"草窝里飞出金凤凰"的艰苦创业精神，于 50 年代末出现了第一个转折。在缺乏技术、装备、生产经验和资金的困难情况下，进行了从修配业到整机整车制造的突破，逐步形成了专业化生产体系和批量生产能力，公交车、越野车、载重汽车、拖拉机等各种工业用和民用车型迅速诞生。

整个 20 世纪 50 年代，上海汽车工业硕果累累，也为上海轿车制造奠定了坚实的基础。

而上海轿车制造业"零"的突破很快就出现在了 1958 年。该年 9 月 28 日，上海汽车装配厂试制成第一辆凤凰牌轿车。到 1964 年，凤凰牌轿车改名为上海牌轿车，至 1975 年形成 5000 辆年生产能力，上海牌轿车形成系列。

在此过程中，上海汽车工业也进行了一系列沿革。在清晰可见的历史足迹中，我们可以想象，这个汽车界龙头企业迈出的是怎样坚实的步伐：

1955 年 12 月，上海市内燃机配件制造公司成立。

1985 年 3 月 21 日，上海大众汽车有限公司成立，此后连续二十多年领跑国内市场。

1995 年 9 月 1 日，经过一系列的改制，今天的上海汽车工业(集团)总公司诞生。

1997 年 6 月 12 日，上海通用汽车有限公司成立，目前已成为国内乘用车市场第一。

2004 年 10 月 28 日，上汽集团正式收购韩国双龙汽车，成为中国汽车企业跨国并购第一案。

在进行一系列的规模扩张之后，根据国家有关深化国有企业改革的方针，作为国内汽车企业的龙头，上汽集团从 2004 年开始，按计划逐步实施了一系列的企业改制。

2. 公司体系

上海汽车工业(集团)总公司旗下有上海大众汽车有限公司、上海通用汽车公司、上汽通用五菱汽车股份有限公司、上海通用东岳汽车公司、上海仪征汽车公司、上海汇众汽车公司、上海申沃汽车公司等，目前在柳州、重庆、烟台、沈阳、青岛、仪征、无锡、香港等地建立了生产基地，同时在美国、欧洲、日本和韩国设有海外分公司。图 3 - 48 为上海汽车(集团)总公司资本结构图。

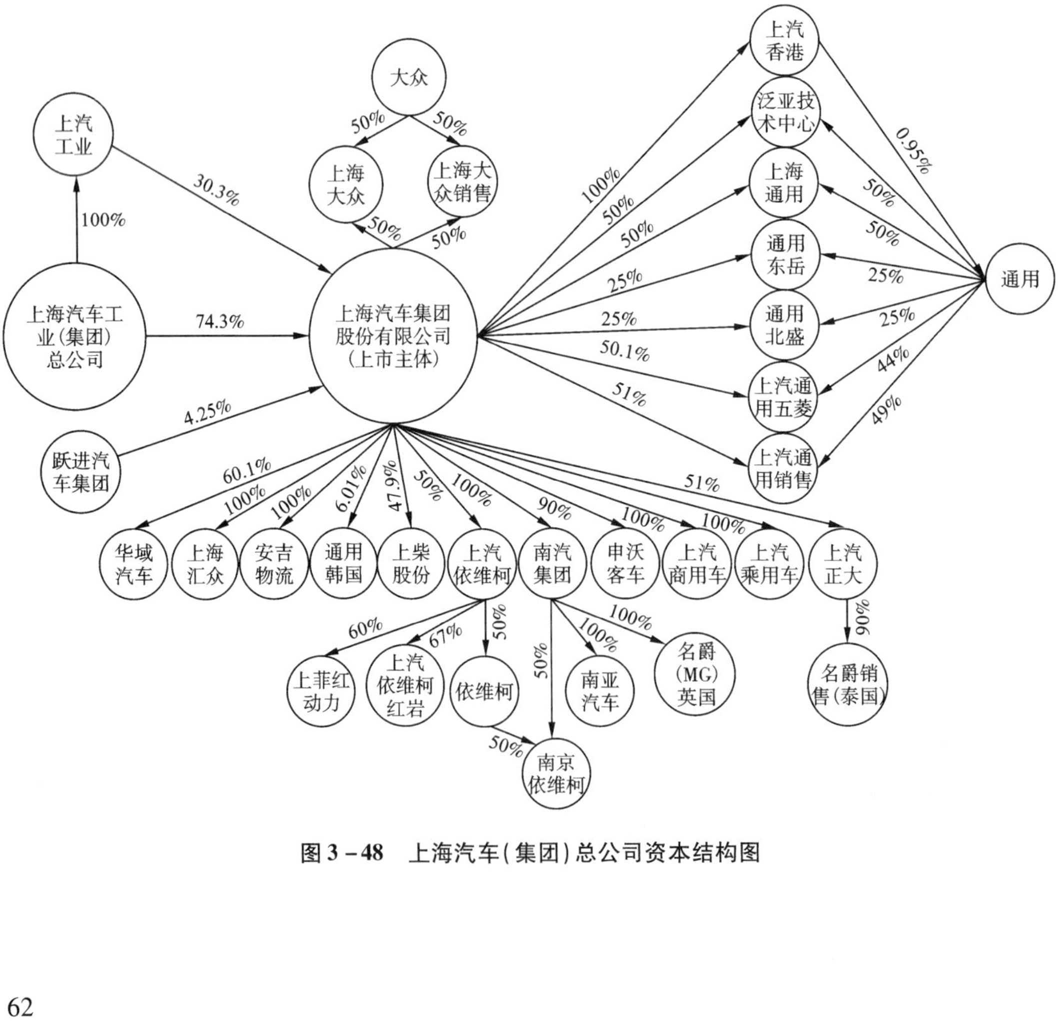

图 3 - 48　上海汽车(集团)总公司资本结构图

3. 公司著名品牌

（1）上海大众汽车有限公司

上汽大众汽车有限公司（简称上汽大众）是一家中德合资企业，由上汽集团和大众汽车集团合资经营。公司于 1984 年 10 月签约奠基，是国内历史最悠久的汽车合资企业之一。公司总部位于上海安亭，并先后在南京、仪征、乌鲁木齐、宁波、长沙等地建立了生产基地。上汽大众目前生产与销售大众和斯柯达两个品牌的产品，覆盖 A0 级、A 级、B 级、C 级、SUV、MPV 等细分市场。上海大众汽车公司标志及汽车标志均采用德国大众汽车公司的标志（图 3 - 49）。

（2）上海通用汽车公司

上汽通用汽车有限公司成立于 1997 年 6 月 12 日，由上海汽车集团股份有限公司、通用汽车公司共同出资组建而成。目前拥有浦东金桥、烟台东岳、沈阳北盛和武汉分公司四大生产基地，共 4 个整车生产厂、2 个动力总成厂，是中国汽车工业的重要领军企业之一。目前已拥有别克、雪佛兰、凯迪拉克三大品牌，覆盖了从高端豪华车到经济型轿车各梯度市场，以及高性能豪华轿跑、MPV、SUV、混合动力和电动车等细分市场。

上海通用汽车公司标志（图 3 - 50）第一个拼音 S 从椭圆形中穿过，在 S 的中部为通用汽车公司的标志，表示上海通用汽车公司是由上海汽车工业总公司与美国通用汽车公司双方的充分合作。

图 3 - 49　上海大众汽车公司标志

图 3 - 50　上海通用汽车公司标志

3.4.4　长安汽车集团公司与品牌

1. 概述

长安汽车的前身是上海洋炮局，由洋务运动发起人李鸿章于 1862 年（清同治元年）12 月授命英国人马格里和中国官员刘佐禹在上海松江城外一所庙宇中创办。

1865 年，因李鸿章升任两江总督，而迁到南京更名为金陵制造局，主要生产各种枪炮。1929 年，改隶兵工署直辖，并更名为金陵兵工厂。

1951 年，二十一兵工厂改名为长安机器厂。

1957 年重庆兵工厂，开始试制长江牌 46 型吉普车，并在 1958 年试制成功，参加了 1959 年的国庆阅兵仪式。1963 年底停产，累计生产 1390 辆，停产后将技术资料转交北京汽车制造厂，成为北京吉普。

1994 年，长安机器厂和江陵厂合并成立长安汽车有限责任公司。

2. 长安汽车标志

长安汽车两个车标代表两个品牌：乘用车和商用车，如图 3 – 51 所示。乘用车车标背景配合内圈小方圆寓意我们的地球；大方圆围绕蓝色的地球，寓意长安行天下。蓝色背景表达了长安的科技、绿色发展理念。商用车标志以天体运动轨迹（椭圆）为基础，捕捉"长安"汉语拼音中的 CA 字母，经过抽象组合，变形为此标。标志有暗含"安"字行草的字迹，蕴含微型车与现代立体交通的结合。

图 3 – 51　长安汽车标志

3. 公司体系

（1）重庆长安汽车股份有限公司

重庆长安汽车股份有限公司于 1996 年 10 月 31 日在中国重庆市工商行政管理局注册登记，取得营业执照。重庆长安位于重庆长江和嘉陵江两江汇合处，是一家开发、制造、销售全系列乘用车和商用车的汽车公司，其主要产品有全系列乘用车、小型商用车、轻型卡车、微型面包车和大中型客车，全系列发动机等。

（2）长安铃木汽车有限公司

重庆长安铃木汽车有限公司作为国内最早的汽车合资企业之一，1993 年 5 月，正式在重庆市巴南区挂牌成立。作为国内大型的综合性现代汽车制造企业，现有两个工厂：第一工厂位于重庆市巴南区鱼洞大江工业园，建筑面积 15.8 万平方米，产能为 20 万辆/年；第二工厂位于重庆市巴南区经济园天明汽摩产业园，建筑面积 14 万平方米，产能为 10 万辆/年。目前，长安铃木产品包括骁途、维特拉、启悦三个系列车型，M、K 两个发动机机型，同步生产长安汽车新奔奔系列车型。

（3）长安福特汽车有限公司

长安福特汽车有限公司（简称长安福特），成立于 2001 年 4 月 25 日，是中国知名汽车合资厂商，坐落在重庆市北部新区，由长安汽车股份有限公司和福特汽车公司共同出资成立。长安福特现有重庆、杭州、哈尔滨三个生产基地，现共有七个工厂，分别为五个整车工厂、一个发动机工厂和一个变速箱工厂，其中重庆已成为福特汽车继底特律之外全球最大的生产基地。长安福特生产销售的车型有福特金牛座、福特新蒙迪欧、福特福克斯、福特福睿斯和福特锐界、福特翼虎、福特翼搏。

（4）长安马自达汽车有限公司

长安马自达汽车有限公司前身为长安福特马自达汽车有限公司南京公司，成立于 2005 年 4 月 19 日，并于 2007 年 9 月 24 日竣工投产，由重庆长安汽车股份有限公司、马自达汽车株式会社共同出资组建，双方各占 50% 股份。2012 年 8 月 24 日，经国家发展改革委核准，长安马自达汽车有限公司成为具有独立法人资格的现代化合资汽车企业，是马自达海外唯一一家集生产、采购、研发、销售于一体的整车制造型企业。旗下拥有 Mazda CX‑5、MAZDA3 昂克赛拉、Mazda CX‑8 等车型。

3.4.5　北京汽车集团公司与品牌

1. 概述

北京汽车集团有限公司（简称北汽集团），是中国五大汽车集团之一，主要从事整车制造、零部件制造、汽车服务贸易、研发、教育和投融资等业务，是北京汽车工业的发展规划中心、资本运营中心、产品开发中心和人才中心。北汽集团有着悠久的历史，其前身可追溯到 1958 年成立的"北京汽车制造厂"。先后自主研制、生产了北京牌 BJ210、BJ212 等系列越野车，北京牌勇士系列军用越野车，北京牌 BJ130、BJ122 系列轻型载货汽车，以及欧曼重卡、欧 V 大客车等著名品牌产品，合资生产了"北京 Jeep"切诺基、现代品牌、奔驰品牌产品。

1958 年北京汽车制造厂建厂投产"井冈山"牌小轿车开始，北京汽车工业发展逐渐提速。

2004 年 10 月，北京吉普奔驰轿车项目生产的首批奔驰轿车正式下线。

2009 年 12 月 14 日，北京汽车收购瑞典萨博汽车公司相关知识产权。

2012 年 2 月，北京福田戴姆勒汽车有限公司成立，生产福田欧曼中重型、重型载货汽车。

2. 北京汽车标志

北京汽车与北汽集团为统一标识（图 3‑52）。北汽集团新发布的品牌标志将"北"字作为设计的出发点，"北"既象征了中国北京，又代表了北汽集团，体现出企业的地域属性与身份象征。同时，"北"字好似一个欢呼雀跃的人形，表明了"以人为本"是北汽集团永远不变的核心。它传承与发展了北汽集团原有形象，呈现出一种新的活力，表达了北汽集团立足北京、放眼全球的远大目标。标志中的"北"字，犹如两扇打开的大门，它是北京

图 3‑52　北京汽车标志

之门，北汽之门，开放之门，未来之门，标志着北汽集团更加市场化、集团化、国际化，与集团全新的品牌口号"融世界　创未来"相辅相成，表示北汽集团将以全新的、开放包容的姿态启动新的品牌战略。

3. 公司体系

（1）北京现代

由北京汽车投资有限公司和韩国现代自动车株式会社共同出资设立，拥有三座整车生产工厂、三座发动机生产工厂和一座技术中心。

（2）北京奔驰

北京奔驰戴姆勒克莱斯勒汽车有限责任公司简称 BBAC。当前主要生产梅赛德斯‑奔驰 E 级、C 级轿车以及 GLK、克莱斯勒 300C、铂锐等众多品牌产品。

（3）北汽福田

福田汽车以令业界称奇的"福田速度"实现了快速发展，形成了集整车制造、核心零部件、汽车金融、车联网、福田电商为一体的汽车生态体系。其中，商用车业务，涵盖整车及服务、汽车智能互联应用两大业务，整车覆盖卡车、客车、商务汽车等 5 大业务单元，欧曼、欧

马可、奥铃、欧辉、图雅诺等产品品牌。

3.4.6 广州汽车集团公司与品牌

1. 概述

广州汽车集团股份有限公司(简称广汽集团)创立于2005年6月28日,由广州汽车集团有限公司整体变更成立,是由广州汽车工业集团有限公司、万向集团公司、中国机械工业集团公司、广州钢铁企业集团有限公司、广州市长隆酒店有限公司作为共同发起人,以发起方式设立的大型国有控股股份制企业集团。业务涵盖整车(汽车、摩托车)及零部件研发、制造、汽车商贸服务、汽车金融等,成为国内产业链最为完整的汽车集团之一,也是国内汽车行业首家拥有保险、保险经纪、汽车金融、融资租赁、财务等多块金融行业牌照的企业集团。目前,广汽集团旗下共有广汽本田、广汽丰田、广汽乘用车、广汽新能源、广汽研究院、广汽菲亚特克莱斯勒、广汽三菱等数十家知名企业与研发机构,整车核心业务板块形成自主品牌、日系合资、欧美系合资"三足鼎立"、稳步发展格局。

2. 广汽乘用车标志

全新企业品牌标志(图3-53)"G",是广汽集团英文缩写"GAC"的首字母,同时新企业品牌标志"G"作为广汽乘用车的产品标志。变体英文"G",外延象征路路畅通,内涵指广汽努力攀登高峰。

3. 公司体系

(1)广汽乘用车

广州汽车集团乘用车有限公司是广汽集团设立的

图3-53 广汽乘用车标志

全资子公司,成立于2008年7月21日,作为广汽集团自主品牌乘用车项目的实施载体,主要致力于生产销售具有国际先进水平的传祺品牌整车。广汽传祺分别在新疆以及广州、杭州、宜昌设立工厂,形成了覆盖珠三角、长三角、"长江经济带"和"一带一路"经济带的整体发展格局,覆盖全国的广汽大自主生产基地已基本完成布局。宜昌工厂以世界级行业高标准打造,实现了生产自动化、信息数字化、管理智能化、智造生态化的有机融合,是一座高效率、高质量、节能环保型的世界级智能制造标杆工厂。广汽传祺已推出了覆盖轿车、SUV、MPV三大领域的GA4、GA6、GA8、GS3、GS4、GS5、GS7、GS8及GM6、GM8等车型。

(2)广汽本田

广汽本田汽车有限公司(简称广汽本田)于1998年7月1日成立,它是由广州汽车集团公司与日本本田技研工业株式会社共同出资组建的合资公司,双方各占50%股份,合作年限为30年。广汽本田目前有黄埔工厂和增城工厂两个厂区。广汽本田目前生产的主要产品有冠道系列SUV、雅阁系列轿车、奥德赛多功能系列轿车、凌派系列轿车、锋范系列轿车、飞度系列轿车和自主品牌理念系列轿车等车型。

(3)广汽丰田

广汽丰田汽车有限公司(简称广汽丰田)成立于2004年9月1日,是由广州汽车集团股份有限公司和丰田汽车公司按50:50的股比共同投资建设和经营的企业,合资年限30年。公司位于广州南沙区,现有三条生产线,生产车型包括CAMRY凯美瑞(含凯美瑞双擎)、HIGHLANDER汉兰达、C-HR、YARiS L致炫、LEVIN雷凌(含雷凌双擎)、YARiS L致享系列轿车。

（4）广汽三菱

广汽三菱汽车有限公司（简称广汽三菱）是由广州汽车集团股份有限公司、三菱自动车工业株式会社、三菱商事株式会社三方合资经营的中外合资企业，合作年限 30 年。广汽三菱于 2012 年 10 月 12 日在长沙挂牌成立，位于湖南长沙经济技术开发区，主要从事汽车及汽车零件的研究开发、生产、销售并提供相应的售后、咨询和技术服务等业务。目前广汽三菱旗下拥有奕歌、欧蓝德、祺智（EV）、劲炫、帕杰罗（进口三菱）等多款车型。

（5）广汽菲亚特克莱斯勒

广汽菲亚特克莱斯勒汽车有限公司（简称广汽菲克）成立于 2010 年 3 月 9 日，由广州汽车集团股份有限公司、菲亚特克莱斯勒汽车集团以 50∶50 的股比共同投资建设。公司总部位于湖南长沙国家级经济技术开发区，目前拥有长沙工厂和广州工厂两个整车工厂，以及一个发动机工厂。生产车型包括全新 Jeep 自由光、全新 Jeep 自由侠、全新 Jeep 指南者、大指挥官以及菲亚特菲翔、致悦。

3.4.7 华晨汽车集团公司与品牌

1. 概述

华晨汽车集团控股有限公司（简称华晨集团）是隶属于辽宁省国资委的重点国有企业，是中国汽车产业的主力军，总部坐落于辽宁省沈阳市。华晨集团的历史可追溯到 1949 年成立的国营东北公路总局汽车修造厂。1959 年，更名后的沈阳汽车制造厂试制成功五台"巨龙"牌载货汽车。目前，华晨集团在辽宁、四川和重庆建有六家整车生产企业、四家发动机生产企业和多家零部件生产企业，在"一带一路"沿线的多个国家已建立了海外 KD 工厂。华晨集团以整车、动力总成、核心零部件的研发、生产、销售和汽车售后市场业务为主体，也涉足汽车金融、新能源（风电等可再生资源）等其他产业。旗下有"中华""金杯""华颂"三大自主品牌以及"华晨宝马""华晨雷诺"两大合资品牌，产品覆盖乘用车、商用车全领域。

2. 华晨汽车标志

华晨汽车标志（图 3-54）形状有点像一个奖杯，代表中国人民是最棒的。

3. 华晨汽车主要品牌

主要有中华、金杯、华颂、华晨宝马等品牌的中华 V3、中华 V6、中华 V7、金杯海狮、华颂 7、新宝马 3 系、新宝马 5 系等多款车型。

图 3-54 华晨汽车标志

3.4.8 奇瑞汽车公司与品牌

1. 概述

奇瑞汽车有限公司起源于安徽省芜湖市政府的汽车项目。公司成立于 1997 年 1 月 8 日，是国内规模前列的集汽车整车、动力总成和关键零部件的研发、试制、生产和销售为一体的自主品牌汽车制造企业，建立了 A00、A0、A、B、SUV 五大乘用车产品平台。公司在 2019 年通过增资扩股完成混改，青岛五道口成为其第一大股东。

2.奇瑞汽车标志

奇瑞全新的 Logo(图 3 - 55)并没有经过全新的设计,而是在现有 Logo 的基础上进行了改进,这也是为了能够让国内消费者重新认识奇瑞品牌而做的努力。奇瑞新 Logo 以一个循环椭圆为主题,由三个字母"C""A""C"组成,是 Chery Automobile Company 的缩写。中间镶有钻石状立体三角形,主色调银色代表着质感、科技和未来。中间的钻石形构图,代表了奇瑞汽车对品质的苛求,并以打造钻石般的品质为企

图 3 - 55　奇瑞汽车标志

业坚持的目标。蓬勃向上的人字形支撑,则代表了奇瑞汽车执着创新、积极乐观、乐于分享的向上能量,支撑起品质、技术、国际化的奇瑞汽车不断前行,同时人字形代表字母 A,喻示奇瑞汽车追求卓越和领先的决心和激情。

3.奇瑞汽车主要品牌

(1)奇瑞

主要生产艾瑞泽和瑞虎系列车型,以及部分新能源车型。主要有艾瑞泽 5、艾瑞泽 7、艾瑞泽 GX、瑞虎 3、瑞虎 3x、瑞虎 5x、瑞虎 7、瑞虎 8 等产品。

(2)奇瑞捷豹路虎

奇瑞捷豹路虎汽车有限公司成立于 2012 年 11 月,由奇瑞汽车股份有限公司和捷豹路虎汽车共同出资组建,是国内首家中英合资的高端汽车企业。2015 年,奇瑞捷豹路虎先后推出了路虎揽胜极光和路虎发现神行,首款捷豹品牌车型全新捷豹 XFL 于 2016 年 8 月上市。未来奇瑞捷豹路虎将生产并销售路虎和捷豹品牌其他车型以及为中国市场量身定制的合资自主品牌车型。

3.4.9　比亚迪汽车公司与品牌

1.概述

2003 年,比亚迪收购西安秦川汽车有限责任公司(现名比亚迪汽车有限公司),正式进入汽车制造与销售领域,开始了民族自主品牌汽车的发展征程。凭借技术研发和创新实力,比亚迪已经掌握电池、电机、电控等新能源车核心技术。目前,比亚迪新能源车已经形成乘用车和商用车两大产品系列,涵盖七大常规领域和四大特殊领域(即"7 + 4"战略,其中"7"为私家车、出租车、城市公交、道路客运、城市商品物流、城市建筑物流、环卫车;"4"为仓储、港口、机场、矿山专用车辆),实现全领域覆盖。在乘用车市场,比亚迪涉及燃油车和新能源车两大领域。在商用车市场,比亚迪拥有丰富的纯电动巴士、纯电动卡车和纯电动叉车产品线。

2.比亚迪汽车标志

比亚迪的 Logo(图 3 - 56)在 2007 年已由蓝天白云的老标志换成了只用三个字母和一个椭圆组成的新标志了,BYD 的意思是 build your dreams,即为成就梦想。

3.比亚迪汽车主要品牌

代表车型包括比亚迪 F3、秦、秦 Pro、秦 Pro 新能源、秦新能源、速锐、元新能源、宋 Pro、宋 Pro 新能源、唐、唐新

图 3 - 56　比亚迪汽车标志

能源、元、宋、宋新能源等。图 3 - 57 为比亚迪唐轿车,图 3 - 58 为比亚迪 e3 轿车。

图 3 - 57　比亚迪唐轿车

图 3 - 58　比亚迪 e3 轿车

3.4.10　吉利汽车公司与品牌

1. 概述

吉利汽车成立于 1986 年，隶属于浙江吉利控股集团，总部位于中国浙江杭州，在浙江台州/宁波、湖南湘潭、四川成都、陕西宝鸡、山西晋中等地建有汽车整车和动力总成制造基地，并在白俄罗斯等国家和地区建有海外工厂。旗下现拥有吉利汽车品牌、领克品牌和几何品牌，拥有宝腾汽车 49.9% 的股份及全部经营管理权，以及豪华跑车品牌路特斯 51% 的股份。

2. 吉利汽车标志

吉利汽车标志（图 3 - 59）源于六块腹肌的创意灵感，腹肌感的创意代表了年轻、力量、阳刚和健康，寓意吉利是年轻的与积极向上的品牌，吉利的产品是有充沛动力和驾驶性能的车。标志为勋章、盾牌形状，给人安全感和信赖感，蕴含着吉利自创始至今所承载的"安全呵护与稳健发展"的品牌特征。吉利

图 3 - 59　吉利汽车标志

标志内由六块宝石组成，蓝色宝石代表了蔚蓝的天空，黑色宝石寓意广阔的大地，双色宝石的组合象征吉利汽车驰骋天地之间，走遍世界的每个角落。

3. 吉利汽车主要品牌

主要有吉利汽车品牌、领克品牌、几何品牌、宝腾和路特斯五大品牌的金刚、缤瑞、缤越、帝豪、帝豪 GL、远景、博瑞、博越、ICON、星越、嘉际、领克 01、领克 02、领克 05 等车型。图 3 - 60 为领克 05 轿车，图 3 - 61 为吉利 ICON 轿车。

图 3 - 60　领克 05 轿车

图 3 - 61　吉利 ICON 轿车

3.4.11　长城汽车公司与品牌

1. 概述

长城汽车股份有限公司(以下简称长城汽车)成立于1984年,总部位于河北省保定市,是全球知名的SUV、皮卡制造商。旗下拥有哈弗、WEY、欧拉和长城皮卡四个品牌,产品涵盖SUV、轿车、皮卡三大品类,具备发动机、变速器等核心零部件的自主配套能力。2018年7月10日,长城汽车与宝马(荷兰)控股公司正式签署了合资经营合同,合资成立光束汽车有限公司。长城汽车在国内已形成八大生产基地,继保定、徐水、天津生产基地后,长城汽车重庆永川生产基地项目在2019年底建成投产,江苏张家港、山东日照、浙江平湖和江苏泰州几大项目正在稳步推进。在海外,长城汽车还在厄瓜多尔、马来西亚、突尼斯和保加利亚等多国建设了KD工厂。长城汽车独资兴建的俄罗斯图拉州工厂于2019年6月5日正式竣工投产,是中国品牌汽车企业在海外首个具备四大工艺的整车工厂。2019年11月29日,长城汽车和宝马集团按照股比50:50合资的光束汽车项目在江苏省张家港市正式启动,项目总投资金额为51亿元人民币,项目占地930亩,计划建成时间2022年。

2. 长城汽车标志

长城汽车标志(图3-62)里面椭圆外形表示立足世界、走向中国,烽火台形象是中国传统文化的象征,剑锋箭头表示充满活力、蒸蒸日上、敢于亮剑、无坚不摧,立体"1"代表快速反应、永争第一。

图3-62　长城汽车标志

3. 长城汽车主要品牌

主要有哈弗、WEY、欧拉和长城皮卡四个品牌的哈弗H5、哈弗H6、哈弗H7、哈弗H9、VV5、VV7、长城炮系列、风骏系列、欧拉系列等车型。图3-63为长城H6,图3-64为WEY VV7。

图3-63　长城H6轿车

图3-64　WEY VV7轿车

第 4 章　汽车结构基础

最早的汽车都是以汽油汽车为主，1898 年法国人狄塞尔（Diesel）研制出柴油内燃机后，使得汽油机的主导地位受到挑战。同年，美国人阿尔道夫·布什成功地制造出了世界上第一辆柴油汽车。随着汽车制造业的发展和科学技术的进步，使得汽车家族不断发展壮大，用途更加广泛，并随之派生出了具有各种用途的汽车，汽车呈现出百花争艳的美好景象。各类汽车的总体构造有所不同，但基本上都由发动机、底盘、车身和电气设备四部分组成。普通一辆车，最少由 13000 个不同的零件装配而成，而其中 1500 个零件是要同步运转的，并且许多零件都在很小的公差内运行。

4.1　汽车分类

4.1.1　汽车定义与类型

汽车是借助于自身的动力装置驱动，且具有 4 个或 4 个以上的车轮的非轨道无架线车辆。汽车的主要用途是运输，亦即载送人和货物的车辆。汽车区别于沿敷设的轨道或电力架行的火车，有轨电车和无轨电车，进行农田作业的拖拉机，以及自走式工程机械。在分类统计时，二轮或三轮机动车，具有武器和装甲的作战车辆不算汽车。

4.1.2　国产汽车的编号规则

根据国家规定 GB/T 9417—1988《汽车产品型号编制规则》的规定，我国汽车产品型号由企业名称代号、车辆类型代号、主要参数代号和产品序号组成，必要时附加企业自定代号。包括首部、中部和尾部三部分，如图 4 – 1 所示。

1. 首部

用两位或三位汉语拼音字母表示企业名称或企业所在地名。如 BJ、XM、SH、NJ、GL 和 JN 等，分别代表北京、厦门、上海、南京、桂林和济南等地汽车制造厂。但第二汽车制造厂（简称二汽）用 EQ 表示；第一汽车制造厂（简称一汽）用 CA 表示。这是因为其产品型号编制在国家标准制定前，故不符合国家标准。

2. 中部

用 4 位阿拉伯数字表示汽车主要特征。其中第一位数字表示车辆类别，第二、三位数字表示汽车主要参数，第四位数字表示产品序号，见表 4 – 1。

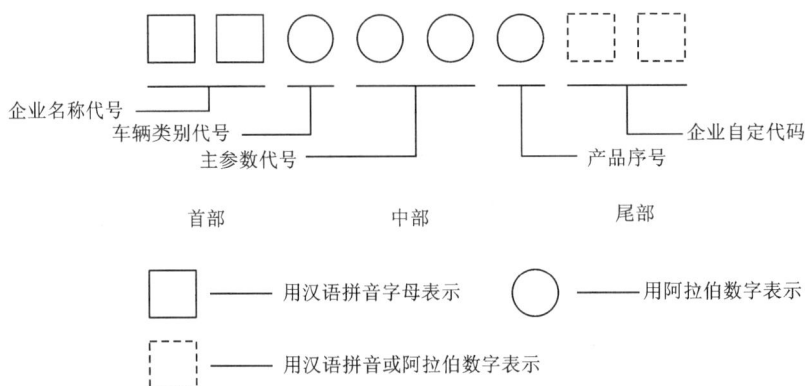

图 4-1 汽车产品型号(车辆型号)编码

注：为了避免与数字混淆，不应采用汉语拼音字母中的"I"和"O"

表 4-1 汽车主要特征参数

第一位数字(1~9)表示车辆类别代号		第二、三位数字表示汽车主要参数	第四位数字表示产品序号
1	载货汽车	用两位数字表示车辆的总质量(t)，一般取数值的整数部分；当车辆总质量小于10 t时，在整数位前用"0"占位，如"08"表示车辆总质量为8~9 t；当车辆总质量在100 t以上时，允许用三位数字表示	产品序号可依次使用阿拉伯数字0,1,2,3,…来表示
2	越野汽车		
3	自卸汽车		
4	牵引汽车		
5	专用汽车		
6	客车	用两位数字表示车辆长度(m)，当车辆长度小于10 m时，应精确到小数点后一位，并以长度(m)的十倍值表示。如"91"表示客车的长度值为9.1~9.2 m	
7	轿车	用两位数字表示发动机排量(L)，精确到小数点后一位，并以排量的十倍值表示。如"22"表示发动机排量为2.2~2.3 L	
9	半挂车及专用半挂车	两位数字表示汽车的总质量(t)	

注：8为空白，不指代车型类别。

3. 尾部

用于在同一种汽车中对变型车与基本型车结构加以区别(如采用不同的发动机、加长轴距等)，可用汉语拼音字母和数字表示，由企业制定。

例如，CSA7182(荣威550)，其中CSA表示上海汽车，7表示轿车，18表示排量1.8 L，2表示非涡轮增压款。

4.1.3　车辆识别代码(VIN)

汽车的 VIN 码是英文 Vehicle Identification Number(车辆识别码)的缩写。VIN 每一部车都有,每个号码都不一样。依据 GB16735—2019 规则,VIN 码的 17 位字符由世界制造厂识别代码(WMI)、车辆说明部分(VDS)、车辆指示部分(VIS)三部分组成,包含了车辆的制造商、车型年份、车型、车身形式及代码和组装地点等信息,年产量大于或等于 1000 辆的完整车辆制造厂的车辆识别代号如图 4 - 2 所示。

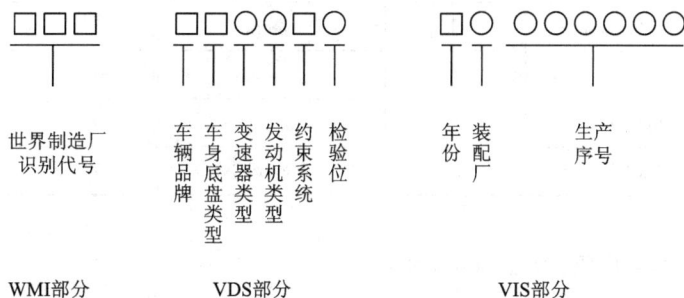

图 4 - 2　汽车 VIN 编码

汽车的 VIN 码的历史可以追溯到 1949 年。但直到 1981 年之前,标准一直处于变换中。比如:1965—1969 年的 VIN 码有 9 位,当生产量超过一百万之后采用 10 位;1970—1980 年的 VIN 则固定为 10 位。现行的 17 位 VIN 码始于 1981 年。

1.世界制造厂识别代号(WMI)部分

第 1 位为生产国家代码,如表 4 - 2 所示。

表 4 - 2　字码生产国家对应表

1	美国	6	澳大利亚	L	中国 *	W	德国
2	加拿大	9	巴西	S	英国	Y	瑞典
3	墨西哥	J	日本	T	瑞士	Z	意大利
4	美国	K	韩国	V	法国		

*注:中国台湾地区的代码为 R。

第 2 位为汽车制造商代码,如表 4 - 3 所示。

表 4 - 3　字码汽车制造商对应表

1	Chevrolet	B	Dodge	M	Mitsubishi
2	Pontiac	C	Chrysler	M	Mercury
3	Oldsmobile	D	Mercedes	N	Infiniti

续表 4 – 2

4	Buick	E	Eagle	N	Nissan
5	Pontiac	F	Ford	P	Plymouth
6	Cadillac	G	General M	S	Subaru
7	GM Canada	G	Suzuki	T	Lexus
8	Saturn	H	Acura	T	Toyota
8	Isuzu	H	Honda	V	Volkswagen
A	Alfa Romeo	J	Jeep	V	Volvo
A	Audi	L	Daewoo	Y	Mazda
A	Jaguar	L	Lincoln	Z	Ford
B	BMW	M	Hyundai	Z	Mazda

第3位：汽车类型代码，如表4 – 4所示。

表4 – 4　字码汽车类型对应表

TRU/WAU	Audi	2HM/KMH	Hyundai	WP0	Porsche	YV1	Volvo
D1YV/JM1	Mazda	VF3	Peugeot	SAL	Land Rover	LVV	奇瑞
4US/WBA	BMW	SAJ	Jaguar	YK1	Saab	WDB	Mercedes Benz

2. 车辆说明部分（VDS）

对车辆一般特征进行描述，组成代码及排列次序由车辆制造厂决定，车辆一般特征包括但不限于：

——车辆类型（例如：乘用车、货车、客车、挂车、摩托车、轻便摩托车、非完整车辆等）；

——车辆结构特征（例如：车身类型、驾驶室类型、货箱类型、驱动类型、轴数及布置方式等）；

——车辆装置特征（例如：约束系统类型、动力系统特征、变速器类型、悬架类型等）；

——车辆技术特性参数（例如：车辆质量参数、车辆尺寸参数、座位数等）。

表4 – 5为车辆特征描述。

表4 – 5　车辆特征描述

车辆类型	车辆特征
乘用车	车身类型、动力系统特征
客车	车辆长度、动力系统特征
货车（含牵引车、专用作业车）	车身类型、车辆最大设计总质量、动力系统特征

续表 4-5

车辆类型	车辆特征
挂车	车身类型、车辆最大设计总质量
摩托车和轻便摩托车	车辆类型、动力系统特征
非完整车辆	车身类型、车辆最大设计总质量、动力系统特征

1. 动力系统特征中对于仅发动机驱动的车辆至少包括对燃料类型、发动机排量和/或发动机最大净功率的描述；对于其他驱动类型的车辆，至少应包括驱动电机峰值功率(若车辆具有多个驱动电机，应为多个驱动电机峰值功率之和；对于其他驱动类型的摩托车应描述驱动电机额定功率)、发动机排量和/或发动机最大净功率(若有)的描述；

2. 车身类型分为承载式车身、驾驶室-底盘、无驾驶室-底盘等。

3. 车辆指示部分(VIS)

由车型年份、装配厂和生产序号组成。

第10位字码表示车型年份，如表4-6所示。

表 4-6 字码年份对应表

年 份	代 码	年 份	代 码	年 份	代 码	年 份	代 码
2001	1	2009	9	2017	H	2025	S
2002	2	2010	A	2018	J	2026	T
2003	3	2011	B	2019	K	2027	V
2004	4	2012	C	2020	L	2028	W
2005	5	2013	D	2021	M	2029	1
2006	6	2014	E	2022	N	2030	2
2007	7	2015	F	2023	P	2031	3
2008	8	2016	G	2024	R	2032	4

第11位字码表示装配厂，生产厂家自定义。

第12~17位字码表示生产序号，生产厂家自定义。

4.2 汽车基本结构

4.2.1 发动机

传统燃油整车主要由动力系统(发动机+变速器)、底盘、车身(内饰)、电气系统四大部分构成。相比传统燃油汽车而言，新能源整车目前在底盘、车身(内饰)方面基本可通用，但在动力系统部分和电控部分差异较大。动力系统部分，纯电动新能源汽车是"三电"系统(电池、电机、电控)，氢燃料电池汽车是燃料电池发动机系统(电堆、电堆附属系统、储氢瓶、辅助电池)、电机等。下面主要介绍传统燃油汽车的基本结构。

1. 发动机分类

（1）按照进气系统分类

内燃机按照进气系统是否采用增压方式可以分为自然吸气（非增压）式发动机和强制进气（增压式）发动机。汽油机常采用自然吸气式；柴油机为了提高功率有采用增压式的。

（2）按照气缸排列方式分类

内燃机按照气缸排列方式不同可以分为单列式和双列式。单列式发动机的各个气缸排成一列，一般是垂直布置的，但为了降低高度，有时也把气缸布置成倾斜的甚至水平的；双列式发动机把气缸排成两列，两列之间的夹角小于180°（一般为90°）称为V形发动机，若两列之间的夹角等于180°，同称为对置式发动机。

（3）按照气缸数目分类

内燃机按照气缸数目不同可以分为单缸发动机和多缸发动机。仅有一个气缸的发动机称为单缸发动机；有两个以上气缸的发动机称为多缸发动机。如双缸、三缸、四缸、五缸、六缸、八缸、十二缸等都是多缸发动机。现代车用发动机多采用四缸、六缸、八缸发动机。

（4）按照冷却方式分类

内燃机按照冷却方式不同可以分为水冷发动机和风冷发动机。水冷发动机是利用在气缸体和气缸盖冷却水套中进行循环的冷却液作为冷却介质进行冷却的；而风冷发动机是利用流动于气缸体与气缸盖外表面散热片之间的空气作为冷却介质进行冷却的。水冷发动机冷却均匀，工作可靠，冷却效果好，被广泛地应用于现代车用发动机。

（5）按照行程分类

内燃机按照完成一个工作循环所需的行程数可分为四行程内燃机和二行程内燃机：曲轴转两圈（720°），活塞在气缸内上下往复运动四个行程，完成一个工作循环的内燃机被称为四行程内燃机；而曲轴转一圈（360°），活塞在气缸内上下往复运动两个行程，完成一个工作循环的内燃机被称为二行程内燃机。汽车发动机广泛使用四行程内燃机。

（6）按照所用燃料分类

内燃机按照所使用燃料的不同可以分为汽油机和柴油机。使用汽油为燃料的内燃机称为汽油机；使用柴油机为燃料的内燃机称为柴油机。汽油机与柴油机比较而言各有特点；汽油机转速高，质量小，噪音小，启动容易，制造成本低；柴油机压缩比大，热效率高，经济性能和排放性能都比汽油机好。

2. 发动机工作原理

由于汽油和柴油的不同特性，汽油机和柴油机在工作原理和结构上有差异。

（1）四冲程汽油发动机的工作原理

四冲程汽油机是将空气与汽油以一定的比例混合成良好的混合气，在吸气冲程被吸入气缸，混合气经压缩点火燃烧而产生热能，高温高压的气体作用于活塞顶部，推动活塞作往复直线运动，通过连杆、曲轴飞轮机构对外输出机械能。四冲程汽油机在进气冲程、压缩冲程、做功冲程和排气冲程内完成一个工作循环。四冲程汽油发动机工作原理如图4-3所示。

1）进气冲程

活塞在曲轴的带动下由上止点移至下止点。此时进气门开启，排气门关闭，曲轴转动180°。在活塞移动过程中，气缸容积逐渐增大，气缸内形成一定的真空度，空气和汽油的混合气通过进气门被吸入气缸，并在气缸内进一步混合形成可燃混合气。

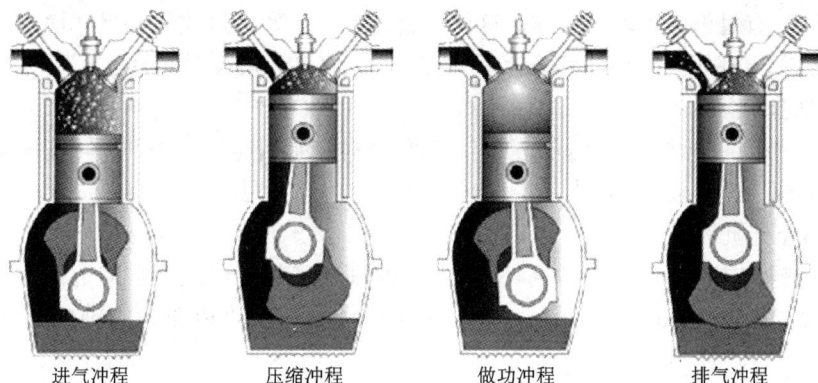

进气冲程　　　　压缩冲程　　　　做功冲程　　　　排气冲程

图 4-3　四冲程汽油发动机工作原理

2）压缩冲程

压缩冲程时，进、排气门同时关闭。活塞从下止点向上止点运动，曲轴转动 180°。活塞上移时，工作容积逐渐缩小，缸内混合气受压缩后压力和温度不断升高。

3）做功冲程

当活塞接近上止点时，由火花塞点燃可燃混合气，混合气燃烧释放出大量的热能，使气缸内气体的压力和温度迅速提高。高温高压的燃气推动活塞从上止点向下止点运动，并通过曲柄连杆机构对外输出机械能。

4）排气冲程

排气冲程时，排气门开启，进气门仍然关闭，活塞从下止点向上止点运动，曲轴转动 180°。排气门开启时，燃烧后的废气一方面在气缸内外压差作用下向缸外排出，另一方面通过活塞的排挤作用向缸外排气。由于排气系统的阻力作用，排气终点的压力稍高于大气压力。

（2）四冲程柴油机的工作原理

四冲程柴油机工作原理同汽油机一样，每个工作循环也是由进气冲程、压缩冲程、做功冲程和排气冲程组成。由于柴油与汽油相比自燃温度低、黏度大不易蒸发，因而柴油机采用压缩终点压燃着火（压燃式点火），取消火花塞，而汽油机是火花塞点燃。

1）进气冲程

进入气缸的工质是纯空气。由于柴油机进气系统阻力较小，进气终点压力比汽油机高。

2）压缩冲程

由于压缩的工质是纯空气，因此柴油机的压缩比比汽油机高（一般为 16～22）。

3）做功冲程

当压缩冲程接近终了时，在高压油泵作用下，将柴油以 100 MPa 左右的高压通过喷油器喷入气缸燃烧室中，在很短的时间内与空气混合后立即自行发火燃烧。

4）排气冲程

柴油机的排气与汽油机基本相同，只是排气温度比汽油机低。

对于单缸发动机来说，其转速不均匀，发动机工作不平稳，振动大。这是因为四个冲程中只有一个冲程是做功的,其他三个冲程是消耗动力为做功做准备的冲程。为了解决这个问题,飞轮必须具有足够大的转动惯量,这样又会导致整个发动机质量和尺寸增加。采用多缸发动机可以弥补上述不足。现代汽车多采用四缸、六缸和八缸发动机。

3.发动机基本结构

汽油机主要包括两大机构和五大系统,它们分别是曲柄连杆机构、配气机构及燃料供给系统、冷却系统、润滑系统、点火系统和起动系统。

(1)曲柄连杆机构

曲柄连杆机构主要由缸体、活塞环、连杆、曲轴和飞轮等组成。缸体上部为气缸,下部为曲轴箱。活塞位于气缸内,主要作用是把活塞的上下运动转变为曲轴的旋转运动。如图4-4所示。

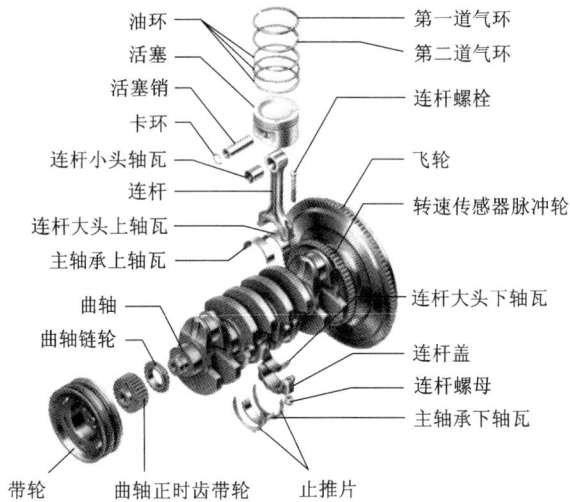

图4-4 曲柄连杆机构

(2)配气机构

配气机构主要由凸轮轴、气门、气门弹簧、气门挺柱等组成。每一个气缸至少有一个进气门和排气门,凸轮轴由曲轴通过正时齿轮或者齿形皮带驱动而转动,通过气门传动组件定时将气门打开或关闭,使新鲜气体充入气缸或者将燃烧后的废气排出气缸。如图4-5所示。

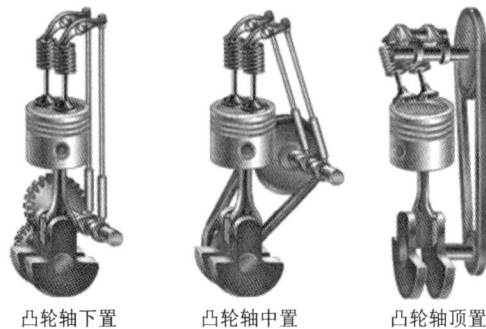

凸轮轴下置　　　凸轮轴中置　　　凸轮轴顶置

图4-5 配气机构

(3)燃料供给系统

燃料供给系统将汽油喷入进气歧管与空气混合形成不同浓度的可燃混合气进入气缸,供燃烧使用。同时,将燃烧后的废气排出气缸。进入气缸内的混合气数量及喷油量由电控单元控制,以满足发动机不同工况的需要。燃料供给系主要由空气滤清器、燃油喷射装置、进气管、排气管、消声器、电动汽油泵和汽油箱等组成。如图 4-6 所示。

(4)冷却系统

可燃混合气在燃烧过程中,气缸内气体温度高达 1800~2000℃,直接与高温接触的机件(如气缸体、活塞、气门等)若不及时冷却,其中运动机件将因受热膨胀而破坏正常间隙;各机件也可能因高温而导致其机械强度降低甚至损坏。因此,为保证发动机正常工作,必须对发动机进行冷却,使发动机在最合适的温度下工作。冷却系可使发动机始终保持在最适宜的温度下工作。冷却系主要由水泵、散热器、风扇、水套和节温器等部件组成。如图 4-7所示。

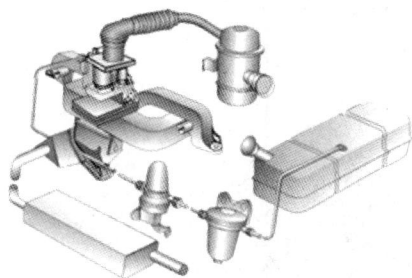

图 4-6　燃料供给系统

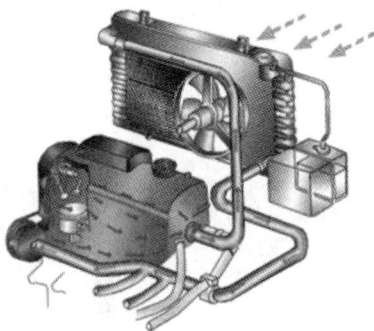

图 4-7　冷却系统

(5)润滑系统

发动机工作时,传力零件在相对运动过程中会产生摩擦,为了减少对运动零件表面的磨损,必须对相对运动表面加以润滑,以减小摩擦阻力。润滑系除了有润滑作用外,还有冷却、清洁和密封等作用。润滑系主要由机油泵、机油滤清器、主油道和油底壳等组成。如图 4-8 所示。

(6)点火系统

点火系统为汽油机独有,由点火线圈、分电器、高压线和火花塞等部件组成。点火系统的主要作用是使火花塞按时产生电火花,将气缸内的可燃混合气点燃。柴油机由于所用的燃料自燃点较低,所有采用自燃(压燃)方式,不需要点火系。如图 4-9 所示。

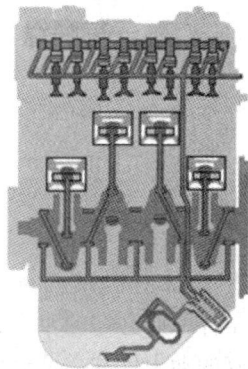

图 4-8　润滑系统

(7)启动系统

启动系统的作用是使发动机由静止状态过渡到工作状态,主要由启动机组成。如图 4-10所示。

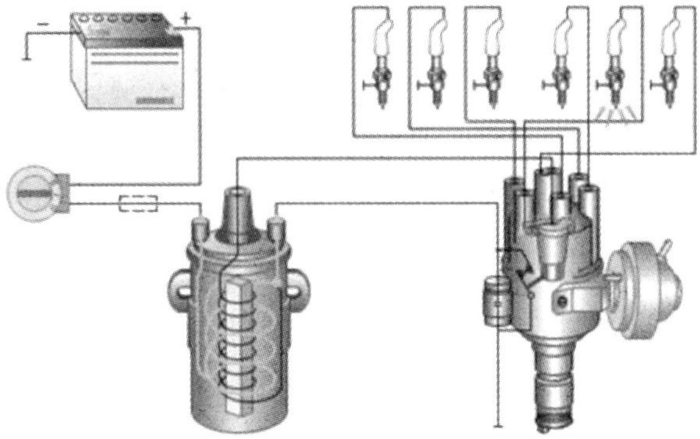

图 4 - 9　点火系统

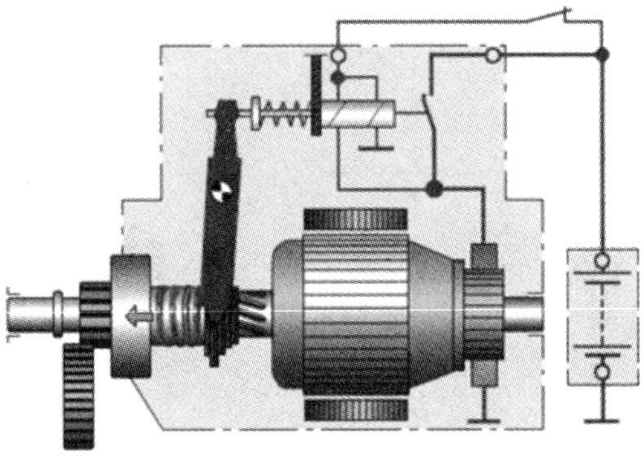

图 4 - 10　启动系统

4.2.2　汽车底盘

汽车底盘由传动系、行驶系、转向系和制动系四部分组成。底盘作用是支撑、安装汽车发动机及其各部件、总成,成形汽车的整体造型,并接受发动机的动力,使汽车运动,保证正常行驶。

1. 传动系

汽车发动机与驱动轮之间的动力传递装置称为汽车的传动系。它应保证汽车具有在各种行驶条件下所必需的牵引力、车速,以及保证牵引力与车速之间协调变化等功能,使汽车具有良好的动力性和燃油经济性;还能保证汽车能倒车,以及左、右驱动轮能适应差速要求,并使动力传递能根据需要而平稳地结合或彻底、迅速地分离。传动系包括离合器、变速器、传动轴、主减速器、差速器及半轴等部分。

汽车传动系的组成和布置形式是随发动机的类型、安装位置,以及汽车用途的不同而变化的。例如,越野车多采用四轮驱动,则在它的传动系中就增加了分动器等总成。而对于前置前驱的车辆,它的传动系中就没有传动轴等装置。

机械式传动系常见布置形式主要与发动机的位置及汽车的驱动形式有关。可分为:

（1）前置后驱 FR：即发动机前置、后轮驱动

这是一种传统的布置形式。国内外的大多数货车、部分轿车和部分客车都采用这种形式。FR 的优点是附着力大，易获得足够的驱动力，整车的前后重量比较均衡，操控稳定性较好。缺点是传动部件多、传动系统质量大，贯穿乘坐舱的传动轴占据了舱内的过多地台空间。如图 4 - 11 所示。

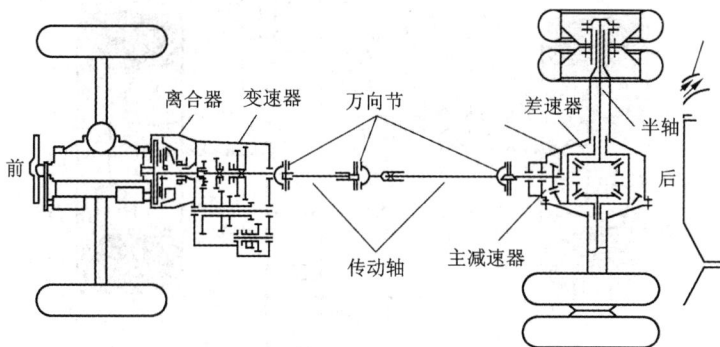

图 4 - 11　前置后驱传动系统结构

（2）后置后驱 RR：即发动机后置、后轮驱动

在大型客车上多采用这种布置形式，少量微型、轻型轿车也采用这种形式。发动机后置，使前轴不易过载，并能更充分地利用车厢面积，还可有效地降低车身地板的高度或充分利用汽车中部地板下的空间安置行李，也有利于减轻发动机的高温和噪声对驾驶员的影响，如图 4 - 12 所示。

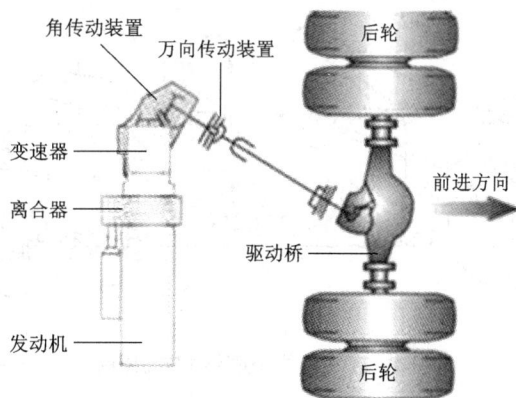

图 4 - 12　后置后驱传动系统结构

（3）前置前驱 FF：发动机前置、前轮驱动

这种形式操纵机构简单、发动机散热条件好。但上坡时汽车质量后移，使前驱动轮的附着质量减小，驱动轮易打滑；下坡制动时则由于汽车质量前移，前轮负荷过重，高速时易发生翻车现象。现在大多数轿车采取这种布置形式。如图 4 - 13 所示。

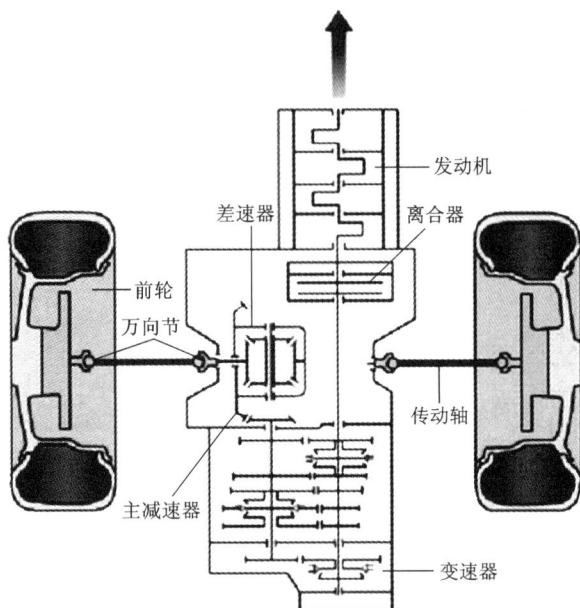

图 4 - 13　后置后驱传动系统结构

（4）中置后驱 MR：即发动机中置、后轮驱动

发动机放置在前、后轴之间，同时采用后轮驱动，类似 F1 赛车的布置形式。还有一种"前中置发动机"，即发动机置于前轴之后、乘员之前，类似于 FR，但能达到与 MR 一样的理想轴荷分配，从而提高操控性，如图 4 - 14 所示。

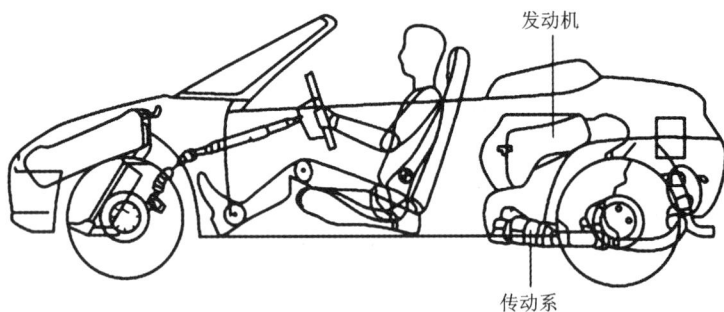

图 4 - 14　中置后驱传动系统结构

（5）四轮驱动 4WD

无论上面的哪种布局，都可以采用四轮驱动，以前越野车上应用得最多，但随着限滑差速器技术的发展和应用，四驱系统已能精确地调配扭矩在各轮之间分配，所以高性能跑车出于提高操控性考虑也越来越多采用四轮驱动，如图 4 - 15 所示。

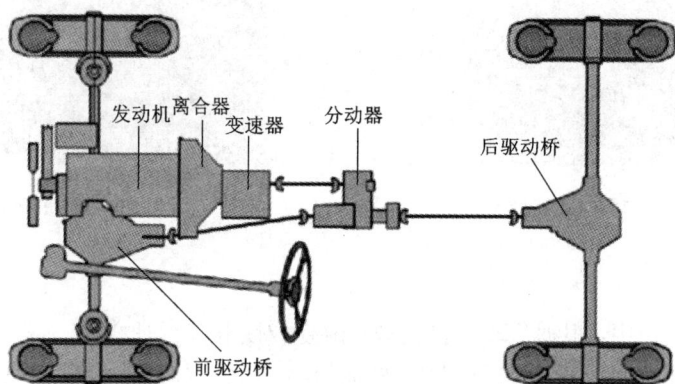

图4-15 四轮驱动传动系统结构

2. 行驶系

汽车行驶系的功用是接受发动机传动系传来的转矩，并通过驱动轮与路面间附着作用，产生路面对汽车的牵引力，以保证整车正常行驶；传递并承受路面作用于车轮上的各向反力及其形成的力矩；缓和各种冲击和振动，保证汽车平顺行驶，并且与汽车转向很好地配合工作，实现汽车行驶方向的正确控制，以保证汽车操纵稳定性。

轮式汽车行驶系一般由车架、车桥、车轮和悬架组成。如图4-16所示。

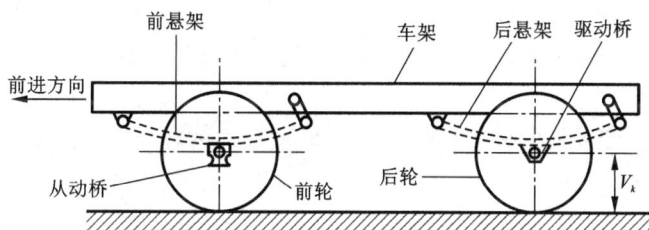

图4-16 汽车行驶系结构

汽车行驶系根据其结构形式的不同，可以分为如下几种：

（1）轮式行驶系

如果行驶系中直接和地面接触的是车轮，这种行驶系被称为轮式行驶系。这种车称为轮式汽车。如图4-16所示。

（2）半履带式行驶系

半履带式行驶系前桥装有滑橇或车轮，用来实现转向，后桥上装有履带，以减少对地面的单位压力（比压），控制汽车下陷，同时履带上也加强了附着作用，具有很高的通过能力，主要用在雪地或沼泽地带行驶。如图4-17所示。

（3）全履带式行驶系

如果汽车前后桥上都装有履带，则称为全履带式行驶系。如图4-18所示。

图 4 - 17　半履带式行驶系

图 4 - 18　全履带式行驶系

3. 转向系

汽车的转向系功用：根据汽车行驶需要，改变或恢复其行驶方向。

转向系的要求：工作可靠，行驶安全，转向力小，回转圈数少，直线行驶稳定，无摆振、抖动，降低轮胎磨耗，转向轮受到冲击时，要有正确的"路感"，又不"打手"，调整应简单方便。

尽管现代汽车转向系的结构形式多种多样，但都包括转向操纵机构、转向器和转向传动机构三个基本组成部分。

①转向操纵机构是驾驶员操纵转向器的工作机构，主要由转向盘、转向轴、转向管柱等组成。

②转向器是将转向盘的转动变为转向摇臂的摆动或齿条轴的直线往复运动，并对转向操纵力进行放大的机构。转向器一般固定在汽车车架或车身上，转向操纵力通过转向器后一般还会改变传动方向。

③转向传动机构是将转向器输出的力和运动传给车轮(转向节)，并使左右车轮按照一定关系进行偏转的机构。

汽车转向系按转向动力源的不同，分为机械转向系和动力转向系两大类。

(1) 机械转向系

机械转向系是以驾驶员的体力(手力)作为转向动力的转向系，其中所有传力件都是机械的。如图 4 - 19 所示。

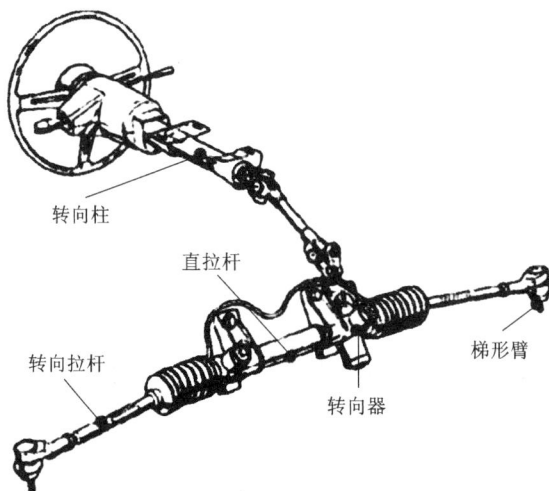

图 4 - 19　机械转向系结构

（2）动力转向系

动力转向系是兼用驾驶员体力和发动机动力为转向动力的转向系。如图 4 - 20 所示。

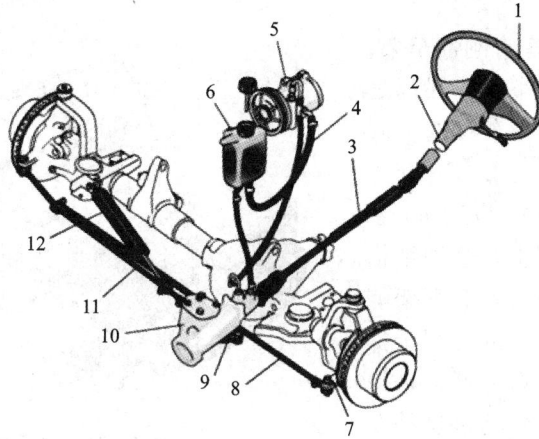

图 4 - 20　动力转向系结构

1—方向盘；2—转向轴；3—转向中间轴；4—转向油管；5—转向油泵；6—转向油罐；

7—转向节臂；8—转向横拉杆；9—转向摇臂；10—整体式转向器；11—转向直拉杆；12—转向减振器

4. 制动系

使行驶中的汽车减速甚至停车，使下坡行驶的汽车的速度保持稳定，以及使已停驶的汽车保持不动，这些作用统称为汽车制动。

制动装置如图 4 - 21 所示，都由制动器和制动驱动机构两部分组成。为防止制动时车轮被抱死，提高制动过程中的方向稳定性和转向操纵能力，缩短制动距离，所以近年来防抱死系统（ABS）在汽车上得到了很快的发展和应用。

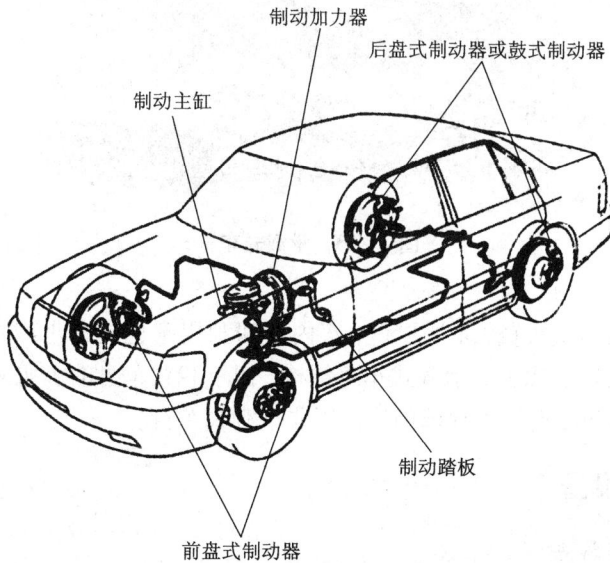

制动加力器

后盘式制动器或鼓式制动器

制动主缸

制动踏板

前盘式制动器

图 4 - 21　制动系统的组成示意图

4.2.3　汽车车身

1.非承载式车身

非承载式车身的汽车有刚性车架，又称底盘大梁架。这种车架一般都是矩形或者梯形的，布置在车身的最底部。如图 4-22 所示。

车架承载着整个车体，发动机、悬挂和车身都安装在车架上。这种结构的最大优点就是车身强度高，钢架能够提供很强的车身刚性，也有利于提高安全性，对于载重车和越野车来说这一点非常重要。另外驾驶过这种车的人应该有所体会，悬挂对路面颠簸

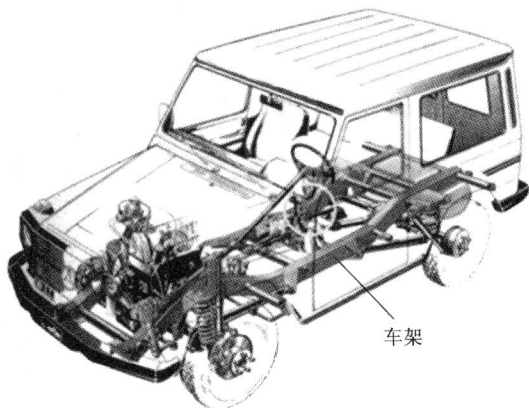

车架

图 4-22　非承载式车身

的反馈在车内的感觉要轻微很多，这是因为有些车的车身和底盘之间采用降低振动的方法连接在一起，所以在走颠簸路面时更平稳舒适一些。

2.承载式车身

非承载式车身最大的问题就是车身重量太大，因而随着汽车技术的发展，取消了非承载式结构中独立的刚性车架，整个车身成为一个单体结构，这就是承载式车身。

车身的外壳、车顶和地板以及通常我们所说的 A、B、C 三根柱都是连接在一起的。在冲压阶段，钢板先被冲压成不同的形状，然后焊接成一个完整的车身。如图 4-23 所示。

图 4-23　承载式车身

承载式车身优点是重量轻，重心较低，车内空间利用率也比非承载式车身结构更高，所以在家用轿车领域已经取代了非承载式车身结构，但承载式车身的抗扭刚性和承载能力相对较弱，所以在越野车和载重货车领域仍然使用非承载式车身。

4.2.4　电气设备

1.汽车电气系统特点

汽车电气设备是汽车的重要组成部分之一，其性能好坏直接影响汽车的动力性、经济性、可靠性、安全性、舒适性以及排放等性能。汽车电气设备是现代汽车发展水平的一个重

要标志，其科技含量已成为衡量现代汽车档次的重要指标之一。随着科技的发展，集成电路和微型电子计算机在汽车上的广泛应用，电器的数量在增加，功率在增大，产品的质量、性能在提高，结构更趋于完善。

汽车电气设备具有以下4个特点。

（1）低压

汽车电气设备的额定电压有12 V、24 V两种，汽油车普遍采用12 V电系，而柴油车多采用24 V电系。电器产品额定运行端电压，对发电装置12 V电系为14 V；对24 V电系为28 V。对用电设备电压在0.9～1.25倍额定电压范围内变动时应能正常工作。

（2）直流

汽车电气设备采用直流是因为启动发动机的起动机，为直流串激式电动机，其工作时必须由蓄电池供电，而蓄电池消耗电能后又必须用直流电来充电。

（3）单线制

汽车电气设备采用单线制，从电源到用电设备只用一根电线连接，而另一根导线则由金属部分如车体、发动机等代替作为电器回路的接线方式，具有节省导线、简化线路、方便安装检修、电器元件不需与车体绝缘等优点而得到广泛采用。但在个别情况下，也采用双线制。

（4）负极搭铁

采用单线制时，蓄电池的负极必须用导线接到车体上，称为负极搭铁，这是国家标准规定的，也是交流发电机正常工作的必要条件。

2.汽车电气组成

（1）汽车电源

蓄电池是一种可逆的低压直流电源，是汽车电源的重要组成部分。蓄电池既能将化学能转换为电能，也能将电能转换为化学能。它的作用是：

①启动发动机时，供给启动机大电流；

②在发电机不发电或电压较低的情况下向用电设备供电；

③当用电设备短时间耗电超过发电机供电能力时，协助发电机向用电设备供电；

④蓄电池存电不足，而发电机负载又较小时，它可将发电机的电能转变为化学能储存起来（即充电）。

蓄电池相当于一个大电容器，它可随时将发电机产生的过电压吸收掉，起到保护晶体管、延长其使用寿命的作用。

1）类型

按其外部结构可分为橡胶槽和塑料槽蓄电池。按其性能可分为湿荷电、干荷电和免维护蓄电池等。目前汽车上广泛采用干荷电、免维护塑料槽的铅酸蓄电池。

2）结构

铅酸蓄电池的构造如图4-24所示。它主要由极板、隔板、电解液和外壳等部分组成。

①极板。

极板分正极板和负极板，每片极板均由栅架和活性物质构成。制成正极板上的活性物质为二氧化铅，呈棕红色；负极板上的活性物质为海绵状纯铅，呈青灰色。为了增大蓄电池的容量，需要把正、负极板分别焊成极板组，且负极板组比正极板组多一片。

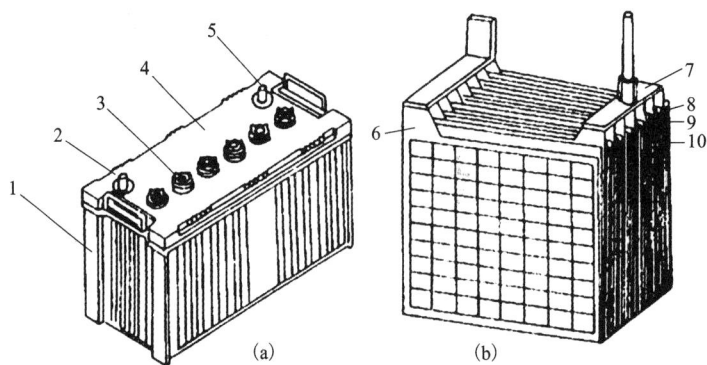

图 4 – 24　干荷电蓄电池的结构

1—外壳；2—正极板；3—加液孔螺塞；4—电池盖；5—负极柱；
6—负极板组；7—正极板组；8—隔板；9—负极板；10—正极板

②隔板。

隔板通常用木质、微孔橡胶、微孔塑料或玻璃纤维制成。隔板安装在正负极板之间，防止正负极板相碰而短路。隔板一面制有沟槽，装配时有沟槽面应竖直面向正极板。

③电解液。

电解液由纯净硫酸与蒸馏水按一定比例配制而成。其密度大小可用密度计测量，一般为 $1.23 \sim 1.30 \ \mathrm{g/cm^3}$。

④外壳。

蓄电池外壳用橡胶或塑料制成整体，用以储存电解液和支承极板。相邻两单格之间有隔壁，把每个外壳分成 3 个或 6 个单格。

⑤极柱与穿壁式连条。

每个单格电池都有正、负两个极柱，分别连接正、负极板组，连接正极板组的叫正极柱，连接负极板组的叫负极柱。正极柱接启动机开关接柱，负极柱接车架(接铁)。

穿壁式连条用来连接相邻单格电池的正、负极柱，使单格电池相互串联成多伏的电池。如一只 12 V 的蓄电池由 6 个单格电池串联而成。

3）型号标志

根据原机械工业部标准 JB 2599—1985《铅蓄电池产品型号编制方法》规定，蓄电池型号由三部分组成，各部分之间用破折号分开，其内容及排列如图 4 – 25 所示。

图 4 – 25　干荷电蓄电池的结构

①串联单格电池数。指一个整体壳体内所包含的单格电池数目，用阿拉伯数字表示。

②电池类型。根据蓄电池主要用途划分。启动型蓄电池用"Q"表示，代号"Q"是汉字"起"的第一个拼音字母。

③电池特征。为附加部分，仅在同类用途的产品具有某种特征，而在型号中又必须加以区别时采用。如用干荷电蓄电池，则用汉字"干"的第二个拼音字母"A"表示；如为无须（免）维护蓄电池，则用"无"字的第一个拼音字母"W"来表示。当产品同时具有两种特征时，原则上应按表 4-7 的顺序用两个代号并列表示。

表 4-7　蓄电池产品特征代号

序号	产品特征	代号	序号	产品特征	代号
1	干荷电	A	7	半密封式	B
2	湿荷电	H	8	液密式	Y
3	免维护	W	9	气密式	Q
4	少维护	S	10	激活式	I
5	防酸式	F	11	带液式	D
6	密封式	M	12	胶质电解液式	J

④额定容量。蓄电池在规定条件（包括放电强度、放电电流及放电终止电压）下放出的电量多少或放电时间长短称为蓄电池容量，单位 $A \cdot h$ 或 $A \cdot min$。

蓄电池容量通常以正极板的片数 n 来估算，每片标准正极板额定容量 Cs 为 $15\ A \cdot h$，则蓄电池额定容量 $C20 = Cs \cdot n$。

⑤特殊性能。在产品具有某些特殊性能时，可用相应的代号加在型号末尾表示。如"G"表示薄型极板的高启动率电池，"S"表示采用工程塑料外壳与热封合工艺的蓄电池。

例如，东风 EQ2102 型越野汽车用 6-QW-180 型蓄电池：表示由 6 个单格电池组成，额定电压为 12 V，额定容量为 180 $A \cdot h$ 的启动型免维护蓄电池。

（2）汽车照明及信号装置

为了保证汽车夜间行驶安全，提高汽车平均行驶速度，在现代汽车上都装有各种照明装置。为引起其他车辆和行人的注意或指示本车的运行状况，保证行车安全，在现代汽车上也装有各种信号装置。汽车上的照明及信号装置，一般包括照明灯、信号灯、闪光继电器、电喇叭及报警装置等。

1）照明灯

汽车上装有各种照明设备，且分为外部照明和内部照明。前照灯、雾灯、示宽灯、牌照灯等是常用的外部照明装置；顶灯、仪表灯、车门灯、阅读灯等是最常用的内部照明装置。前照灯与其他灯相比具有特殊结构和功能。

①前照灯。

前照灯又叫前大灯，是汽车上的主要照明设备。前照灯分为二灯制和四灯制。二灯制前照灯每端一只对称地安装在汽车前两端，每只前照灯提供远光和近光；四灯制前照灯每端两只成对地对称安装在汽车前两端，每对前照灯中，一只提供远光，另一只提供近光或近、远光。

半封闭式前照灯的配光镜靠卷曲反射镜边缘上的牙齿而紧固在反射镜上,两者之间垫有橡胶密封圈,灯泡从反射镜后端装入。

封闭式前照灯俗称真空灯。其反射镜和配光镜玻璃制成一体,形成灯泡,里面充以惰性气体。灯丝直接焊在反射镜底座上,反射镜的反射面经真空镀铝。这种结构的优点是可以完全避免反射镜被污染以及遭受大气的影响。其缺点是当灯丝烧坏后,需要更换整个总成。

每只前照灯一般由反射镜、配光镜、灯泡、插座、灯壳等组成。如图4-26所示。

②雾灯。

雾灯是在有雾、下雪、暴雨或尘埃弥漫时为有效照明道路和提供信号而设置的灯具,结构与前照灯相似,采用单丝灯泡,每车一只或两只,安装位置比前照灯稍低,一般离地面50 cm左右,射出的光线倾斜度大,光色为黄色(黄色光波较长,透雾性能好)或白色。雾灯有前后之分,后雾灯开关一般受前雾灯开关控制。

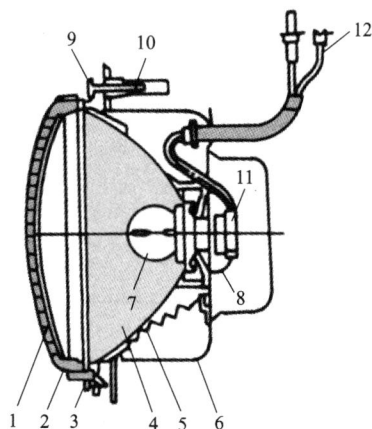

图4-26　半封闭式前照灯
1—配光镜;2—固定圈;3—调整圈;4—反射镜;
5—拉紧弹簧;6—灯壳;7—灯泡;8—防尘罩;
9—调节螺钉;10—调整螺母;
11—胶木插座;12—接线片

③牌照灯。

牌照灯是用来照亮汽车后牌照的灯具,发光为白色。牌照灯由控制停车灯和前照灯电路的开关控制。当其中的一个电路接通,牌照灯即亮,通常采用电流为700 mA,发光强度为4 cd的灯泡。

④倒车灯。

倒车灯是汽车倒车时,为观察后方障碍物和指示倒车信号而设置的灯具,受安装于变速器上的倒挡开关控制。一般设两只倒车灯,但也有设单个倒车灯的。

⑤仪表灯。

装在复合仪表板的玻璃罩内,用来照明仪表。仪表灯开关装在车灯开关内,即打开大灯或前小灯,仪表灯即处于工作状态。

⑥顶灯。

装在驾驶室顶部,作为内部照明。

⑦指示灯和警报灯。

用以指示汽车某些系统或部件的工作状况,包括转向指示灯、远光指示灯以及充电指示灯、机油压力警报灯等,均装在仪表板上。

⑧阅读灯。

在阅读书报时照明用。

⑨其他辅助用灯。

其他辅助用灯如工具箱灯、发动机罩下工作灯。为了挂车照明，在汽车后端备有挂车灯的插座。

2）信号灯

信号灯指汽车在使用中指示给其他车辆或行人的灯光信号或标志。汽车常用的信号灯有：转向信号灯、转向指示灯、制动信号灯、危险报警信号灯及指示灯、示宽灯、停车灯、尾灯和门灯等。

①转向信号灯。

转向信号灯简称转向灯。汽车转弯时，发出明暗交替的闪光信号，以表明汽车向左或向右转向行驶，前部、后部及侧面各设有左右两组，一般为 4 只或 6 只，受转向灯开关控制。前转向信号灯和示宽灯通常制成双丝灯泡，其中功率较大的一根灯丝(20 W)作转向信号用，功率较小的一根灯丝(8 W)作示宽用。制动灯常和尾灯制成双丝灯泡。

②转向指示灯。

转向指示灯是指安装于仪表板上用来显示转向灯工作情况功能的灯具，一般左右各用一只指示灯。

③制动信号灯。

当踏下制动踏板时，制动信号灯便发出红色光，指示正在减速，受制动灯开关控制。

④危险报警信号灯及指示灯。

在紧急情况下，发出闪光信号用来报警。通常由转向信号灯及指示灯兼任。当打开危急报警开关时，前后左右转向信号灯同时闪烁，向其他车辆和行人发出危急报警信号。仪表板上的危急报警指示灯同时闪烁。

⑤示宽灯。

示宽灯俗称前小灯，装在汽车前部两侧的边缘，在汽车夜间行驶时，用来指示汽车的宽度，大型车上还装有示高灯，统称示廓灯。

⑥停车灯。

夜间停车时，停车灯用来指示汽车的存在，前后各有两只。国产汽车上常将示宽灯及停车灯合并。

⑦尾灯。

尾灯装在汽车的尾部，夜间行驶时，用来警示后面的车辆保持一定的距离。

⑧门灯。

门灯是车门关闭状态的信号灯，受位于车门轴处的控制开关控制，一般由顶灯兼任。

3）闪光器

闪光器的作用是使转向灯产生闪光信号，指示车辆转弯方向。目前，常采用电子式。

电子闪光器常用的有全晶体管式无触点闪光器；由晶体管和小型继电器组成的有触点晶体管式闪光器以及由集成块和小型继电器组成的有触点集成电路闪光器(图 4 – 27)。其中后两种电子闪光器成本较低，继电器周期性地吸合和释放而发出有节奏的声响，还可以作为闪光器工作时的音响信号，应用较多。

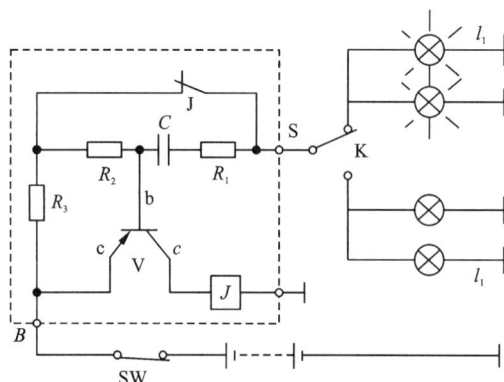

图 4 – 27　带继电器的有触点晶体管式闪光器

4）电喇叭

电喇叭的作用是以引起行人和其他车辆的注意，保证行车安全。它是利用电磁振动使金属膜片产生音响的装置。电喇叭由振动机构和电路断续机构两部分组成。

振动机构包括共鸣板、振动膜片、弹簧片、衔铁、中心杆及调整螺母等。电路断续机构包括活动触点臂、固定触点臂、铁芯、线圈等。为保护触点不被电火花烧蚀，所以，在两触点间并联了一个电容器（或消弧电阻）。如图 4 – 28 所示。

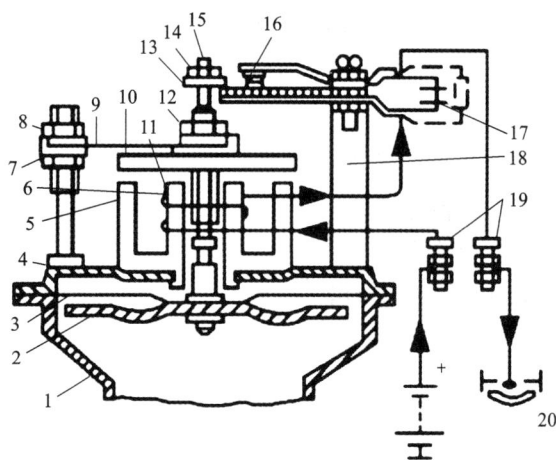

图 4 – 28　电喇叭结构图

1—扬声筒；2—共鸣板；3—振动膜片；4—底板；5—山形铁芯；6—螺柱；
7、13—调整螺母；8、12、14—锁紧螺母；9—弹簧片；10—衔铁；11—线圈；
15—中心杆；16—触点；17—电容器；18—触点支架；19—接线柱；20—按钮

5）报警装置

为了帮助驾驶员了解汽车有关部分的工作情况、保证行车安全、提高车辆的可靠性，在现代汽车上除了设置有各种指示仪表外，还设置有警报系统。一般有遇险警报信号、倒车警报装置、机油压力警报灯、制动系气压过低警报灯、燃油箱存油量警报灯等。

①遇险警报信号。

遇险警报信号是当汽车遇到障碍或自身发生故障时用来提前向其他车辆发出警报信号，以防尾随撞车事故的发生。该信号一般由四只转向灯兼任，由附在转向开关上的遇险警报开关控制。

②倒车警报装置。

倒车警报装置是为了在倒车时提醒车后和附近行人、车辆驾驶员的注意，如在解放CA1092 型汽车装有倒车灯和倒车蜂鸣器。两者均由安装在变速器盖上的倒车开关控制。倒车蜂鸣器是一种间歇发音的音响装置，发音装置为一只小喇叭。

③机油压力过低警报灯。

如在解放和东风系列货车上均装有机油压力过低警报灯，它由装在发动机主油道上的弹簧管式传感器和装在仪表板上的红色警报灯组成。

④空气滤清器堵塞警报灯。

在东风牌汽车的前围上装有空气滤清器堵塞报警传感器。如果空气滤清器堵塞警告灯发亮，就表示空气滤清器滤芯堵塞，这时应对空气滤清器进行清洗保养或更换滤芯，否则发动机工作无力，油耗增大。

⑤水温警告灯。

水温警告灯的作用是当冷却系水温升高到一定限度时，警告灯自动发亮，以示警告。

⑥燃油油量警告灯。

燃油油量警告灯是当燃油箱内燃油减少到某一规定值时，为告知驾驶员，以引起注意。在有些汽车上，装有燃油油量警告灯。

⑦制动系低气压警告灯。

在采用气制动的汽车上，当制动系气压过低时，制动系低气压警告灯即发亮，以引起汽车驾驶员注意。低气压报警传感器(开关)装在制动系贮气筒或制动阀压缩空气输入管路中，红色警告灯装在仪表板上。

⑧制动液面警告灯。

制动液面警告灯的传感器装在液罐内，当制动液面过低时，制动液面警告灯即发亮，以引起汽车驾驶员注意。红色警告灯装在仪表板上。

3.汽车电控系统

近年来，随着电子技术、计算机技术和信息技术的应用，汽车电子控制技术得到了迅猛的发展，尤其在控制精度、控制范围、智能化和网络化等多方面有了较大突破。汽车电子控制技术已成为衡量现代汽车发展水平的重要标志。

汽车电子控制系统基本由传感器、电子控制器(ECU)、驱动器和控制程序软件等部分组成，与汽车上的机械系统配合使用(通常与动力系统、底盘系统和车身系统中的子系统融合)，并利用电缆或无线电波互相传输讯息，即所谓的"机电整合"，如电子燃油喷射系统、制动防抱死控制系统、防滑控制系统、电子控制悬架系统、电子控制自动变速器、电子助力转向等。汽车电子控制系统大体分为四个部分：发动机电子控制系统，底盘综合控制系统，车身电子安全系统，信息通信系统。其中，前两种系统与汽车的行驶性能有直接关系。

(1)发动机电控系统

发动机电子控制系统(EECS)是通过对发动机点火、喷油、空气与燃油的比率、排放废气等进行电子控制,使发动机在最佳工况状态下工作,以达到提高其整车性能、节约能源、降低废气排放的目的。如图 4-29 所示。

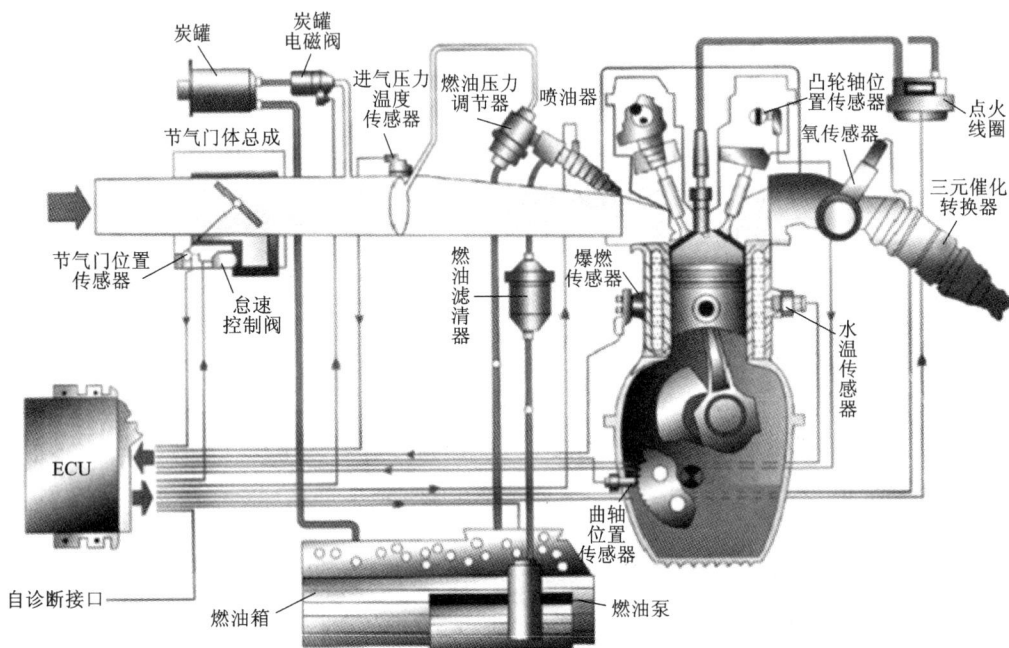

图 4-29 发动机电控系统

1)电控点火装置(ESA)

电控点火装置由微处理机、传感器及其接口、执行器等构成。该装置根据传感器测得的发动机参数进行运算、判断,然后进行点火时刻的调节,可使发动机在不同转速和进气量等条件下,保证在最佳点火提前角下工作,使发动机输出最大的功率和转矩,降低油耗和排放,节约燃料,减少空气污染。

2)电控燃油喷射(EFI)

控燃油喷射装置因其性能优越而逐渐取代了机械式或机电混合式燃油喷射系统。当发动机工作时,该装置根据各传感器测得的空气流量、进气温度、发动机转速及工作温度等参数,按预先编制的程序进行运算后与内存中预先存储的最佳工况时的供油控制参数进行比较和判断,适时调整供油量,保证发动机始终在最佳状态下工作,使其在输出一定功率的条件下,发动机的综合性能得到提高。

3)废气再循环控制(EGR)

废气再循环控制系统是目前用于降低废气中氧化氮排放的一种有效措施。其主要执行元件是数控式 EGR 阀,作用是独立地对再循环到发动机的废气量进行准确的控制。

(2)底盘综控系统

底盘综合控制系统包括电控自动变速器、防抱死制动系统(ABS)与驱动防滑系统(ASR)、电子转向助力系统(EPS)、自适应悬挂系统(ASS)、巡航控制系统(CCS)等。

1)电控自动变速器(ECAT)

一般来说，汽车驱动轮所需的转速和转矩，与发动机所能提供的转速和转矩有较大差别，因而需要传动系统来改变从发动机到驱动轮之间的传动比，将发动机的动力传至驱动轮，以便能够适应外界负载与道路条件变化的需要，如图 4 – 30 所示。此外，停车、倒车等也靠传动系统来实现，适时地协调发动机与传动系统的工作状况，充分地发挥动力传动系统的潜力，使其达到最佳的匹配，这是变速控制系统的根本任务。ECAT 可以根据发动机的载荷、转速、车速、制动器工作状态及驾驶员所控制的各种参数，经计算、判断后自动地改变变速杆的位置，按照换挡特性精确地控制变速比，从而实现变速器换挡的最佳控制，得到最佳挡位和最佳换挡时间。该装置具有传动效率高、低油耗、换挡舒适性好、行驶平稳性好以及变速器使用寿命长等优点。采用电子技术特别是微电子技术控制变速系统，已经成为当前汽车实现自动变速功能的主要方法。

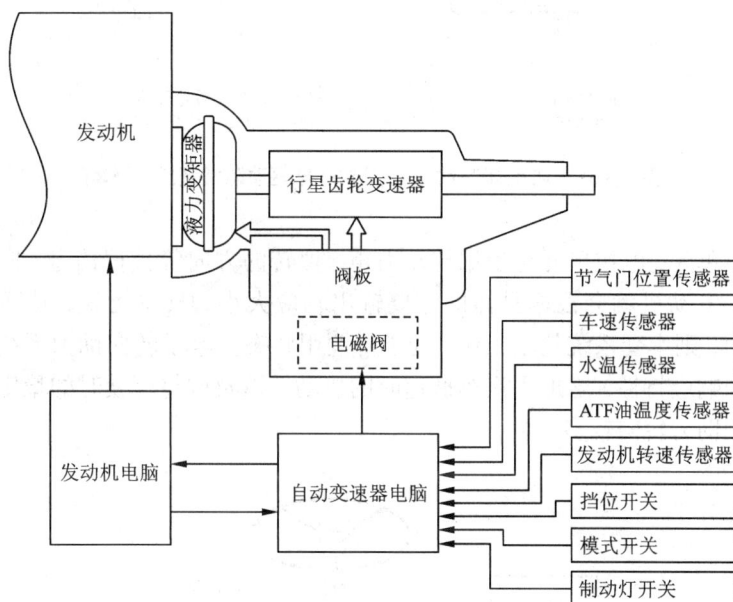

图 4 – 30　电控自动变速器

2）防抱死制动系统（ABS）与驱动防滑系统（ASR）

汽车防抱死制动系统如图 4 – 31 所示，它可以感知制动轮每一瞬时的运动状态，通过控制防止汽车制动时车轮的抱死来保证车轮与地面达到最佳滑动率，从而使汽车在各种路面上制动时，车轮与地面都能达到纵向的峰值附着系数和较大的侧向附着系数，以保证车辆制动时不发生抱死拖滑、失去转向能力等不安全的因素，可使汽车在制动时维持方向稳定性和缩短制动距离，有效地提高了行车的安全性。它是应用在汽车安全上的最有价值的一项应用。

3）电子转向助力系统（EPS）

电子转向助力系统如图 4 – 32 所示，采用电动机与电子控制技术对转向进行控制，利用电动机产生的动力协助驾车者进行动力转向，系统不直接消耗发动机的动力。EPS 一般是由转矩（转向）传感器、电子控制单元、电动机、减速器、机械转向器以及蓄电池电源等构成。汽车在转向时，转矩（转向）传感器会感知转向盘的力矩和拟转动的方向，这些信号会通过数

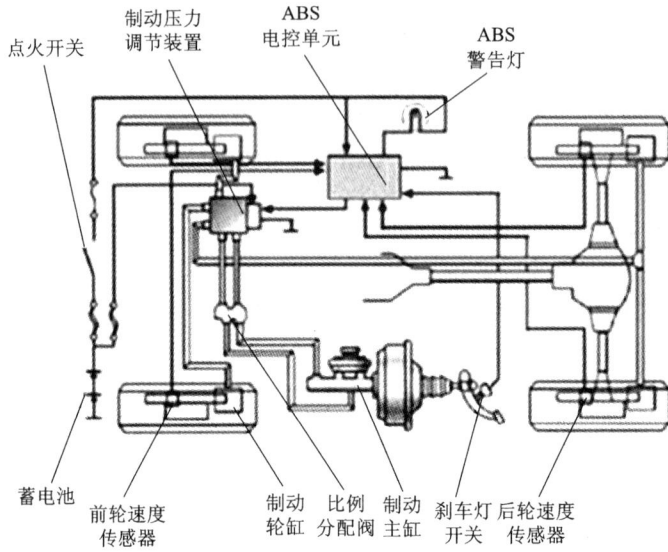

图 4 – 31　防抱死制动系统（ABS）与驱动防滑系统（ASR）

据总线发给电控单元，电控单元会根据传动力矩、拟转的方向等数据信号，向电动机控制器发出动作指令，电动机就会根据具体的需要输出相应大小的转动力矩，从而产生了助力转向。如果不转向，则本套系统就不工作，处于待调用状态。电子转向助力系统提高了汽车的转向能力和转向响应特性，增加了汽车低速时的机动性以及调整行驶时的稳定性。目前国内中高档轿车应用助力转向较多。

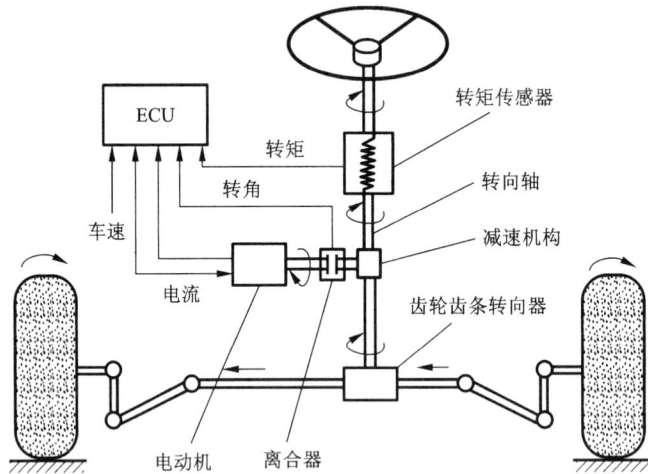

图 4 – 32　电子转向助力系统

4）自适应悬架系统（ASS）

自适应悬架系统如图 4 – 33 所示，能根据悬架装置的瞬时负荷，自动、适时地调整悬架的阻尼特性及悬架弹簧的刚度,以适应瞬时负荷,保持悬架的既定高度,极大地提高了车辆行驶的稳定性、操纵性和乘坐的舒适性。

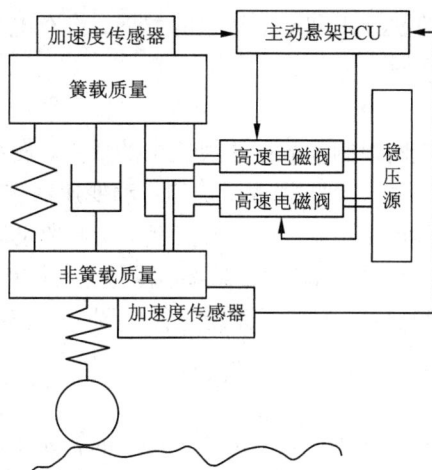

图4-33 自适应悬架系统

5)巡航控制系统(CCS)

巡航控制又称恒速行驶系统,如图4-34所示,是让驾驶员无须操作油门踏板就能保证汽车以某一固定的预选车速行驶的控制系统。

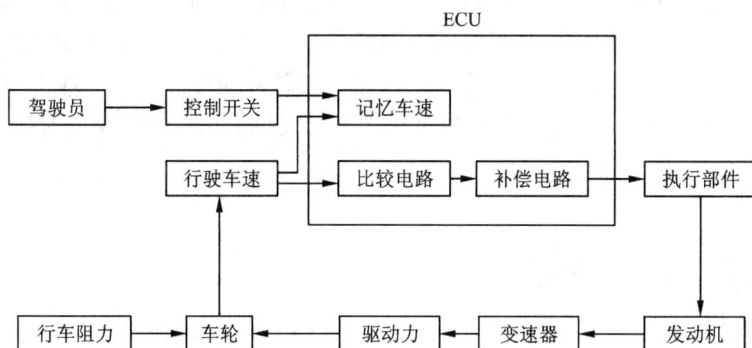

图4-34 巡航控制系统

(3)车身安全系统

车身电子安全系统包括车身系统内的电子设备,主要有自适应前照灯系统、汽车夜视系统、安全气囊、碰撞警示与预防系统、轮胎压力监测系统、自动调节座椅系统、安全带控制系统等,这些系统提高了驾驶人员和乘客乘坐的舒适性和方便性。

(4)信息通信系统

信息通信系统包括汽车导航与定位系统(NTIS)、语音系统、信息系统、通信系统等。

汽车导航系统与定位系统(NTIS)可在城市或公路网范围内,定向选择最佳行驶路线,并能在屏幕上显示地图，表示汽车行驶中的位置，以及到达目的地的方向和距离。这实质是汽车行驶向智能化发展的方向，再进一步就可成为无人驾驶汽车。

（5）汽车电控系统发展方向

随着集成控制技术、计算机技术和网络技术的发展，汽车电子技术已明显向集成化、智能化和网络化三个主要方向发展。

1）集成化

近年来嵌入式系统、局域网控制和数据总线技术的成熟，使汽车电子控制系统的集成成为汽车技术发展的必然趋势。将发动机管理系统和自动变速器控制系统，集成为动力传动系统的综合控制；将制动防抱死控制系统、牵引力控制系统和驱动防滑控制系统综合在一起进行制动控制；通过中央底盘控制器，将制动、悬架、转向、动力传动等控制系统通过总线进行连接，控制器通过复杂的控制运算，对各子系统进行协调，将车辆行驶性能控制到最佳水平，形成一体化底盘控制系统。

2）智能化

智能化传感技术和计算机技术的发展，加快了汽车的智能化进程。汽车智能化相关的技术问题已受到汽车制造商的高度重视。其主要技术"自动驾驶仪"的构想必将依赖于电子技术来实现。智能交通系统（ITS）的开发将与电子、卫星定位等多个交叉学科相结合，它能根据驾驶员提供的目标资料，向驾驶员提供距离最短而且能绕开车辆密度相对集中处的最佳行驶路线。它装有电子地图，可以显示出前方道路，并采用卫星导航。从全球定位卫星获取沿途天气、车流量、交通事故、交通堵塞等各种情况，自动筛选出最佳行车路线。

3）网络化

随着电控器件越来越多地应用在汽车上，车载电子设备间的数据通信变得越来越重要。以分布式控制系统为基础构造汽车车载电子网络系统是十分必要的。大量数据的快速交换、高可靠性及低成本是对汽车电子网络系统的要求。在该系统中，各子处理机独立运行，控制改善汽车某一方面的性能，同时在其他处理机需要时提供数据服务。主处理机收集整理各子处理机的数据，并生成车况显示。

4.3　汽车基本参数

4.3.1　尺寸参数

1.汽车的外廓尺寸

一辆车除了好操作外，还有很多其他因素是消费者在买车时会考虑的，例如空间和外观，而车身尺寸直接与此相关。除此之外，车身尺寸或车身重量也会在一定程度上影响车辆的行驶特性。汽车的外廓尺寸如图4-35所示。

（1）车身长度

从汽车前保险杆最凸出的位置量起，直到后保险杆最凸出的位置，这两点之间的距离就是车身长度。

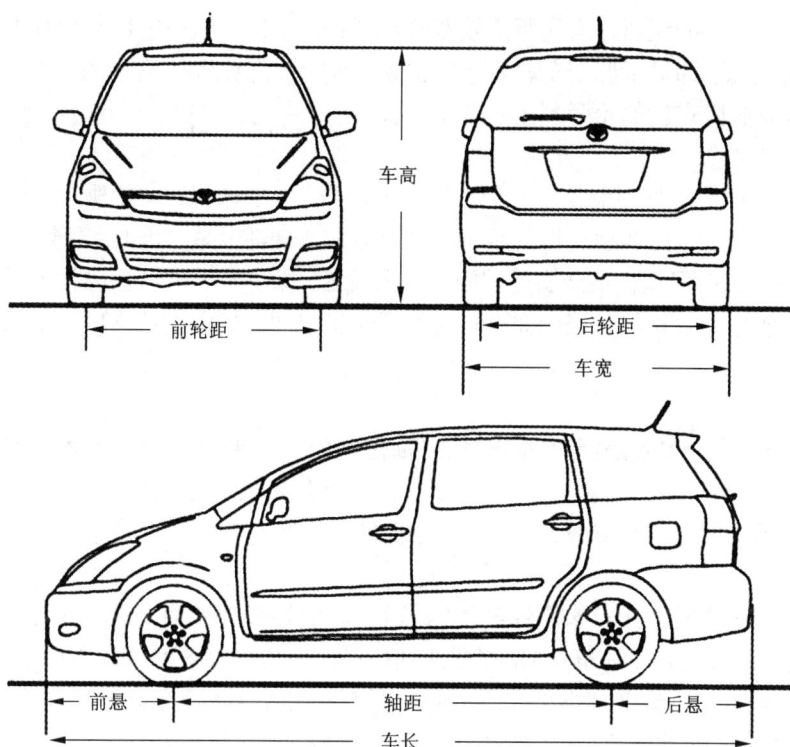

图 4 - 35　汽车的外廓尺寸

（2）车身宽度

车身宽度是车身左、右最凸出位置的距离，但是不包含左、右后视镜伸出的宽度，即后视镜折叠后的宽度。

车身长度及宽度较大的车型虽可以获得较为宽敞的车内空间，给乘客提供较好的乘坐舒适性，但是降低了在狭窄巷道中的行驶灵活性。

（3）车身高度

车身高度是从地面算起，一直到车身顶部最高的位置，但不包括天线的长度。

车身高度会影响到座位的头部空间以及乘坐姿态。头部空间大则不易有压迫感；稍挺的坐姿比较适合长时间的乘坐。近年来 SUV、VAN 这一类高车身的车型大为流行，较高的车内高度有利于乘员在车内的活动；但是过高的车身却不利于车辆进出地下停车场。而强调运动性的跑车，为了提升过弯稳定性，通常车身高度较低。

2. 轴距

从前轮中心点到后轮中心点之间的距离，也就是前轮轴与后轮轴之间的距离，称为轴距。较长的轴距可以使汽车获得较好的直线行驶稳定性，而短轴距则提供更好的灵活性。对于车内空间来说，轴距代表前轮与后轮之间的距离，轴距越长，车内纵向空间就越大，膝部及脚部空间也因此而较为宽敞。然而后轮驱动车因发动机纵向排列的关系，为了达到相同的车内空间，通常轴距会较同级前轮驱动车来得长。

3. 轮距

左、右车轮中心的距离称为轮距。较宽的轮距有助于横向的稳定性与较佳的操纵性。轮距和轴距搭配之后，即显示四个车轮着地的位置；车轮着地位置越宽大的车型，其行驶的稳定度越好，因此越野车辆的轮距都比一般车型要宽。

4. 前悬和后悬

自前保险杆最凸出处到前轮中心的距离称为前悬，一般来说，前轮驱动车的前悬会比同级后轮驱动车来得长，强调运动性的后轮驱动车通常前悬都很短，如雷克萨斯 IS 系列。

从后轮中心到后保险杆最凸出处的距离称为后悬，除了装设大型保险杆或后置发动机的车型以外，一般后悬较长的车型会拥有较大的行李箱空间，在高级豪华房车上经常会出现此情形。

5. 接近角

水平面与切于前轮轮胎外缘(静载)的平面之间的最大夹角称为接近角。前轴前面任何固定在车辆上的刚性部件不得在此平面的下方。接近角越大，汽车在上下渡船或进行越野行驶时，就越不容易发生触头事故，汽车的通过性能就越好。

6. 离去角

汽车满载、静止时，自车身后端突出点向后车轮引切线与路面之间的夹角，即水平面与切于车辆最后车轮轮胎外缘(静载)的平面之间的最大夹角称为离去角，位于最后车轮后面的任何固定在车辆上的刚性部件不得在此平面的下方。它表征了汽车离开障碍物(如小丘、沟洼地等)时，不发生碰撞的能力。离去角越大，则汽车的通过性越好。

7. 最小离地间隙

汽车满载静止时，支承平面(地面)与汽车上的中间区域最低点的距离称为最小离地间隙。最小离地间隙反映的是汽车无碰撞通过有障碍物或凹凸不平的地面的能力。

8. 转弯半径

当方向盘转到极限位置时，由转向中心到前外转向轮接地中心的距离称为最小转弯半径，它反映了汽车通过最小曲率半径弯曲道路的能力和在狭窄路面上调头行驶的能力。

4.3.2 性能参数

1. 动力性

汽车的动力性是指汽车在良好路面上直线行驶时，由汽车受到的纵向外力决定的、所能达到的平均行驶速度。汽车是一种高效率的运输工具，运输效率的高低很大程度上取决于汽车的动力性。所以，动力性是汽车各种性能中最基本、最重要的性能。

从获得尽可能高的平均行驶速度的观点出发，汽车的动力性主要有以下三个评价指标。

(1)汽车的最高车速

最高车速是指在水平良好的路面(混凝土或沥青)上，汽车能达到的最高行驶车速。

(2)汽车的加速时间

汽车的加速时间表示汽车的加速能力，它对平均行驶车速有很大影响。常用原地起步加速时间与超车加速时间来表明汽车的加速能力。

(3)汽车的最大爬坡度

汽车满载时，在良好路面上的最大爬坡度，表示汽车的上坡能力。

2. 经济性

汽车经济性是指以最小的燃油消耗量完成单位运输工作的能力。经济性有三个评价指标：单位行驶里程的燃料消耗量、单位运输工作量的燃料消耗量、消耗单位燃油所行驶的里程。中国主要以针对第一个指标的测试为主。

汽车的燃油经济性有两种测定法：一是行驶试验法；另一种是在平坦道路上和一定条件下进行等速油耗试验。

3. 制动性

汽车行驶时能在短距离内停车且维持行驶方向稳定性和下长坡时维持一定的车速的能力，称为汽车的制动性。

汽车制动性主要有三个评价指标，分别是制动效能、制动效能恒定性和制动时方向的稳定性。

（1）制动效能

制动效能指的是在良好的路面上汽车以一定的初速度制动到停车时所驶过的距离或制动时汽车的减速度，是制动性能最为基本的评价指标。制动距离是在冷制动情况（制动器起始温度在 100 ℃ 以下）下测得的。通常用制动距离、制动减速度、制动力等参数来评定。要求制动系统应具有足够的制动力，并使得前后桥制动力合理分配，保证汽车的制动距离在一定初速度下在规定的范围内。

（2）制动效能恒定性

高速制动时，制动器温度会很快上升。制动器温度上升后，摩擦力矩会显著下降，这种现象称为制动器的热衰退。制动效能恒定性的主要指标是抗热衰退性能。一般用一系列的制动时制动效能的保持程度来衡量，热衰退也是目前制动器不可避免的现象。

（3）制动时汽车的方向稳定性

要求制动时汽车不发生制动跑偏、侧滑和失去转向能力的性能。制动跑偏是指汽车制动时，汽车自动地向左或向右行驶的现象。侧滑是指汽车制动时的某一轴或两轴发生横向移动的现象。前轮失去转向能力，是指汽车弯道行驶制动时汽车不再按原来的弯道行驶而是沿弯道的切线方向驶出；汽车直线行驶制动时，虽然转动转向盘但汽车仍按直线行驶的现象。制动跑偏、侧滑与前轮失去转向能力往往会导致交通事故的发生。

4. 操稳性

汽车操纵稳定性，是指在驾驶员不感觉过分紧张、疲劳的条件下，汽车能按照驾驶员通过转向系及转向车轮给定的方向（直线或转弯）行驶；且当受到外界干扰（路面不平、侧风、货物或乘客偏载）时，汽车能抵抗干扰而保持稳定行驶的性能。

汽车的操纵稳定性包含相互联系的两个部分，一是操纵性，二是稳定性。操纵性好简言之就是"听话"，汽车能够按照驾驶员的要求运行；稳定性好简言之就是能够抵抗干扰。

汽车操纵稳定性涉及的问题较为广泛，它需要采用较多的物理参量从多方面来进行评价。

5. 平顺性

汽车平顺性，是指汽车在一般行驶速度范围内行驶时，避免因汽车在行驶过程中所产生的振动和冲击，使人感到不舒服、疲劳，甚至损害健康，或者使货物损坏的性能。由于平顺性主要是根据乘员的舒适程度来评价的，所以又称为乘坐舒适性，它是现代高速汽车的主要性能之一。

研究汽车平顺性的主要目的就是控制汽车振动系统的动态特性，使振动的"输出"在给定工况的"输入"下不超过一定界限，以保持乘员的舒适性。

6. 通过性

在一定车载质量下，汽车能以足够高的平均车速通过各种坏路及无路地带和克服各种障碍的能力，称为汽车的通过性。坏路及无路地带，是指松软土壤、沙漠、雪地、沼泽等松软地面及坎坷不平地段；各种障碍，是指陡坡、侧坡、台阶、壕沟等。

汽车通过性可分为轮廓通过性和牵引支承通过性。前者是表征车辆通过坎坷不平路段和障碍(如陡坡、侧坡、台阶、壕沟等)的能力；后者是指车辆能顺利通过松软土壤、沙漠、雪地、冰面、沼泽等地面的能力。

7. 安全性

汽车安全性是指汽车在行驶中避免事故，保障行人和乘员安全的性能，一般分为主动安全性、被动安全性、事故后安全性和生态安全性。在道路交通事故中，汽车本身的安全性能也是不可忽视的因素。汽车安全性能好，往往可以避免事故的发生或减少伤亡的程度。

为了保障汽车的安全性，美国率先在 1966 年颁布了《联邦机动车辆安全标准》(FMVSS)。随后，其他各国政府也都制定了严格的汽车安全法规。中国也制定了国家标准《机动车运行安全技术条件》(GB 7258—1997)。

4.3.3 质量参数

1. 整车装备质量

汽车的整车装备质量也就是人们常说的一辆汽车的自重，它的规范的定义是指汽车的干质量加上冷却液和燃料(不少于油箱容量的90%)及备用车轮和随车附件的总质量。其实通俗地说，整备质量就是汽车在正常条件下准备行驶时，尚未载人(包括驾驶员)、载物时的空车质量。

汽车的整车装备质量是影响汽车油耗的一个重要参数。因为车辆的耗油量与整备质量是成正比关系的，即整车装备质量越大的汽车越耗油。例如一辆小型车，如果整备质量每增加40 kg，那么它就要多耗1%的燃油。

当然，汽车的整车装备质量也不是小就好、大就不好，整车装备质量大的汽车稳定性好，特别是急转弯和急刹车的时候，优势很明显。

2. 汽车的装载量

汽车的装载量是指在硬质良好路面上行驶时所允许的额定载质量。当汽车在碎石路面上行驶时，装载量应有所减少(为好路的75%~80%)。越野汽车的装载量是指越野行驶或土路上行驶的载质量。轿车的装载量是以座位数表示。城市公共汽车的装载量等于座位数并包括站立乘客数(一般按每人不小于0.125 m² 面积计)，其他城市客车按每人不小于0.15 m² 面积计。长途客车和旅游客车的装载质量等于座位数。

3. 汽车总质量

汽车总质量是指装备齐全时的汽车自身质量与按规定装满客(包括驾驶员)、货时的载质量之和，也称满载质量。

第 5 章　汽车设计文化

自 1886 年世界诞生第一辆汽车以来，汽车工业经历了 130 多年的发展历程。在长达百年的汽车设计历史中，风格和流派层出不穷，历史上总有堪称伟大的产品设计，被后来者奉为经典，但它们的诞生都标志着一个伟大时代，一种新的文化开始。像世界上第一辆不用马拉的奔驰汽车，预示着以机械动力为标志的汽车文化的出现。汽车工业的发展，带动了钢铁、石油、机械等相关产业的发展。汽车工业的规模和汽车产品的质量成为衡量一个国家技术水平的重要标志之一。

在百年文化这面镜子里，由于时代的变迁更迭，它所反映的是不断变化与发展着的人类文明的总概念；而不同的观念相互矛盾、相互补充，形成了一种多元的共生现象——汽车设计文化。可以说，一部汽车发展史，就是一部设计文化史，一部近代工业化过程的记录。

5.1　汽车设计

5.1.1　汽车设计的定义

汽车设计（automotive design）是一门涉及汽车外观美术设计、工程学以及人体工程学等范畴的专门行业。所谓汽车设计，简单的理解是根据一款车型的多方面要求来设计汽车的外观及内饰，使其在充分发挥性能的基础上艺术化。

其实汽车设计是一件复杂的事情，并不像其他设计师在香槟和音乐的陪伴下寻找灵感那么纯粹。汽车不是单纯的艺术品，它不仅要有漂亮的外表和吸引人的个性特征，同时它还要能安全可靠地行驶，这就需要整个设计过程融入各种相关的知识：车身结构、制造工艺要求、空气动力学、人机工程学、工程材料学、机械制图学、声学和光学知识，当然更少不了诸如绘画、雕塑、色彩感等基本艺术功底。由此不难理解为什么能称得上汽车设计师的人少之又少。

汽车设计的内容包括三个层次：整车总体设计、总成设计和零部件设计。

1. 整车总体设计

整车总体设计又称为汽车的总布置设计，包括汽车总体设计选型、外形造型设计、总布置尺寸确定、人机工程分析、各系统或总成的性能要求和主要参数选择等内容。这个层次决定了汽车的造型特点、主要用途、基本性能、价格范围、用户阶层以及生产纲领。其任务是使所设计的产品达到设计任务书所规定的整车参数和性能指标的要求，并将这些整车参数和性能指标分解为有关总成的参数和功能。

2. 汽车总成设计

汽车总成设计包括汽车各个系统或总成结构形式的选择、各种总成结构形式满足汽车整体性能的分析计算、特殊的运动系统或总成的运动校核等内容。这个层次决定了汽车所采用的技术是否先进、汽车总体设计是否合理、基本性能是否能保证、是否做到了产品系列化和零部件通用化，以及制造价格能否控制在较低水平。

3. 汽车零部件设计

汽车零部件设计包括汽车主要零部件结构形式的选择、零部件的受力分析、运动分析、主要参数和材料的选择、强度计算以及初步的制造工艺分析等内容。这个层次决定了汽车各总成基本性能的保证手段、零部件的标准化程度、零部件生产的组织规模以及提高零部件质量并降低造价的途径。

5.1.2 汽车设计的特点

汽车作为一种运动机械，与其他机械产品相比，其特点是使用条件复杂，产量大，变形多，设计的范围广泛，与能源、交通、环境、安全等多方面相关。因此，汽车设计要考虑众多因素。

1. 零件标准化、部件通用化和产品系列化

由于汽车出产量大，品种及型号多，设计中实行零件标准化、部件通用化和产品系列化，可简化生产，提高工效，保证产品质量，降低生产成本，减少配件品种，方便维修。

2. 考虑使用条件的复杂多变

为了使所设计的汽车产品具有竞争力，设计中就要充分考虑其对复杂多变的使用条件的适应性。特别应注意热带、寒带等不同的气候条件和高原、山区、丘陵、沼泽、沿海等不同的地理条件，以及燃料供应、维修能力等不同的使用条件对汽车结构、性能、材料、附件等提出的特殊要求。例如，高原地区车辆要采用增压发动机；高寒地区车辆要考虑发动机的冷启动；高温地区车辆要考虑车厢里的隔热、通风和空调使用；山区车辆则应提高车辆的爬坡能力，并应配备辅助制动器等。

3. 重视汽车使用中的安全、可靠、经济与环保

汽车良好的使用性能是设计者要追求的目标，不同的汽车要求的使用性能也是不同的（例如，动力性、燃油经济性、制动性、操纵稳定性、平顺性、舒适性、通过性以及可靠性、耐久性、维修性和对环境保护的影响性能等），而且在某些性能之间有时是相互矛盾的。因此，要在给定的使用条件下协调各使用性能的要求，优选各使用性能指标，使汽车在该使用条件下的综合使用性能达到最优。特别要重视使用中的安全、可靠、经济与环保。

4. 车身设计既重视工程要求，更注重外观造型

汽车车身的外形、油漆及色彩是汽车给人们的第一个外观印象，是人们评价汽车的最直接方面，也是轿车的重要市场竞争因素，是汽车设计非常重要的内容。车身造型既是工程设计，又是美工设计。从工程设计来看，它既要满足结构的强度要求、整车布置的匹配要求和冲压分块的工艺要求，又要适应车身的空气动力学的要求而具有最小的空气阻力系数。从美工设计来看，它应当适应时代的特点和人们的爱好，要像对待工艺品那样进行美工设计，给人以高度美感，起到美化环境的作用。

5. 在保证可靠性的前提下尽量减小汽车的自身质量

和固定的机械设备不同，作为运输用的汽车，其自身质量直接影响其燃油经济性。与单件生产/小批量生产的产品不同，作为大批量生产的汽车，减小其自身质量可节约大量的制造材料，降低生产成本。合理地减小汽车的自身质量，会给汽车工业和汽车运输业带来巨大的经济效益。最优化设计方法可满足这方面的设计要求。

6. 设计要在有关标准和法规的指导下进行

除设计图纸的绘制与标注应按有关国家标准进行外，汽车设计还应遵守与汽车有关的一些标准与法规。中国汽车工业标准包括与国际基本通用的汽车标准和为宏观控制汽车产品性能和质量的标准，它包括国家标准、行业标准和企业标准。汽车标准又分为强制性标准和推荐性标准。强制性标准主要有：整车尺寸限制标准、汽车安全性标准、油耗限制标准、汽车排放物限制标准及噪声标准。为使我国汽车产品进入世界市场，设计时也应考虑到国际标准化组织汽车专业委员会（ISO/TC22）制定的一些标准和美国标准协会标准（ANSI）、美国汽车工程师学会（SAE）标准、日本工业标准（JIS）、日本汽车标准组织（JASO）标准、日本汽车车身工业协会标准（JABIA）、日本汽车轮胎标准（JATMA）、日本汽车用品工业协会标准（JARP）、日本蓄电池工业协会标准（SBA）以及欧洲经济委员会（ECE）、欧洲经济共同体（EEC）所制订的汽车法规。

7. 汽车设计是考虑人机工程、交通工程、制造工程、运营工程、管理工程的系统工程

汽车是由人来驾驶和乘坐的，因此其设计必须考虑这种人车关系，即操纵要方便、乘坐要舒适。汽车是一种交通工具，其设计必须符合交通工程的要求。

综上所述，汽车设计涉及多门专业学科和各种不同的要求，是一项重要而复杂的工作。因此，成功的汽车设计必须运用系统工程的观点和方法，全面均衡地、有层次地处理各种不同要求，使整车的设计达到技术、经济和艺术的有机结合。设计中考虑欠周到就会造成制造上的困难、功能上的缺陷，影响产品市场竞争力，带来巨大的经济损失，所以对汽车设计必须精益求精、不断完善，才能设计出符合使用要求的物美价廉的汽车产品。

5.1.3　汽车设计的过程

任何产品都有一定的生命周期，汽车也不例外。因此，汽车企业要不断改进产品和开发新产品，以满足市场的需求，从而保证产品的市场竞争力和企业的可持续发展。汽车从构思到投放市场需要一个较长的时间过程，汽车产品的开发必须根据企业产品发展规划来确定，以实现社会环境、市场需求和企业实际条件的协调。

汽车产品的开发是一个循序渐进的过程，需要投入大量的人力、物力和财力。以开发一个全新车型为例，从项目开始到最终新产品批量生产一般需要近 50 个月的时间。一个全新车型的开发主要分为三个部分：制订产品开发规划；初步设计；技术设计。

1. 制订产品开发规划

在汽车产品开始技术设计之前，必须制订产品开发规划。首先，必须确定具体的车型，就是打算生产什么样的汽车。其次是进行可行性分析，根据用户需求、市场情况、技术条件、工艺分析、成本核算等，预测产品是否符合需求，是否符合生产厂家的技术和工艺能力，是否对国民经济和企业有利。再次是拟订汽车的初步方案，通过绘制方案图和性能计算，选定汽车的技术规格和性能参数。最后是制订出设计任务书，其中写明对汽车的形式、各个主要尺寸、主要质量指标、主要性能指标以及各个总成的形式和性能等具体要求。

产品开发的前期工作,是分析各方面的影响因素,明确产品开发的目的和工作方向。否则,不经过周密调查研究与论证,盲目草率上马,轻则造成产品先天不足,投产后问题成堆;重则造成产品不符合需求,在市场上滞销,带来重大损失。在产品开发的前期,企业为了进行各种研究与探讨,概念设计和概念车在近年来逐渐兴起。

概念设计,是对下一代车型或未来汽车的总概念进行概括描述,确定汽车的基本参数、基本结构和基本性能的设计。概念设计同样需要研究产品的开发目的、技术水平、企业条件、目标成本、竞争能力等。概念设计可能是只停留在图纸上和文件上的描述,称为"虚拟的"概念车;也可能是制造出实体的样车供试验和研究。概念设计可能只是一种参考方案或技术储备,也有可能纳入正式的产品开发规划。所以概念设计只供产品开发参考,但也有可能成为正式产品开发规划的组成部分,成为新一代车型的初步设计。

2.初步设计

汽车初步设计的主要任务是构造汽车的形状设计,主要包括如下内容。

(1)汽车总布置设计

汽车总布置设计是将汽车各个总成及其所装载的人员或货物安排在恰当的位置,以保证各总成运转相互协调、乘坐舒适和装卸方便。为了保证汽车各部分合理的相互关系,需要定出许多重要的控制尺寸。在这个阶段,需要绘制汽车的总布置图,绘出发动机、底盘各总成、驾驶操作场所、乘员和货物的具体位置以及边界形状;也包括零部件的运动(如前轮转向与跳动)范围校核。经过汽车总布置设计,就可确定汽车的主要尺寸和基本形状。

(2)效果图

效果图是指造型设计师根据总布置设计所定出的汽车尺寸和基本形状,勾画出汽车的具体形状。效果图又分为构思草图和彩色效果图两种。构思草图是记录造型设计师灵感的速写画。彩色效果图是在构思草图的基础上绘制的较正规的绘画,需要正确的比例、透视关系和表达质感。彩色效果图包括外形效果图、室内效果图和局部效果图,其作用是供选型讨论和审查。效果图的表现技法多种多样,可采用铅笔、钢笔,也可采用毛笔(水彩画或水粉画)等,而之前较流行的是混合技法——用麦克笔描画、喷笔喷染以及涂抹、遮挡等同时表现技法。只要效果良好,表现技法可不拘一格。

(3)制作缩小比例模型

缩小比例模型是在构架上涂敷造型泥雕塑而成。轿车缩小模型常用1:5的比例,即是真车尺寸的1/5。英、美等国采用英制尺寸,模型的比例是3/80。造型泥是一种油性混合物,又称油泥,在常温下有一定硬度(比肥皂硬些),涂敷前须经烘烤。缩小比例模型是在彩色效果图的基础上更进一步表达造型构思,具有立体形象,比效果图更有真实感,要求比例严格、曲线流畅、曲面光顺。雕塑一个缩小比例汽车模型,需要从各个角度审视,反复推敲,精工细雕,因而很难在两三天内完成。

(4)召开选型讨论会

经过初步设计,绘制出一批彩色效果图和塑制出几个缩小比例模型,就可以召开选型讨论会。会议的目的是从若干个造型方案中选择出一个合适的车型方案,以便作为技术设计的依据。选型讨论会主要讨论审美问题,但也涉及结构、工艺等方面,故通常由负责人召集造型设计师、结构设计师和工艺师等参加会议。选型讨论会结束,说明选定车型的造型构思基本成熟，汽车的初步设计亦结束。

3. 技术设计

技术设计包括确定汽车造型和确定汽车结构两个方面。

（1）确定汽车造型

1）绘制胶带图

胶带图是用细窄的彩色不干胶纸带粘贴成的 1:1（全尺寸）汽车整车图样，可表达零部件形状及外形曲线。胶带图的外形曲线数据取自选定的缩小比例模型，可用来审查整车外形曲线的全貌。如发现某条曲线不美观或不符合要求，可将胶带揭起重新粘贴，直到满意为止。胶带图完成后，缩小比例模型放大的曲线又经过进一步修订。

2）绘制 1:1 整车外形效果图

单纯由缩小比例的绘画表达汽车的外形效果尚且不够，还需要绘制等大尺度（全尺寸）的彩色效果图。现代造型设计非常重视等大的尺度感。缩小比例图样和全尺寸图样的真实感是截然不同的。打个比方，雏鸡看上去很小巧可爱，若放大 5 倍就会显得太胖太臃肿。汽车也是一样，缩小比例模型上某些圆角或曲线看上去很小巧雅致，放大 5 倍后就会显得笨拙臃肿。因此，汽车形状的最后确定，不能从缩小比例的图样或模型直接放大，而应经过 1:1 效果图和 1:1 模型的修正，以符合等大的尺度感和审美要求。

3）制作 1:1 外部模型

1:1 外部模型是汽车外形定型的首要依据。根据缩小比例模型的放大数据，结合胶带图和 1:1 效果图的修订情况，就可以制造 1:1 外部模型。这个模型是在一个带有车轮的构架上涂敷造型泥而雕塑成的。由于要用数以吨计的造型泥，并雕塑得细致、平整、光顺，所以制造一个 1:1 外部模型的时间很长，通常需要几个星期。

4）制作 1:1 内部模型

1:1 内部模型用以审视汽车内部造型效果和检验汽车内部尺寸。1:1 内部模型与 1:1 外部模型同时制作，其设计和尺寸相互配合。1:1 内部模型的形状、色彩、覆盖饰物的质感和纹理都应制造得十分逼真，使人具有置身于真车室内的感觉。

5）造型的审批

1:1 外部模型、内部模型、效果图完成后，需要交付企业最高领导审批，使汽车最终定型。汽车造型设计是促进汽车销路的重要竞争手段，大公司为了击败对手会采用频繁更换车型的手段，对汽车造型设计的需求十分迫切，并在整个汽车设计过程中占有愈来愈重要的地位。

（2）确定汽车结构

汽车造型审定后，就可以着手进行汽车结构设计。汽车的结构设计，是确定汽车整车、部件（总成）和零件的结构。也就是说，设计师需要考虑由哪些部件组合成整车，又由哪些零件组合成部件。零件是构成产品的最基本的、不可再分解的单元。毫无疑问，零件设计是产品设计的根基。零件设计时，首先要考虑这个零件在整个部件中的作用和要求；其次，为了满足这个要求，零件应选用什么材料和设计成什么形状；最后，零件如何与部件中其他零件相互配合和安装。

按照零件所使用的材料，可分为金属材料和非金属材料两大类。金属材料又可分为钢铁（黑色金属）材料和有色金属材料两大类。汽车所采用的非金属材料种类繁多。钢铁是汽上所使用的最重要的材料,占全车重量的大部分。

钢铁的主要优点是强度、刚度和硬度高,耐冲击和耐高温,因而是应用于汽车上载荷大、高温、高速的重要零件。所谓强度高,就是这种材料可承受较大的力而不被破坏;所谓刚度高,就是这种材料可承受较大的力而变形很小。汽车的零件在工作时,有的零件承受拉力而有伸长的趋势;有的零件承受压力而有缩短的趋势;有的零件承受弯曲力矩而趋于弯曲变形;有的零件承受扭转力矩。事实上,许多汽车零件的受力比上述例子复杂得多。如汽车变速器的轴就同时承受了拉、压、弯、扭等多种力。汽车零件不仅要承受静载荷,而且,由于汽车的行驶随路况变化,还要承受十分复杂的动载荷。作为设计师,必须充分考虑零件的受力情况,经过周密的计算,确保零件的强度和刚度的数值在允许的范围内。

确定汽车零件的形状,也要花费设计师许多心血。例如,发动机气缸体的形状就非常复杂,需要设计气缸和水套,考虑与气缸盖、油底壳的接合,安装曲轴、进气管、排气管和各种各样的附属设备,乃至气缸体内部细长的润滑油通道等,所有这些因素都应考虑周全,每个细节均不能遗漏。汽车车身零件的形状就更特别,既不是常见的平面或圆柱体,也不是简单的双曲面或抛物面,而是造型师根据审美要求而塑造的。在确定零件的形状时,还需要考虑零件的制造方法,例如零件在机床上怎样装夹定位,刀具怎样加工,半成品怎样传送、堆叠等。

设计师必须把所设计的汽车结构用图纸表达出来。图纸是设计师与企业中的工艺师、技工和其他人员交流的"工程语言"。我国颁布了 10 多项机械制图的国家标准,规定了绘制机械产品图纸的方法。在工科院校还设置专门的课程,训练学生掌握这种标准的工程语言。图纸绘制的方法,是按照投影原理并借助于几个视图、剖面或局部放大等,把产品的立体形状和内部结构详细而清晰地表达出来。图纸应按指定的比例绘制并且写出对产品的技术要求。零件图需要详细地标注出各部分的尺寸。总成图应清楚地表达零件相互装配的关系并标注出相关的装配尺寸。设计一辆汽车,需要绘制数以千计的图纸。一些复杂的图纸,图面的长度竟达 3 ~ 5 m。

在设计时,设计师必须无条件地执行国家制定的有关法规和标准。对于出口的产品,还必须执行外国的标准,如 ISO(国际标准化组织)、SAE(美国汽车工程师协会)、JIS(日本工业标准)、EEC(欧洲经济共同体)、ECE(欧洲经济委员会)等标准。图纸绘制成后,需要将部件和零件按照它们所属的装配关系编成"组"及其下属的"分组"号码。每个部件、每个零件及其图纸都给定一个编号,以便于对全部图纸进行管理。

5.2 汽车造型

随着人们生活水平不断提高,私家车的数量逐年增加。除了以往人们买车时关注的实用性,汽车的外形设计也成了买车族们最为关注的因素。就如汽车造型大师乔治·亚罗所言"造型设计决定这一款车的命运",这并不是空穴来风,汽车的造型是尤为重要的。

汽车作为一种商品,首先向人们展示的就是它的外形,外形是否讨人喜欢直接关系到这款汽车甚至汽车厂商的命运。在全球各大汽车企业中,汽车造型工作都是由公司的最高层直接领导。当然除了汽车公司自己的设计队伍,还有一些独立的、专业的汽车设计公司,全球最大的设计公司美国 MSX 公司,以实用型量产车著名的意大利设计公司 ITALDESIGN,以名贵跑车为主要业务的设计公司 Pininfarina，和以风格见长的 Bertone 设计公司，还有在改装车、原型车方面各具特色的 IDEA、Zagato、Ghia 和 Stola 等设计公司。此外，还有以个人名义进行设计的汽车设计师，如 Marcello Gandini、Peter Stevens 和 Ian Collum 等。中国第一家汽车设计公司于 1999 年由同济大学汽车系的雷雨成等几名教授创建，目的就是为中国人开发中国人自己的汽车。

5.2.1　汽车造型的定义

汽车的外形设计，专业的说法叫作汽车造型设计，是根据汽车整体设计的多方面要求来塑造最理想的车身形状。汽车造型设计是汽车外部和车厢内部造型设计的总和。它不是对汽车的简单装饰，而是运用艺术的手法，科学地表现汽车的功能、材料、工艺和结构特点。

汽车造型的目的是以美去吸引和打动观者，使其产生拥有这种车的欲望。汽车造型设计虽然是车身设计的最初步骤，是整车设计最初阶段的一项综合构思，但却是决定产品命运的关键。汽车的造型已成为汽车产品竞争最有力的手段之一。汽车造型主要涉及科学和艺术两大方面。设计师需要懂得车身结构、制造工艺要求、空气动力学、人机工程学、工程材料学、机械制图学、声学和光学知识。同时，设计师更需要有高雅的艺术品位和丰富的艺术知识，如造型的视觉规律原理、绘画、雕塑、图案学、色彩学等。

汽车造型设计虽然是车身设计的最初步骤，是整车设计最初阶段的一项综合构思，但却是决定产品命运的关键。汽车的造型已成为汽车产品竞争最有力的手段之一。

5.2.2　汽车造型的发展

自 1886 年第一辆汽车诞生以来，汽车造型开始了其漫长的进化之路。汽车造型从最早的马车形到箱形、流线型，从船形、楔形到现在最常见的复合型。

1. 马车型汽车

从 19 世纪末到 20 世纪初，世界上相继出现了一批汽车制造公司，除戴姆勒和奔驰公司外，还有美国的福特，英国的劳斯莱斯，法国的雷诺、标致、雪铁龙，意大利的菲亚特等。这个时期，人们的主要精力在不断改进汽车的机械结构方法，即想办法让汽车行驶起来，速度要快，操纵要稳定。在车身造型方面还没有专门的设计人才，大家都不约而同地沿用马车的型式（图 5 - 1、图 5 - 2），因此，当时人们把汽车称为无马的"马车"。

图 5 - 1　1894 年奔驰维洛汽车

2. 箱形汽车

马车型汽车很难抵挡风雨的侵袭，美国福特汽车公司在 1915 年生产出一种新型的福特 T 形车（图 5 - 3），这种车的车室部分很像一只大箱子并装有门和窗，人们把这类车称为"箱形汽车"。早期的箱形汽车以美国的福特 T 形车最为著名，年产量达到 30 多万辆，占美国汽车总产量的 70%～80%。

美国通用汽车公司的雪佛莱部看准了用户多样化的要求，于 1928 年制造出在散热器罩、发动机通风口和轮罩上增加豪华装饰的汽车，从而博得了用户的欢迎。

图 5-2　1896 年福特汽车

图 5-3　福特 T 型车

随着生活节奏的加快,人们对车速的要求也越来越高。要想使汽车跑得快,有两条主要途径,一是增大功率,二是减小空气阻力。因此人们开始降低车的高度减小空气阻力。随着车顶高度的降低,前窗玻璃不断变窄,影响前方的视野,乘员感到十分憋闷。后来放弃了降低高度提高速度的办法,转而通过提高功率的办法来克服空气的阻力。这样一来,发动机由单缸变成四缸、六缸、八缸,而且气缸是一列排开的,因而发动机罩也随之变长。典型的例子就是意大利 1931 年生产的阿尔法·罗密欧牌汽车的外形。

作为高速车来讲,箱形汽车不够理想,因为它的阻力大,大大妨碍了汽车前进的速度。所以人们又开始研究一种新的车型——流线型汽车。

3.流线型汽车

随着汽车速度的提高,空气阻力成为汽车前进的最大障碍。显然,箱形汽车不够理想。因为它的阻力大,前窗玻璃、车顶,特别是汽车后部都会产生空气涡流的阻力,消耗了汽车的大部分动力。因此,人们开始运用流体力学原理研究汽车车身的造型,找到了前圆后尖的造型阻力较少这一规律。

1934 年,美国的克莱斯勒公司生产的气流牌小客车(图 5-4),首先采用了流线型的车身外形,从名字上我们就知道,这是一辆经空气动力学研究的产物。但在销售方面,"气流"遭到惨败,其原因是超越了时代的欣赏能力,不过它却宣告了汽车造型新时代的开始。1936年福特公司研制成功的林肯·飘逸轿车也采用了流线型车身(图 5-5)。

图 5-4　1934 年气流牌轿车

图 5-5　1936 年林肯轿车

4.船型汽车

美国福特公司经过几年的努力,于 1949 年推出具有历史意义的新型的福特 V8 型汽车

（图 5 - 6）。

这种车型改变了以往汽车造型的模式，使前翼子板和发动机罩，后翼子板和行李舱罩融于一体，大灯和散热器罩也形成整体，车身两侧形成一个平滑的面，车室位于车的中部，整个造型很像一只小船，所以人们把这类车称为"船形汽车"（图 5 - 7、图 5 - 8）。

图 5 - 6　1949 年福特 V8 轿车

福特 V8 型汽车的成功，不仅仅由于在外形上有所突破，而且还在于其首先把人体工程学应用在汽车的设计上。强调以人为主体的设计思想，也就是让设计师置身于驾驶员及乘员的位置，来设计便于操纵、乘坐舒适的汽车。

船形汽车不论从外形上还是从性能上来看都优于甲壳虫形汽车，并且还解决了甲壳虫形汽车对横风不稳定的问题。这是因为船形车发动机前置，汽车重心相对前移，而且加大了行李舱，使风压中心位于汽车重心之后的缘故，所以遇到横风就不会摇头摆尾。从 20 世纪 50 年代开始一直到现在，不论是美国还是欧亚大陆，不管是大型车或者是中、小型车都采用了船形车身，从而使船形造型成为世界上数量最多的一种车型。

图 5 - 7　我国第一辆红旗轿车

图 5 - 8　上海轿车

5. 鱼形汽车

船形汽车尾部过分向后伸出，形成阶梯状，在高速时会产生较强的空气涡流。为了克服这一缺陷，人们把船形车的后窗玻璃逐渐倾斜，倾斜的极限即成为斜背式。由于斜背式汽车的背部像鱼的脊背，所以这类车称为"鱼形汽车"。

鱼形汽车和甲壳虫形汽车光从背部来看很相近，但仔细观察可以看出鱼形汽车的背部和地面的角度比较小，尾部较长，围绕车身的气流也比较平顺，涡流阻力也较小。另外鱼形汽车基本上保留了船形汽车的长处，车室宽大，视野开阔，舒适性也好。另外鱼形汽车还增大了行李舱的容积。最初的鱼形车是美国 1952 年生产的别克牌小客车（图 5 - 9）。1964 年美国的克莱斯勒顺风牌和 1965 年的福特野

图 5 - 9　1952 年别克轿车

马牌都采用了鱼形造型。自顺风牌以后世界各国逐渐主产鱼形汽车。鱼形汽车也有其缺点，由于鱼形车后窗玻璃倾斜太大，面积增加两倍强度下降，因而产生结构上的缺陷。鱼形车还有一个潜在的重大缺点，就是对横风的不稳定性。鱼形车发动机前置车身重心相对前移，一般来讲横风的风压中心和车身重心接近。但由于鱼形车的造型关系，在高速时会产生一种升力，使车轮附着力减小，从而抵挡不住横风的吹袭，发生偏离的危险。鱼形车的这一缺点使人们想了很多办法来加以克服，例如在鱼形车的尾部安上一只翘翘的"鸭尾"以克服一部分扬力，这便是"鱼形鸭尾"式车型。

6. 楔形汽车

为了从根本上解决因采用鱼形结构而带来的升力问题，人们进行了反复的探索，最后终于找到了楔形造型。也就是让车身前部呈尖形且向前下方倾斜，车身后部像刀切一样平直，这种造型可以有效地克服升力问题。

当然，作为实用的轿车，不能像赛车那样以牺牲乘客的乘坐舒适性为代价来换取升力问题的解决，必须统筹考虑两者的关系。最早按"楔形"设计的小轿车（图 5－10）是 1963 年出产的"司蒂倍克·阿本提"，尽管它的造型获得了专家们的高度评价，但在市场销售中却一败涂地，公司不得不宣布破产。原因是它生不逢时，在船形车盛行的年代，人们无法接受与之形成尖锐对比的楔形车。

不过，真正优秀的产品不会总被埋没，"斯蒂倍克·阿本提"的楔形设计于 1966 年和 1968 年分别被"奥兹莫比尔"和"卡迪拉克"所采纳、继承、发展。从那以后，楔形成为了轿车的首选造型。今天的新型轿车大多采用了这种结构，一般将散热器罩做成窄横宽，发动机罩呈前倾式，行李舱高度加高。个别车

图 5－10　1963 年美国的斯蒂倍克·阿本提轿车

型的尾部甚至采用了"甲尾式"造型（有利于使沿车顶流动的空气在鸭尾部产生向下的作用力，增大后轮的附着力）。

研究楔形的结构可以发现，车身前部呈尖形且向下倾斜，高速行驶时的空气流可在前轮产生向下的压力，防止前轮发飘。车身尾部如同刀切一样平直，可减小车顶以后部分的负压，防止后轮飘起。这种造型最大限度地解决了升力问题。

按说，汽车外形发展到楔形以后，升力问题基本上得到了圆满的解决。但人类追求至善至美的心态是永不满足的，当轿车的升力问题基本解决以后，人们又在改变轿车的基本概念上做起了文章，于是，一种新型的轿车——多用途轿车问世了。

其实楔形汽车也不是最完美的，为满足日常的需要，如今的汽车设计并不单纯是某种特定造型了，而是在技术解决后的一种复合体，21 世纪的汽车造型只能用复合型来表示了。

5.2.3　未来的汽车外形

进入 21 世纪后，从世界各大汽车博览会推出的多款新概念车看，造型更是千奇百怪、更具个性化和特色。车身造型的未来发展趋势综合起来主要有以下几点。

1. 气动最优化

一部汽车车身造型的发展史，从某种意义上说就是一部不断追求具有最佳气动造型的历史。人们一直在努力研究能够减小气动阻力且气动稳定性好的车身造型，今后这仍是未来车造型追求的目标之一，但更主要的工作是在研究气动行驶稳定性上。未来的气动造型最优应满足以下几点：

①最佳气动性能的车身外形只能通过计算机辅助设计和部分实验得出；

②车身所受的气动纵倾力矩和气动横摆力矩理论上为零；

③车身所受的气动升力理论上为略小于零；

④减少气功阻力虽然不再是主要目标，但气动刚力系数不应大于 0.2。

2. 个性化

车身气动最优化是否会导致未来汽车外形的雷同，从而失去个性化，其实汽车车身造型的发展过程已经揭示了这个问题的答案。在车身造型的历史发展时期，可能会由于追求气动造型的优化而使得某一种车型成为一个时期内的主导车型，但绝不是唯一车型。就是同一主导车型，也由于气动特性非唯一评定指标而形成不同风格。随着社会发展，社会意识和美学观念在造型过程中会起到越来越大的作用，现代人对汽车式样个性化要求也会越来越高。不同层次、不同行业、不同种群的审美意识也会大不相同。随着人类物质文化水平的提高和生活环境的变化以及生活方式的多样化，作为大众化商品的轿车无疑将出现各式各样更新颖更奇特的新车型。

3. 人性化

汽车是人的代步工具，与人在日常生活中息息相关，已形成独特的汽车文化。"一堆冰冷的钢铁"是无法满足现代人精神和文明需求的。车身造型设计必须以人为本，体现人机协调，使用操作方便、舒适，使汽车适应人的各种生理和心理要求，从而提高工作效率、保障安全、维护健康。未来的车身造型设计将在车身外观设计、人机工程以及室内环境等方面更加注重人性化的发展。

4. 虚拟化

随着虚拟现实技术在车身造型中的应用，使得造型设计中可采用计算机模拟色彩、纹理、质感、背景、阴影及运用三维视觉效果生成虚拟汽车车身造型并实施漫游。通过仿真设备和虚幻环境的动态模型创造出人能够感知的虚拟现实，完全替代传统的实体模型和造型效果图的平面表述方式，甚至能做到未出实车而能体验实车的感觉，使车身造型技术发生了实质性的变革。

5. 全球化

20 世纪 90 年代以来，面对市场和用户对新技术和新产品日益提高的要求，制造厂商必须在最短的时间内使产品更新换代，这就使得各公司不得不建立合作伙伴关系，以弥补资金和技术力量的不足，通过整合资源、优势互补以达事半功倍的效果。这样汽车造型设计就逐步摆脱国家和地域的束缚，日渐走向全球化，从而使汽车这一产品成为世界性商品。

从近几年推出的新车型看，汽车的地域和民族风格也逐渐发生微妙的变化。各个汽车工业发达国家以及各大汽车厂家的传统风格相互影响，彼此之间呈现出"你中有我，我中有你"的态势。这种态势是为了更好地适应不同国家、区域的社会情况、人文文化、人们的生活习惯、宗教仪式、喜好和禁忌等。

可以说，汽车造型的发展与进步，离不开汽车工程的发展与进步。而汽车工程造就的汽车造型师无疑是连接汽车工程技术与汽车新造型的纽带与桥梁。随着科技的进步，汽车造型也将更具科学性、美观性和实用性。

5.3　汽车色彩

在汽车外观、性能、配置日趋同质化的今天，很多消费者将车体颜色作为购车的重要因素来考虑，汽车色彩已成为区别汽车造型重要的外部特征之一。同样品牌型号的汽车可能会因车身颜色不同而有不同价格。色彩已经成为汽车品牌的符号特征。"成功的色彩设计可以使企业产品提高 15%～30% 的经济附加值。"这是法国色彩学家郎克罗长期研究得出的结论。欧洲在 20 世纪 80 年代的营销学中提出"七秒钟色彩理论"：一个人、一件商品，可以通过其独特的色彩选择，在七秒钟之内给人留下深刻的印象。

色彩是汽车造型的重要组成部分。人们在观察汽车的瞬间，首先映入眼帘的是汽车的色彩，然后才是外形、质感。也就是说，人的视觉神经对色彩的感知是最快的，其次是形态，最后是质感。

5.3.1　色彩学基础

色彩是人们视觉的反映。有时候，观察我们拍完的照片，会发现，整体色调和我们看见的不一样，可能有点偏红、偏蓝或者偏其他色彩，这是为什么呢？色不同，其实是光在作怪。

1. 光与色的关系

我们能看到物体及物体的颜色，就是光的作用。或者说，只有物体使人眼有光感时，才能使人眼有色觉。有光有色，无光无色，在漆黑一片的屋子里，根本谈不上看到物体的形状和颜色。物体有两种，一种为发光体；一种为不发光体。我们所讲的多是不发光体，发光体极特殊，故不在论述之中。

光分为两种，一种为可见光，一种为不可见光。通常情况下，我们看到的光一般为白色，实际上光不是单纯的白光，而是一种混合光。当日光通过三棱镜时，才能分解成一系列色光，这也称为色散现象。日光分解后大部分光人眼看不见，人眼能看到的只是极少一部分。凡是人眼看不到的光，就称为不可见光，凡是人眼能看到的光，就称为可见光。可见光谱的色光有七种：红、橙、黄、绿、青、蓝、紫，这些可见光都是按照不同的波长排列的。也可以说，光是按波长辐射的一种电磁能，就如水的波纹一样，是波浪式进行的。日光辐射的电磁能有 γ 射线、X 射线、紫外线、可见光、红外线、微波、无线电波等。可见光和不可见光是由光的波长决定的，光波的波长极其微小，以纳米为单位，每一纳粹等于一毫米的百万分之一（mm/1000000）。人眼对波长辨别的范围，大约在 380 nm（光谱中紫色）到 760 nm（光谱中红色）。但是，当波长小于 400 nm 或大于 700 nm 时，人眼对这两端光的感受能力接近于零，所以把可见光谱定在 400～700 nm 的波长范围内。在可见光谱中波长最长的是红色光，最短的是紫色光。其实在整个光谱中，波长为 700～600 nm 的光，呈现出不同的红色；在 600 nm 左右为黄色，然后为绿色；500 nm 左右为青色，最后转为蓝和紫色。

雨后空中出现的彩虹，把日光中所含的光谱成分显示出来，这和三棱镜分解日光中（红、橙、黄、绿、青、蓝、紫）的各种光谱成分的道理基本一样，也很好地证明了上述的观点。

我们必须理性地认识光与色的辩证关系，具有一定色彩知识的人，看到了光时，也就看到了色，光是有色的，色能表达光源色温的性质。

2. 色彩的象征意义

色彩心理学是十分重要的学科。在自然欣赏、社会活动方面，色彩在客观上是对人们的一种刺激和象征；在主观上又是一种反应与行为。色彩心理通过视觉开始，从知觉、感情而到记忆、思想、意志、象征等，其反应与变化是极为复杂的。色彩的应用，很重视这种因果关系，即由对色彩的经验积累而变成对色彩的心理规范，当受到什么刺激后能产生什么反应，都是色彩心理等所要研究的内容。

（1）红色

红色波长最长，给视觉以迫近感和扩张感，故称为前进色。发光体辐射的红色光传导热能，使人感到温暖，故红色也被称作暖色。红色容易引起人们的注意、兴奋和激动，也易引起视觉疲劳。红色能给人以艳丽、芬芳、甘美、成熟、青春和富有生命力的印象，是能使人联想到香味和引起食欲的颜色。红色是兴奋与欢乐的象征，不少民族均以红色作为喜庆的装饰用色。红色具有较高的注目性与美感，是旗帜、标识、指示和宣传等的主要用色。由于血是红色的，红色也往往成为预警或报警的讯号色。

红色是具有强烈而复杂的心理作用的色彩，在设计中，大面积红色很少见，因其过于兴奋、热烈的感觉会使人感觉烦恼和疲劳，因而纯色的红在小面积的商标上使用较多，可以增加商标的注目性，并增添主调的趣味性。低纯度、高明度的红色具有一定的美感。

（2）橙色

色性在红黄之间，既温暖又明亮，许多水果和作物成熟时的色均为橙色，因此它给人以香甜可口的感觉，能引起食欲，使人感到充足饱满，成熟愉快。橙色给人以明亮、华丽、健康、向上、兴奋、愉快、温暖、芳香和辉煌的感觉，给人以庄严、渴望、贵重和神秘的印象。

橙色属于前进色和扩张色，注目性高，经常被用作讯号色、标志色和宣传色，但也易形成视觉疲劳。

（3）黄色

与红色光相比，眼睛较易接受黄色。

黄色光感最强，能给人以光明、辉煌、灿烂、轻快、柔和、纯净和希望的感觉。因为许多鲜花都是美得娇嫩的黄色，它也成为代表美丽与芬芳的颜色。希腊传说中的美神穿黄色衣服，罗马时期结婚的衣服也是黄色，中国古代帝王的专用色也是黄色，因而黄色具有神圣美丽的含义。黄色又具有崇高、智慧、神秘、华贵、威严、素雅和超然物外的感觉。成熟的庄稼、水果也呈现出黄色，所以黄色也给人以丰硕、甜美、香酥的感觉，是能引起食欲的色。黄色波长差不易分辨，有轻薄软弱等特点，由于植物、人面呈灰黄色就意味着病态，所以非高纯度的黄色使用要谨慎。

（4）绿色

人眼对绿光反应最平静，在各高纯度色光中，绿色是能使眼睛得到较好休息的色。绿色是农业、林业、畜牧业的象征色。最能表现活力和希望，也是表现生命的颜色。黄绿、嫩绿、淡绿、草绿象征着春天、生命、青春、幼稚、成长和活泼，并由此引申出了滋长、茁壮、清新、生动等意义。植物的绿色能给视觉以休息，给人以清新的感觉，有益于镇定、疗养、休息与健康，所以绿色还是旅游、疗养、环保事业的象征色。绿色还代表和平。

（5）蓝色

蓝色能使人联想到天空、海洋、湖泊、远山、冰雪和严寒，使人感觉到崇高、深远、纯洁、透明、无边无际、冷漠和缺少生命活动。蓝色是表示后退、远逝的色。

天蓝色是最典型的冷色，蓝色、浅蓝色和白色结合使用代表冷冻行业。宇宙和海洋都呈蓝色，这些地方人类了解比较少，仍是神秘莫测的处女地，是现代科学探讨的领域。因此蓝色也成为现代科学的象征色，蓝色代表高科技。深蓝色还给人以冷静、沉思、智慧和征服自然的力量。

（6）紫色

眼睛对紫色光的知觉度最低，纯度最高的紫色明度最低。自然界和社会生活中，紫色较少见。紫色给人以高贵、优越、奢华、幽静、流动和不安的感觉。灰暗的紫色意味着伤痛、疾病，因此给人以忧郁、阴沉、痛苦、不安和灾难的感觉。不少民族把它看作消极和不祥之色。但是明亮的紫色如同天上的霞光、原野上的野花，使人感到美好和兴奋。高明度的紫色还是光明与理解的象征，优雅且高贵，颇具美的气氛，有极大的魅力，是女性化的色彩。在某些场合，粉紫色和冷紫色还具有表现死亡、痛苦、阴毒、恐怖、低级、荒淫和丑恶的功能。黄与紫的强对比含有神秘性、印象性、压迫性和刺激性。

（7）土色

土色指的是土红、土黄、土绿、熟褐、赭石一类可见光谱上没有的复色。它们是土地的色，深厚、稳定、博大、沉着、保守和寂寞。它们又是动物皮毛的色，厚实、温暖、防寒。它们还是劳动者和运动员的肤色，刚劲健美。土色是很多植物的果实与块茎的色，充实饱满，肥美，给人以温饱和朴素的印象。土色经适当调配，可得到较美的色彩，具有朴实素净的特点。

（8）黑色

黑色属于无彩色，对人的心理有消极与积极两大类影响。

消极类：黑夜令人感到失去方向，失去办法，而产生阴森、恐怖、烦恼、忧伤、消极、沉睡、悲痛、不幸、绝望和死亡等印象。

积极类：黑色能使人得到休息，因此使人有沉思、安定、稳重和坚毅的印象。

黑色象征权威、高雅、低调、创意；也意味着执着、冷漠、防御。古时的黑漆衙门和刑吏的皂服，均取此意；国外神父、牧师、法官都穿黑衣，西方上层人物的黑色燕尾服，有渊博、高雅、超俗等含义。黑色与其他色组合，往往能使组合得到较好的效果，可以使另一种色的色感、光感得到充分的显示，是很好的衬托色。黑白组合，光感强、朴实分明，但有单调感。

（9）白色

白色是光明的象征色，无彩色。有明亮、干净、卫生、畅快、朴素和雅洁的特性。白是冰雪云彩的色，给人寒凉、轻盈、单薄和爽快的感觉。白色是医疗卫生事业的象征色。中国办丧事，以白色作为装饰色，表达对死者的尊重、同情、哀悼和缅怀。因此白色又具有哀伤、不祥、凄凉和虚无的感情色彩。西方，特别是欧美，白色是结婚礼服的色，以此表示爱情的纯洁与坚贞。

（10）灰色

灰色介于黑白之间，属于中等明度的无彩色或低纯度色。象征诚恳、沉稳、考究。其中的铁灰、炭灰、暗灰,在无形中散发出智能、成功、权威等讯息;中灰与淡灰色则带有哲学家的沉静。在生理上,它对眼睛的刺激适中,属于视觉不易疲劳的色,又由于它的明度中等和无彩度或低彩度,因此心理上反应平淡,给人以乏味、休息、抑制、枯燥、单调、沉闷、寂寞和颓丧的感觉。灰色可以用三原色混合,因此灰色成分丰富,含有某种色彩倾向的灰色能给人以高雅、精致、含蓄和耐人寻味的感觉,具有较高的审美价值。

3. 人的色彩视觉

大自然的各种色彩使人产生各种感觉,并可陶冶人的情操。不同的颜色使人产生不同的情绪,从而引起人的心境发生变化。

心理学家对颜色与人的心理健康进行了研究。研究表明,在一般情况下,红色表示快乐、热情,它使人情绪热烈、饱满,激发爱的情感。黄色表示快乐、明亮,使人兴高采烈,充满喜悦之情。绿色表示和平,使人的心里有安定、恬静、温和之感。蓝色给人以安静、凉爽、舒适之感,使人心胸开朗。灰色使人感到郁闷、空虚。黑色使人感到庄严、沮丧和悲哀。白色使人有素雅、纯洁、轻快之感。紫色使人有压抑的感觉。玫瑰色可使人已经消沉或受到压抑的情绪振奋起来。总之各种颜色都会给人的情绪带来一定的影响,使人的心理活动发生变化。颜色可使人绝望,也可使人重新获得生活的勇气。当然这种作用是间接的诱发作用。

国外曾发生过一件有趣的事,有一座黑色的桥梁,每年都有一些人在那自杀。后来有人把桥涂成天蓝色,自杀的人显著减少了;人们继而又把桥涂成粉红色,在这自杀的人就没有了。从心理学观点分析,黑色显得阴沉,更会加重人的痛苦和绝望的心情,把人向死亡推进了一步。而天蓝色和粉红色使人感到愉快开朗,充满希望,使人从绝望中挣扎出来,重新燃起生命之火。

在临床实践中,学者们对颜色治病也进行了研究,效果是很好的。高血压病人戴上烟色眼镜可使血压下降;红色和蓝色可使血液循环加快;病人如果住在涂有白色、淡蓝色、淡绿色、淡黄色墙壁的房间里,心情很安定、舒适,有助于健康的恢复。

颜色对人的脉搏和握力都有一定影响。国外有的学者做过实验,证明人在黄色的房间里脉搏正常,在蓝色的房间里脉搏减慢一些,在红色的房间里脉搏增快很明显。法国的生理学家实验发现,在红色光的照射下,人的握力比平常增强一倍,在橙黄色光的照射下,手的握力比平常增强半倍。由此可见,颜色不但可以影响人的情绪,而且还对人的健康发生影响。在古代,许多人相信颜色具有某种魔力,在今天科学家也认为颜色与人的大脑有着某种联系,不同颜色对人的身体情绪思想和行为有着深刻影响。由于人们的生活经验、传统习惯及年龄性格等不同,对色彩所产生的心理反应也自然不同。

5.3.2 汽车色彩的设计

在汽车造型设计中,色彩设计是一个重要的环节,要遵循"尺度与比例""均衡与稳定""统一与变化"三大美学原则。形是体,色是衣。好的汽车不仅要求形体美,而且要求色彩美。

1. 汽车颜色的意义

汽车车身颜色,不论对使用者还是对外界,或对车辆的视觉感,都非常重要。汽车车身颜色有多种,各种颜色各有特色,使用者可根据需要选择。

（1）白色或乳白色

白色或乳白色给人以明快、活泼、大方的感觉。白色是中间色，容易与外界环境相吻合而协调，给人以清洁朴实的感觉，乳白色车身较耐脏。

（2）黑色或深棕色

黑色或深棕色给人以庄重、尊贵、严肃的感觉。黑色也是中间色，容易与外界环境相吻合。但黑色汽车车身反而不耐脏，有一点灰尘就能看出来。

（3）红色

红色给人以跳跃、兴奋、欢乐的感觉。红色是放大色，容易从环境中"跳"出来，引起人们视觉的注意，有利于交通安全。但是红色也不耐脏，驾驶员长时间驾驶时，红色容易引起视觉疲劳，不利于对其他淡色物体的观察。从这一点上讲，又不利于安全。

（4）黄色

黄色给人以欢快、温暖、活泼的感觉。黄色是扩大色，在环境视野中很显眼，所以出租车多喜欢涂上黄色，一是便于管理，二是便于人们早早地发现，可与其他汽车区别。但私家车选用黄色的不多。

2. 汽车的使用功能与色彩

汽车在使用过程中，已形成惯用色彩。例如，高级豪华轿车用得较多的是黑色或类似黑色的深色调；中等级别的轿车一般选用浅色或中性色；年轻人开的运动车型则要求色彩浓烈；客车、旅游车则常以三种以上的色彩组成具有动态的色带。

消防车采用红色，使人们知道有火灾发生，赶紧避让。白色的救护车，是运用白色的纯洁、神圣。邮政车选择绿色给人以和平、安全的感觉。军用车一般都为深绿色，使车辆与草木、地面的颜色相近，便于隐蔽。还有的汽车在底色上采用有功能标志的图案，如救护车的红十字标志，冷藏车上的雪花、企鹅、北极熊图案等，在底色的衬托下更加鲜明。

工程车鉴于野外作业环境和作业性质的不同，其外部色彩一般采用与环境色对比强、明度和纯度较高的鲜明的色，如橙黄、橘红、鲜蓝、珍珠白，以点缀作业环境，给人以美的感受，改善心理上的单调感。

3. 汽车的使用对象与色彩

由于各国、各民族、各地区的社会政治、经济、文化、教育以至生活习惯的不同，人们的色彩观念也不同，都有自己偏爱和禁忌的色彩。据日本丰田公司的调查统计，白色的丰田车在日本最受欢迎，其次是红色和灰色。而销往美国、加拿大的丰田车则是淡茶色和浅蓝色最受欢迎，其次是白色和杏黄色。

在中国，红色具有赤诚之意，又具有幸福和喜庆之意。而在另外一些国家，如美国认为红色是不吉祥的象征，把红色视为巫术、流血和赤字。日本喜欢白色和红色，忌讳黑白相间。拉丁美洲各国偏爱暖色调，喜欢鲜艳夺目的各式图案。南亚的一些国家因为人的皮肤黑，所以不喜欢黑色。非洲国家也一样，忌讳黑色，喜欢鲜艳的色彩。

不同的宗教信仰在色彩观念上也有所不同。信仰佛教的地区，黄色代表神圣；信仰基督教的地区，黄色被认为是叛徒犹大的衣服颜色，具有卑劣可耻之意；在信仰伊斯兰教的地区，黄色被视为丧色，具有不幸和死亡的含义。

4. 汽车的安全与色彩

20 世纪 50 年代，日本的汽车色彩多为深蓝色和深绿色，常发生撞车事故，但在汽车的颜色改为黄色的地区，交通事故明显减少。新西兰奥克兰大学的休·弗内斯教授对 1000 多辆各色小汽车进行调研后发现，银白色是最佳选择，出车祸的概率最小，而且即使出事，司机受伤程度也相对较轻，在车祸中遭受重伤的概率比开白色汽车少 50%。银白色汽车为何比其他颜色的汽车安全，据推测这可能与银白色对光线的反射率较高、易于识别有关。有关科学家建议提高银白色汽车的比例，以减少交通事故。相比之下，开白、黄、灰、红车的司机受伤的概率大致相同，而黑、褐、绿车最容易发生交通事故，驾车人受伤的概率是开白、黄、灰、红、蓝车的 2 倍。人们一般认为红色是放大色，容易从环境中"跳"出来，引起人们注意，有利于交通安全。但驾驶员长时间行车时，红色容易引起视觉疲劳，不利于对其他淡色物体的观察，从这一点上讲又十分不利于安全。汽车颜色与事故率对照图如图 5-11 所示。

国内汽车俱乐部与清华大学几年前做的一项调研显示，汽车行车安全性不仅受车况、驾驶操作等因素的影响，还受到车身颜色的视认性影响。在天气晴好的条件下，浅色系汽车视认性佳，颜色安全性高。

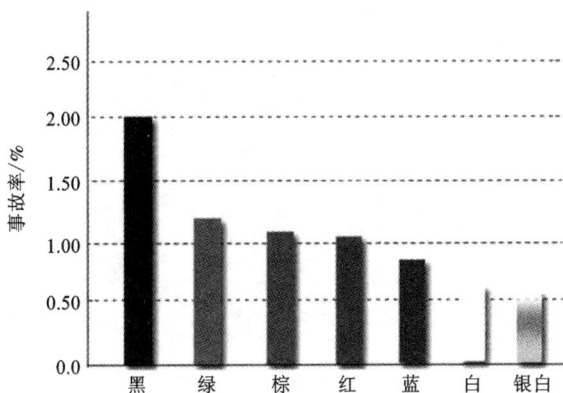

图 5-11　汽车颜色与事故率对照图

轿车行车安全性不仅受其操作安全视线的影响，而且还受到车身颜色的能见度影响。心理学家认为，视认性好的颜色能见度佳，因此把它们用于轿车车身可提高行车安全性。视认性主要与下列因素有关。

①颜色的进退性，即所谓前进色和后退色。比如使红、黄、蓝、绿的轿车与观察者保持等距度，在观察者看来，似乎红、黄色轿车要近一些，而蓝、绿色轿车要远一些。因此，红、黄称前进色，蓝、绿称后退色。前进色的视认性较好。

②颜色的胀缩性。将相同车身涂上不同的颜色，会产生体积大小不同的感觉。如黄色感觉大一些，有膨胀性，称膨胀色；蓝色、绿色感觉小一些，有收缩性，称收缩色。膨胀色与收缩色视认效果不一样，据日本和美国调查，发生事故的轿车中，蓝色和绿色的最多，黄色的最少，可见膨胀色的视认性较好。

③颜色的明暗性。颜色在人们视觉中的亮度是不同的，可分为明色和暗色。红、黄为明色，暗色的车型看起来觉得小一些、远一些和模糊一些。明色的视认性较好。

从安全角度考虑，轿车以视认性好的颜色为佳，有些视认性不太好的颜色，如果进行合理的搭配，也可提高其视认性，如蓝色和白相配，效果就大大改善，荧光和夜光漆能增强能见度和娱乐气氛，因而被广泛应用于各种赛车、摩托车等，但对于轿车来说，目前选用这类颜色的仅限于概念车。由于荧光颜色过于强烈，因此在未来应用中必须有适当的管理办法来加以控制。

第 6 章　汽车技术展望

6.1　现代汽车科技

6.1.1　汽车电子化

1.汽油机发动机管理系统

汽油机发动机管理系统(engine management system，EMS)是在发动机电子点火和电控汽油喷射系统的基础上发展起来的集电子控制喷射、排放控制、电子点火、启动、防盗、诊断等功能于一体的集成电路系统。发动机管理系统能实现对发动机各系统的精确控制，是改善发动机各项性能指标和排放的主要手段。发动机管理系统是由微处理器、各种传感器、执行器组成，通过传感器检测各种工作状态和参数，然后由微处理器经过计算、分析、判断后发出指令给各执行器完成各种动作，使发动机在各种工作状况下都能以最佳状态工作。在众多汽车电子产品中，发动机管理系统以 30.5% 的市场份额占据了首位，它对改善发动机运行的经济性、提高发动机的动力，以及减少汽车尾气中有害物质的排放量都起着至关重要的作用。图 6 - 1 显示了目前国内采用的德国 BOSCH 公司生产的 Motronic 系列发动机管理系统(EMS)的最先进的一种——ME7 系统组成示意图。该系统采用了电子节气门(electronic throttle control，ETC)，使得发动机的进气量不直接由加速踏板来控制，而是由电控单元采集分析诸多信号后通过控制节气门开度来精确确定。

ME7 系统包括三个部分：①传感器，负责记录当前发动机和车辆运行的各种数据以及驾驶者的驾驶意愿；②执行机构，火花塞式发动机管理系统所要求的所有的伺服单元或终端控制元件；③中央电控单元(ECU)，对传感器信号进行采集处理并生成相应输出控制信号。

汽油机发动机管理系统的首要任务是将驾驶指令反映到发动机的功率和扭矩输出上。不论是在恒速前进还是加速前进，驾驶员都需要发动机输出扭矩，克服前进中的阻力。此外，系统内许多功能子系统(如怠速控制和转速调速等)参与对行驶伺服机构(如电子牵引力控制、自动变速器)和通常的汽车附属功能(如空调等)的控制，并将这些设备对发动机功率输出调整要求告诉发动机管理系统。例如，在启动空调压缩机时，空调控制系统就会向 ECU 请求增加输出功率。早期发动机运行时，作为控制参数的气缸充气量、燃油质量和点火正时都被认为是控制指令而直接执行，当各种可能互相矛盾的需求同时出现时，彼此之间没有协调。采用基于扭矩控制策略的发动机管理系统则前进了一步，它首先对各部件的要求进行优先级判断和协调，然后再利用得出的控制参数去实现指定扭矩的输出。这种协调控制的策略能确保发动机在各个工况下实现排放和耗油的优化。

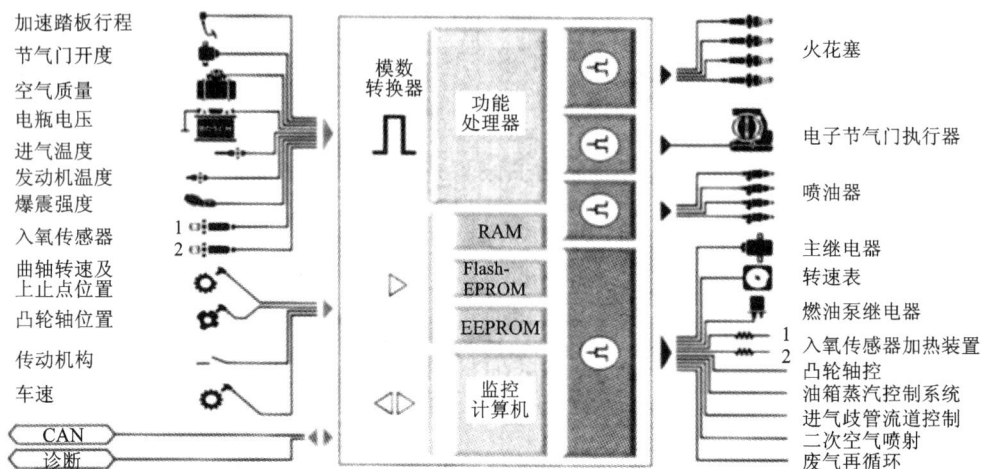

图 6 - 1   Motronic 系列发动机管理系统 ME7 系统组成示意图

2. 柴油机高压共轨燃油喷射系统

燃油喷射系统是柴油机的心脏。柴油喷射技术经历了传统的纯机械操纵式喷油和现代的电控操纵式喷油这两个发展阶段。自 20 世纪 90 年代中期以来,柴油机高压共轨燃油喷射系统的开发和应用,使柴油机的动力性能和排放性能得到了进一步的提高。柴油机高压共轨电控燃油喷射技术是一种全新的技术,它集成了计算机控制技术、现代传感器检测技术和先进的喷油结构于一身。它不仅能达到较高的喷射压力,实现喷射压力和喷油量的精确控制,而且能实现预喷射和后喷,从而优化喷油特性形状,降低柴油机噪声和大大减少废气的排放。

高压共轨电控燃油喷射系统主要由电控单元(ECU)、高压油泵、共轨管、电控喷油器以及各种传感器等组成。柴油机高压共轨系统的结构如图 6 - 2 所示。输油泵(低压油泵)将燃油输入高压油泵,高压油泵将燃油加压后送入高压油轨(高压油轨中的压力由 ECU 根据油轨压力传感器测量的油轨压力以及预设值进行调节),高压油轨内的燃油经过高压油管进入喷油器;ECU 根据柴油机的运行状态,由预设程序确定合适的喷油定时和喷油量,以控制喷油器的喷油起始时刻和持续时间,操纵电液控制的喷油器将燃油喷入气缸内。

柴油机高压共轨燃油喷射系统的构成和工作方式与汽油机电控燃油喷射系统相似,主要由燃油供给系统和电子控制系统两大部分组成。

3. 电控自动变速器

1969 年法国雷诺 R16TA 轿车率先装用了电子控制的液压换挡系统。20 世纪 80 年代,随着计算机技术的飞速发展,微处理器应用于汽车液力自动变速器的控制系统也迅速被推广。自 1981 年起,美国、日本等国家的一些汽车公司相继开发出各种微机控制的自动变速系统,如电子控制液力变矩式自动变速器、电子控制多级齿轮变速器等。1982 年是电子控制自动变速器的真正飞跃发展时期,日本丰田公司将微机技术应用于电子控制变速器系统,实现了自动变速器的智能控制,首先应用于豪华型皇冠牌轿车上。图 6 - 3 为雷克萨斯 LS400 自动变速器控制系统部件的位置图。

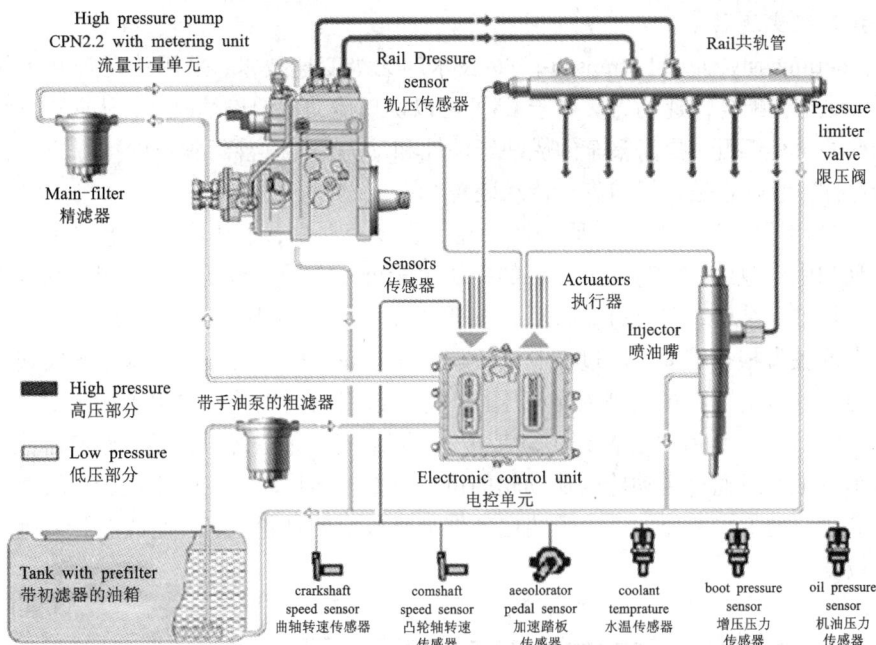

High pressure pump
CPN2.2 with metering unit
流量计量单元

Rail Dressure sensor
轨压传感器

Rail共轨管

Pressure limiter valve
限压阀

Main-filter
精滤器

Sensors
传感器

Actuators
执行器

Injector
喷油嘴

High pressure
高压部分

Low pressure
低压部分

带手油泵的粗滤器

Electronic control unit
电控单元

Tank with prefilter
带初滤器的油箱

crarkshaft speed sensor
曲轴转速传感器

comshaft speed sensor
凸轮轴转速传感器

aeeolorator pedal sensor
加速踏板传感器

coolant temprature
水温传感器

boot pressure sensor
增压压力传感器

oil pressure sensor
机油压力传感器

图 6 - 2　高压共轨系统结构示意图

电控自动变速器可实现与发动机的最佳匹配,并可获得最佳的经济性、动力性、安全性,达到降低发动机排气污染的目的。

电子控制自动变速器由液力变矩器、辅助变速器与电液换挡控制系统三大部分组成。液力变矩器多采用带闭锁离合器的三元件综合式结构,可以自动调节传递转矩的大小;辅助变速器普遍采用行星齿轮传动,用来扩大液力变矩器的传动范围并实现倒挡传动;电液换挡控制系统是电子控制自动变速器的核心,电子控制装置通过传感器采集变速器及整车的相关信息,通过电磁阀来控制液压执行机构,使整个自动变速器协调工作。

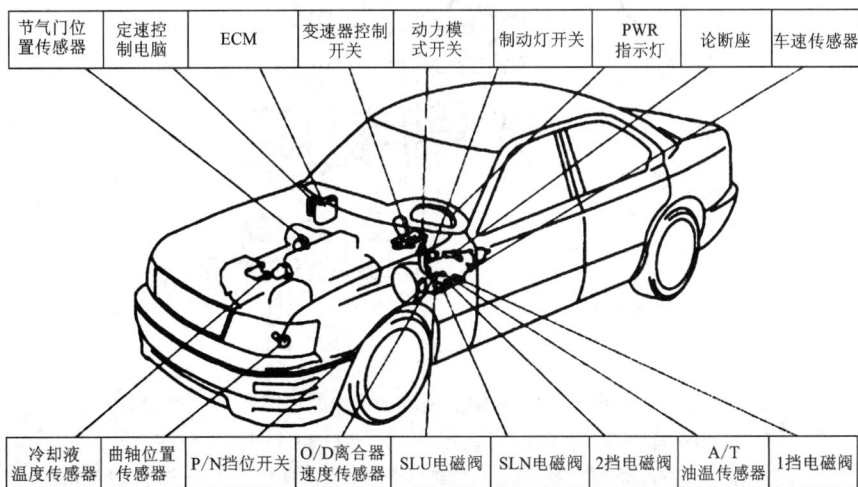

| 节气门位置传感器 | 定速控制电脑 | ECM | 变速器控制开关 | 动力模式开关 | 制动灯开关 | PWR指示灯 | 论断座 | 车速传感器 |

| 冷却液温度传感器 | 曲轴位置传感器 | P/N挡位开关 | O/D离合器速度传感器 | SLU电磁阀 | SLN电磁阀 | 2挡电磁阀 | A/T油温传感器 | 1挡电磁阀 |

图 6 - 3　雷克萨斯 LS400 自动变速器控制系统部件位置

123

4. 电控无级变速器

CVT（continuously variable transmission）技术即无级变速技术，采用传动带和工作直径可变的主、从动轮相配合传递动力。由于 CVT 可以实现传动比的连续改变，从而得到传动系与发动机工况的最佳匹配，提高整车的燃油经济性和动力性，改善驾驶员的操纵方便性和乘员的乘坐舒适性，所以它是理想的汽车传动装置。

图 6-4 为无级变速器的工作原理图。在无级变速器中，主动传动轮组和从动传动轮组都由可动盘和固定盘组成，与油缸靠近的一侧带轮可以在轴上滑动，另一侧则固定。可动盘与固定盘都是锥面结构，它们的锥面形成 V 形槽来与 V 形金属传动带啮合。可动盘的轴向移动量是由驾驶者根据需要，通过控制系统调节主动轮、从动轮液压缸压力来实现的。即主动轮和从动轮的带轮工作半径是依靠液压缸工作来改变的。发动机输出轴输出的动力首先传递到 CVT 的主动轮，然后通过 V 形传动带传递到从动轮，最后经减速器、差速器传递给车轮来驱动汽车。工作时通过主动轮与从动轮的可动盘做轴向移动来改变主动轮、从动轮锥面与 V 形传动带啮合的工作半径。传动带装在工作半径可变的带轮上，进而改变传动速比，从而实现了无级变速。

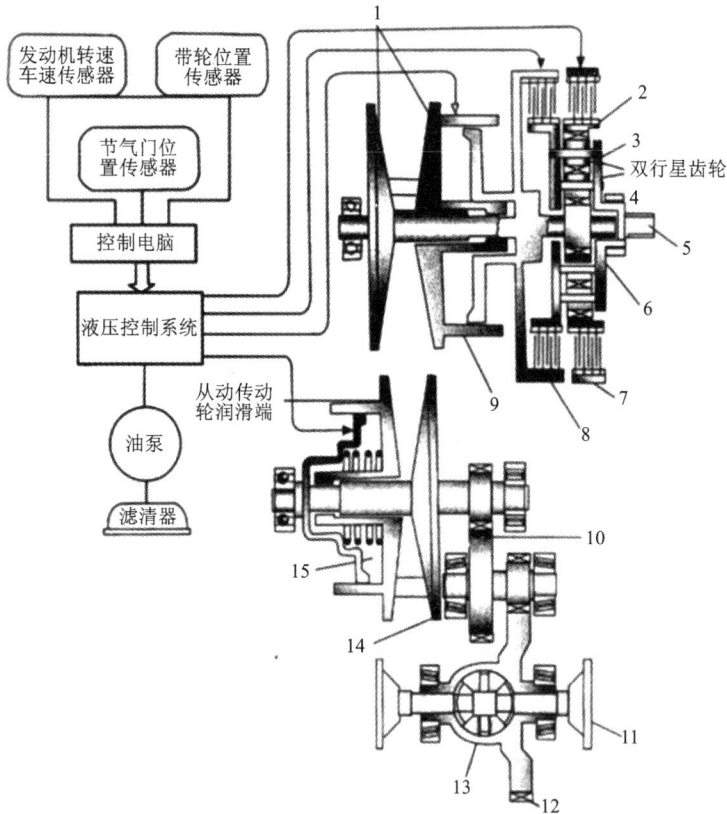

图 6-4　无级变速器的工作原理图

1—主动传动轮固定端和润滑端；2—齿圈；3—行星架；4—齿轮；5—输入轴；
6—中心轮；7—倒挡离合器；8—前进离合器；9—主动轮伺服油缸；10—中间减速齿轮；
11—驱动轴法兰盘；12—主减速器从动齿轮；13—差速器；14—从动传动轮固定端；15—从动轮伺服油缸

5. 汽车四轮驱动系统

四轮驱动顾名思义就是汽车四个车轮都能得到驱动力。汽车拥有四轮驱动系统，发动机的动力将被分配给四个车轮，遇到路况不好时汽车不易出现车轮打滑，汽车的通过能力将得到相当大的改善。汽车四驱系统主要分成两大类：半时四驱(Part Time 4WD)和全时四驱(Full Time 4WD)。

四轮驱动系统总布置方案有三种形式(图6-5)。

①将发动机产生的动力传递给变速器，然后利用分动器把动力分配给前后传动轴，接着通过传动轴将动力传递给前后差速器，与各个差速器相连接的半轴使四个轮胎旋转，如图6-5中方案1。

②许多时候不使用分动器，而在分动器的位置上布置中间差速器，它具有差动功能，又称轴间差速器，如图6-5中方案2。

③对于前轮驱动轿车，四轮驱动化时，为了解决布置困难的问题，常将变速器中间差速器和前差速器布置到一个壳体中，如图6-5中方案3。

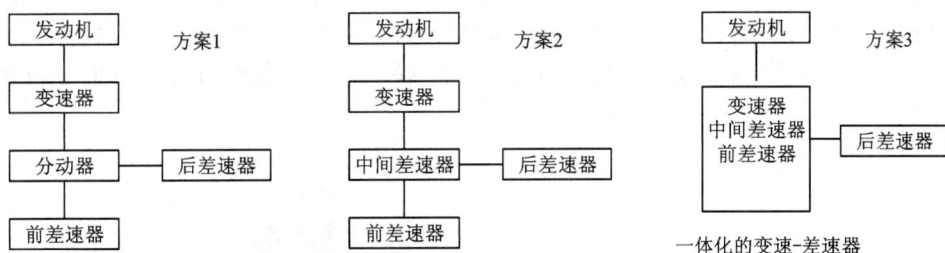

图6-5 汽车四轮驱动系统总布置方案

6. ABS、ASR 与 ESP

ABS(anti-lock brake system)即防抱死制动系统，能有效控制车轮保持在转动状态，提高制动时汽车的稳定性及较差路面条件下的汽车制动性能。ABS 通过安装在各车轮或传动轴上的转速传感器不断检测各车轮的转速，由计算机算出当时的车轮滑移率，并与理想的滑移率相比较，做出增大或减小制动器制动压力的决定，命令执行机构及时调整制动压力，以保持车轮处于理想制动状态。

ASR(acceleration slip regulation)即汽车驱动轮防滑转控制系统，通常称为防滑转调节系统。由于防止驱动轮滑转是通过调节驱动轮的驱动力(牵引力)来实现的，因此又称为牵引力控制系统。其作用是当汽车加速时将滑转率控制在一定的范围内，防止驱动车轮原地不动地滑转。

ESP(electronic stability program)即电子稳定装置。该系统通常是支援 ABS 及 ASR 的功能。它通过对从各传感器传来的车辆行驶状态信息进行分析，然后向 ABS、ASR 发出纠偏指令，来帮助车辆维持动态平衡。ESP 可以使车辆在各种状况下保持最佳的稳定性，在转向过度或转向不足的情形下效果更加明显。

7. 电子控制动力转向系统

动力转向系统是在驾驶员的控制下，借助于汽车发动机产生的液体压力或电动机驱动力来实现车轮转向，所以动力转向系统也称为转向动力放大装置。

动力转向系统由于使转向操纵灵活、轻便，在设计汽车时对转向器结构形式的选择灵活性增大，能吸收路面对前轮产生的冲击等优点，因此动力转向系统在中型载货汽车，尤其在重型载货汽车上得到广泛使用。但是，传统的动力转向系统所设定的固定放大倍率不可能同时满足汽车在不同行驶工况下都有最佳助力作用的要求，因此，使汽车的转向盘操纵总不能达到令人满意的程度。

电子控制动力转向系统(electronic control power steering, EPS 或 ECPS)是根据车速、转向情况等对转向助力实施控制，使动力转向系统在不同的行驶条件下都有最佳的放大倍率。在低速时有较大的放大倍率，可以减轻转向操纵力，使转向轻便、灵活；在高速时则适当减小放大倍率，以稳定转向手感，提高高速行驶的操纵稳定性。

电子控制动力转向系统由机械转向机构、转向助力系统和电子控制系统组成。根据转向动力源不同可分为液压式电子控制动力转向系统和电动式电子控制动力转向系统。

以大众速腾汽车为例，图 6-6 显示了其电子控制动力转向系统在车上的实际安装位置。该系统由方向盘、带方向盘转角传感器 G85 的转向柱控制单元 J527、转向柱、转向力矩传感器 G269、转向齿轮、电子机械助力转向电机 V187、转向助力辅助控制单元 J500 等机构或元件组成。

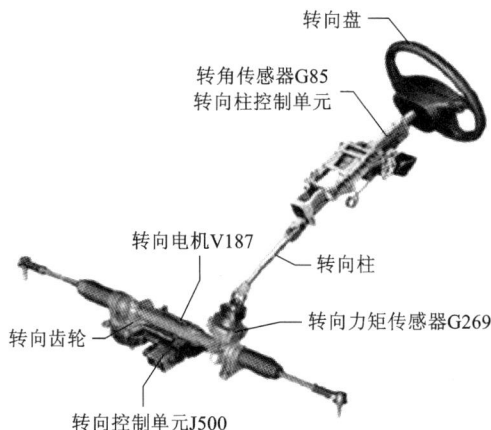

图 6-6　大众速腾汽车电子控制动力转向系统

8. 四轮转向系统

随着现代道路交通系统和先进汽车技术的发展，汽车的主动安全技术日益受到重视。先进的主动底盘控制技术是汽车发展的重要方向，而四轮转向系统是主动底盘控制的重要组成部分。汽车的四轮转向(four-wheel steering, 4WS)是指汽车在转向时，后轮可相对于车身主动转向，使汽车的四个车轮都能起转向作用。以改善汽车的转向机动性、操纵稳定性和行驶安全性。

从 20 世纪初(1907 年)，日本政府颁发第一个关于四轮转向的专利证书开始，对于汽车四轮转向的研究一直伴随着汽车工业的发展而进行着。二战期间，美国的一些军用车辆和工程车辆上采用一种前、后轮逆相位偏转的简单机械式 4WS 系统，以适应恶劣的路况，改善汽车低速转向时的机动性能。1962 年，在日本汽车工程协会的技术会议上，提出了后轮主动转向的 4WS 技术，开始了现代 4WS 转向系统的研究。在 20 世纪 70 年代末，本田（Honda）和马自达（Mazda）积极投入 4WS 的开发。1985 年，日本的尼桑（Nissan）在客车上应用了世界上第一例实用的 4WS 系统，应用在一种车型上的高性能主动控制悬架（high capacity activety-controlled suspension，HICAS）上。随着对 4WS 这一领域研究的不断进展，出现了多种不同结构形式、不同控制策略的实用 4WS 系统。一般来说，4WS 汽车在转向过程中，根据不同的行驶条件，前、后轮转向角之间应遵循一定的规律。目前，典型 4WS 汽车的后轮偏转规律如下。

①逆相位转向。如图 6 - 7(a)所示，在低速行驶或者方向盘转角较大时，前、后轮实现逆相位转向，即后轮的偏转方向与前轮的偏转方向相反，且偏转角度随方向盘转角增大而在一定范围内增大（后轮最大转向角一般为 5°左右）。这种转向方式可改善汽车低速时的操纵轻便性，减小汽车的转弯半径，提高汽车的机动灵活性，便于汽车掉头转弯、避障行驶、进出车库和停车场。

②同相位转向。如图 6 - 7(b)所示，在中、高速行驶或方向盘转角较小时，前、后轮实现同相位转向，即后轮的偏转方向与前轮的偏转方向相同（后轮最大转角一般为 1°左右）。使汽车车身的横摆角速度大大减小，可减小汽车车身发生动态侧偏的倾向，保证汽车在高速超车、进出高速公路、高架引桥及立交桥时，处于不足转向状态。现在，有许多 4WS 汽车把改善汽车操纵性能的重点放在提高汽车高速行驶的操纵稳定性上，而不过分要求汽车在低速行驶时的转向机动灵活性。其工作特点是低速时汽车只采用前轮转向，只有在汽车行驶速度达到一定数值后（如 50 km/h），后轮才参与转向，进行同相位四轮转向。

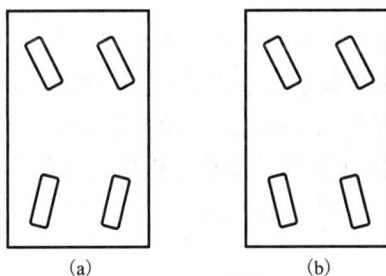

(a)　　　　　　　　　　(b)

图 6 - 7　四轮转向汽车的前、后轮偏转规律

(a)逆相位转向；(b)同相位转向

9. 主动悬架的电子控制

汽车悬架是指连接车架（或承载式车身）与车桥（或车轮）的一系列传力装置。目前，汽车的悬架系统通常分为传统被动式悬架、半主动式悬架、主动式悬架三类。

主动式悬架是一种带有动力源的悬架，在悬架系统中附加一个可控制作用力的装置后，可根据汽车载荷、路面状况、行驶速度、启动、制动、转向等状况的变化，自动调整悬架的刚度、阻尼力及车身高度等。

虽然现代汽车电控悬架系统结构形式多种多样，但它们的基本组成却是相同的。图 6 - 8 显示了悬架电控系统的基本组成，即由感应汽车运行状况的各种传感器、开关、电子控制单元及执行机构等组成。传感器一般有车身高度传感器、车速传感器、加速度传感器、转向盘转角传感器、节气门位置传感器等；开关主要有模式选择开关、制动灯开关、停车开关和车门开关等；执行机构有可调节减振器阻尼力的电动机、可调节弹簧刚度的步进电动机和可调节车身高度的电磁阀等。

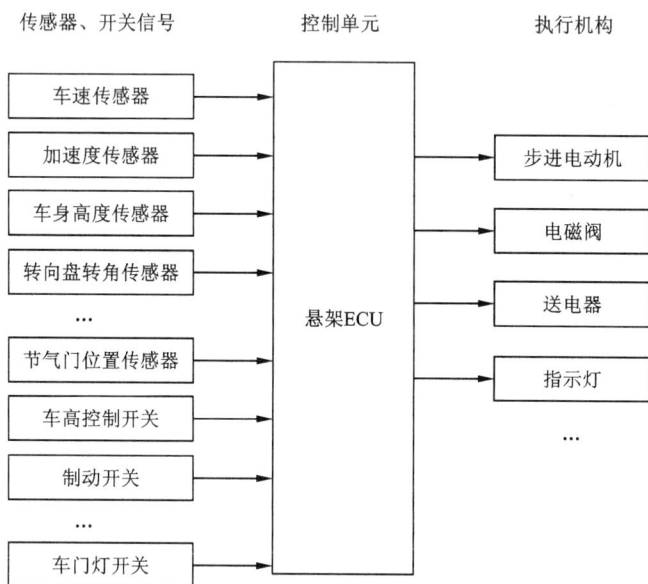

图 6 - 8　悬架电控系统的基本组成及工作原理

　　图 6 - 9 显示了主动悬架电子控制系统的基本原理。主动悬架采用了与传统结构完全不同的弹性元件(空气弹簧、油气弹簧等)，使其突破了一般弹性元件(钢板弹簧、螺旋弹簧、扭杆弹簧等)在刚度变化方面的局限性。因此，主动悬架能够根据车身高度、车速、转向角度及角速度、制动等信号，由电控单元控制悬架执行机构，进而改变悬架弹性元件的刚度、减振器阻尼力及车身高度等参数，从而使车辆的操纵性和平顺性都达到最佳。

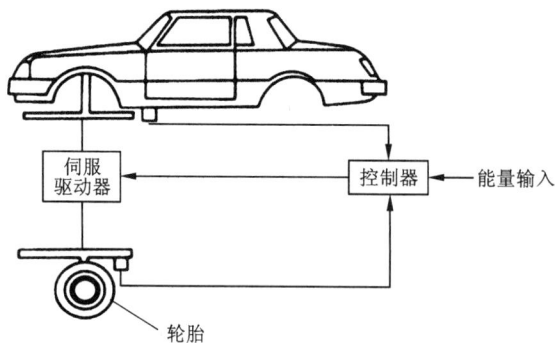

图 6 - 9　电控主动悬架基本原理

10. 巡航控制系统

汽车巡航控制系统(cruise control system，CCS)也称为速度控制系统或自动驾驶系统，汽车巡航控制系统实质上就是为减轻驾驶员劳动强度，提高行驶舒适性，保证汽车和发动机都能在有利速度范围内运行的自动控制装置。汽车安装巡航控制系统可提高汽车行驶的稳定性和舒适性，提高汽车行驶的安全性，降低油耗和排气污染，减少磨损，延长寿命。

巡航控制系统在飞机上应用，显示出了它无可比拟的优点。20 世纪 50 年代末开始在汽车上引用后很快受到青睐，所以目前在美、日、德、法、意等汽车大国发展、普及很快，尤其是近几年来世界各国高速公路的通车里程增多，扩大了汽车巡航控制系统大显身手的空间，因此巡航控制系统在汽车上的应用也越来越多。

汽车巡航控制系统的类型分为：机械控制系统、晶体管控制系统、模拟集成电路控制系统、微机控制系统。新型汽车基本上都采用了微机控制的汽车巡航控制系统。

微机控制的巡航控制系统的基本组成主要有：车速传感器、节气门执行器、电子控制器、真空控制装置、伺服机构及其电气连接线路等。其工作原理如图 6 - 10 所示。

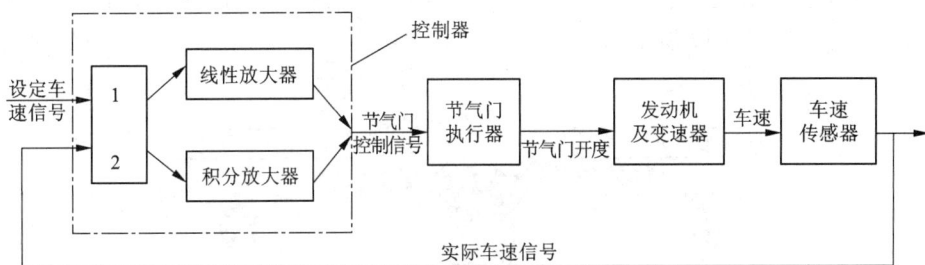

图 6 - 10　巡航控制系统基本工作原理

当巡航控制系统开始工作时，控制器可接收两个信号：一个是驾驶员所选定的设定车速信号 1，另一个是汽车的实际车速传感器车速信号 2。控制器计算分析两个信号的误差后，发出一个节气门控制信号到节气门执行器，节气门执行器根据指令调节节气门开度，使实际车速和设定车速的误差减少，保证汽车按设定车速稳定行驶。

6.1.2　汽车安全技术

1. 安全气囊系统

安全气囊(safe air bag，SRS)系统的全称是辅助防护系统或辅助防护安全气囊系统。其作用是为了减少汽车发生正面碰撞时由于巨大的惯性力所造成的对驾驶员和乘员的伤害。

安全气囊的分类如下。

(1)按碰撞类型分类

根据碰撞类型的不同，安全气囊可分为正面碰撞防护安全气囊系统、侧面碰撞防护安全气囊系统和顶部碰撞防护安全气囊系统。

（2）按照安全气囊安装数目分类

按照安全气囊安装数目可分为单气囊系统（只装在驾驶员侧）和多气囊系统（驾驶员侧、副驾驶员侧及座椅均安装有安全气囊）两种。如图 6-11 所示。

图 6-11 单气囊系统和多气囊系统

（3）按照保护对象分类

按照保护对象可分为驾驶席安全气囊、助手席安全气囊、驾驶席侧面安全气囊和助手席侧面安全气囊。如图 6-12 所示。

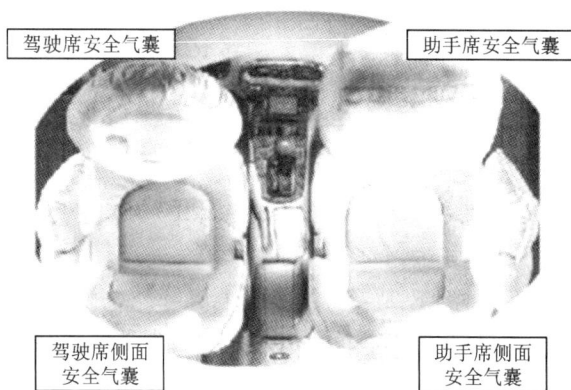

图 6-12 按照保护对象分气囊系统

2. 自动避撞系统

汽车自动避撞系统利用现代信息技术、传感技术来扩展驾驶人员的感知能力，将外界信息（如车速、与其他障碍物距离）传递给驾驶人员，同时避撞中央控制系统根据自车传感系统获取的行车信息，判断车辆当前运行的安全状态，在紧急情况下系统能自动采取措施控制汽车，避免碰撞事故的发生，保证行车安全或最大可能地减小事故的伤害程度。汽车避撞控制系统使汽车具备了主动安全性，能减少交通事故的发生率。典型的汽车避撞系统如图 6-13 所示。

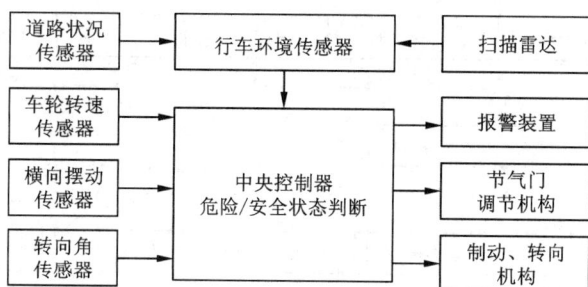

图 6 - 13 典型的汽车避撞系统结构图

3. 车道偏离预警系统

车道偏离预警系统(lane departing warning system,LDWS)是一种通过报警的方式辅助驾驶员避免或减少汽车因车道偏离而发生交通事故的系统。绝大部分的车道偏离警告系统都将车辆在车道内的横向位置作为计算警告发生与否的基础。检测车辆横向位置的系统基本可分为两类:基于道路基础构造的系统和基于车辆的系统。

①基于道路基础构造的车道偏离警告系统检测车辆横向位置,需要对现有道路进行改造。最典型的道路改造是使用埋在道路下的铁磁铁标记(通常为磁铁或电线)。车辆传感器检测这些铁磁信号,利用信号的强度计算车辆在车道中的横向位置。这种方法对车辆横向位置的估计精度为几厘米,但这种方法的缺陷是道路改造耗资巨大。

②基于车辆的车道偏离警告系统主要是利用机器视觉或红外传感器检测车道标识的位置,按照传感器的安装方式可分为俯视系统和前视系统。基于车辆的俯视系统其优势就是在结构化道路上效率高并简单易行,并有可能取得更高的定位精度。其不利因素是只能在结构化道路上使用(必须存在道路标识,且道路标识能被有效识别)。基于车辆的前视系统优势在于可以利用更多的道路信息,在没有道路标识的道路上也可以使用。其不利因素是用来定位车辆横向位置的一些图像特征点可能被其他车辆或行人干扰。

6.1.3 汽车网络化

1. CAN 总线技术

CAN 总线又称为汽车总线,其全称为"控制器局域网(controller area network,CAN)"。CAN 总线是一种现场总线,是德国 Bosch 公司为解决现代汽车中众多的电控模块(ECU)之间的数据交换而开发的一种串行通信协议。CAN 总线的设计充分考虑了汽车上恶劣的工作环境,可靠性高。CAN 总线由导线、控制器、收发器和终端电阻组成。

目前汽车上的网络连接方式主要采用两条 CAN,一条用于驱动系统的高速 CAN,速率一般可达到 500 kb/s,最高可达 1000 kb/s;另一条用于车身系统的低速 CAN,速率是 100 kb/s。图 6 - 14 是整车管理系统总体结构。

2. 局部连接网络(LIN)

局部连接网络(local interconnect network,LIN)是一种低成本的串行通信网络(图 6 - 15)。LIN 协议是一个汽车底层网络协议,用于实现汽车中的分布式电子系统控制。LIN 为现有汽车网络(如 CAN 总线)提供辅助功能,LIN 总线是一种辅助的串行通信总线网络。在不

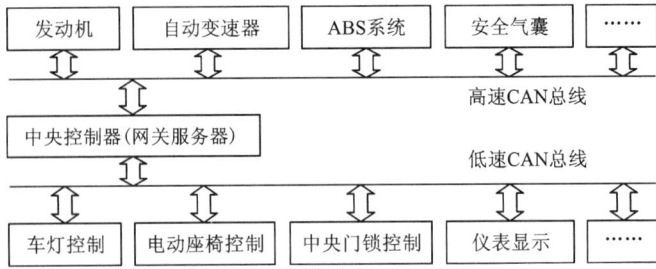

图 6 – 14　整车 CAN 总线管理结构

需要 CAN 总线的带宽和多功能的场合，如智能传感器和制动装置之间的通信，使用 LIN 总线可大大节省成本。

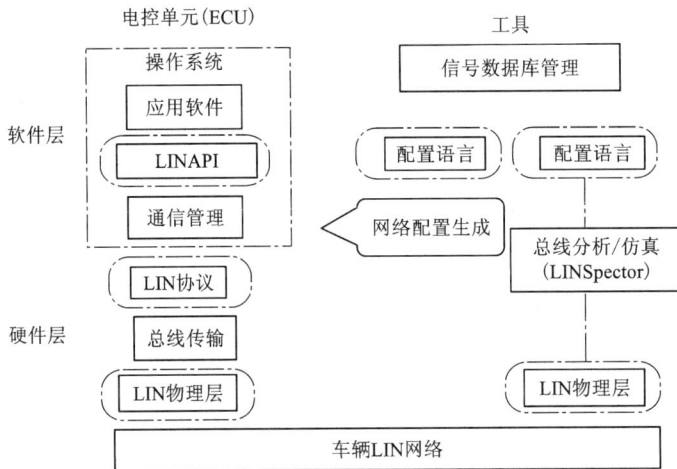

图 6 – 15　LIN 网络

3. 车上网络协议标准 FlexRay

基于时间触发的车上网络协议标准 FlexRay 是一个为车上应用系统高层网络和线控系统开发的通信标准，在已满足提高数据传输率的条件下，能够满足汽车安全要求的可靠性标准。FlexRay 网络是一种高传输速率（每通道 10 Mb/s）的时间触发型网络。采用分时多址方式对总线进行访问，具有确定性和容错功能。非常适合于下一代汽车线控系统或分布式控制系统的通信要求。

4. 线控技术

线控是指利用电子信息的传送和电气装置的动作取代传统的机械、液压、气动装置的连接和动作，如换挡杆、油门拉线、转向传动机构、制动油路系统等。

5. 光纤信息传输网络与汽车媒体 MOST 网络

汽车多媒体设备、信息设备的 MOST 网络是媒体信息传送的网络标准。图 6 – 17 所示为汽车多媒体设备与信息设备的 MOST 网络应用。

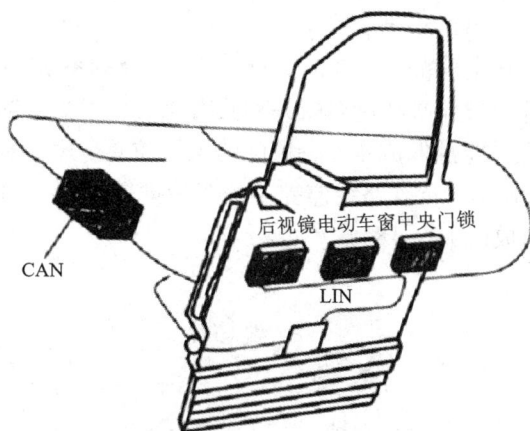

图 6 - 16　车门电控单元

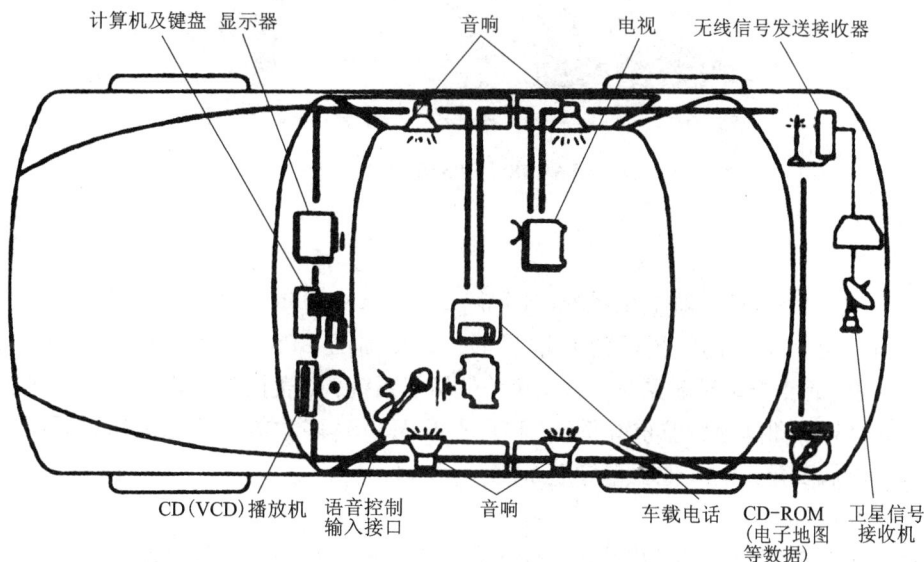

图 6 - 17　汽车多媒体设备与信息设备的 MOST 网络应用

6.1.4　汽车智能化

1. 智能运输系统

智能运输系统(intelligent transport system，ITS)，是通过关键基础理论模型的研究，将数字通信网络、自动控制、人工智能等先进技术有效地综合运用于交通运输设施、服务控制和车载装备，加强人、车辆、道路三者之间的信息联络所形成的一种高效、实时、安全、环保、节能的综合运输系统。智能运输系统是目前公认的全面有效地解决交通运输领域问题，特别是交通拥挤、交通阻塞、交通事故和交通污染等问题的最佳途径。

133

2. GPS 与 CNSS

(1) GPS

利用 GPS 定位卫星，在全球范围内实时进行定位、导航的系统，称为全球卫星定位系统，简称 GPS。GPS 是由美国国防部研制建立的一种具有全方位、全天候、全时段、高精度的卫星导航系统，能为全球用户提供低成本、高精度的三维位置、速度和精确定时等导航信息。GPS 可以提供车辆定位、防盗、行驶路线监控及呼叫指挥等功能。GPS 由空间部分、地面控制系统、用户设备部分组成(图 6 - 18)。

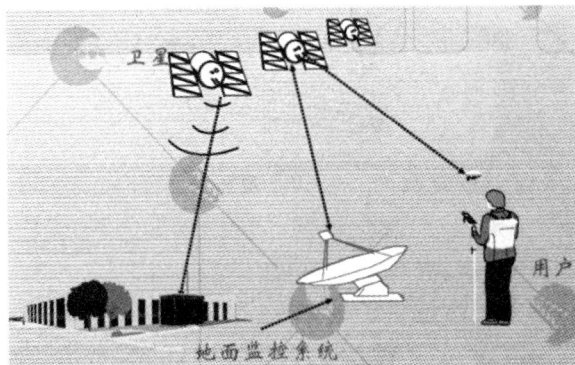

图 6 - 18 GPS 系统组成

(2) CNSS

GNSS 的全称是全球导航卫星系统(global navigation satellite system)，它是泛指所有的卫星导航系统，包括全球的、区域的和增强的，如美国的 GPS、俄罗斯的 Glonass、欧洲的 Galileo、中国的北斗卫星导航系统，以及相关的增强系统，如美国的 WAAS(广域增强系统)、欧洲的 EGNOS(欧洲静地导航重叠系统)和日本的 MSAS(多功能运输卫星增强系统)等，还涵盖在建和以后要建设的其他卫星导航系统。

3. 车辆导航系统

车辆导航系统(图 6 - 19)采用车载 GPS 定位装置确定车辆的行驶位置，与预先存储的地图数据进行地图匹配，实时动态地显示车辆在路网中的位置，并优化车辆到达目的地的最佳路径以达到相应路段后的路径诱导。

4. 电子收费系统

电子收费(electronic toll collection，ETC)系统，又称不停车收费系统或自动收费系统。ETC 系统是利用微波技术、电子技术、计算机技术、通信和网络技术、信息技术、传感技术、图像识别技术等高新技术的设备和软件(包括管理)所组成的先进系统，以实现车辆无须停车即可自动收取道路通行费用。ETC 系统的组成如图 6 - 20 所示。

5. 汽车智能驾驶系统

汽车智能驾驶系统(motor vehicle auto driving system)(图 6 - 21)，又称自动驾驶汽车(autonomous vehicles)，也称无人驾驶汽车、电脑驾驶汽车或轮式移动机器人，是一种通过车载电脑系统实现无人驾驶的智能汽车系统。

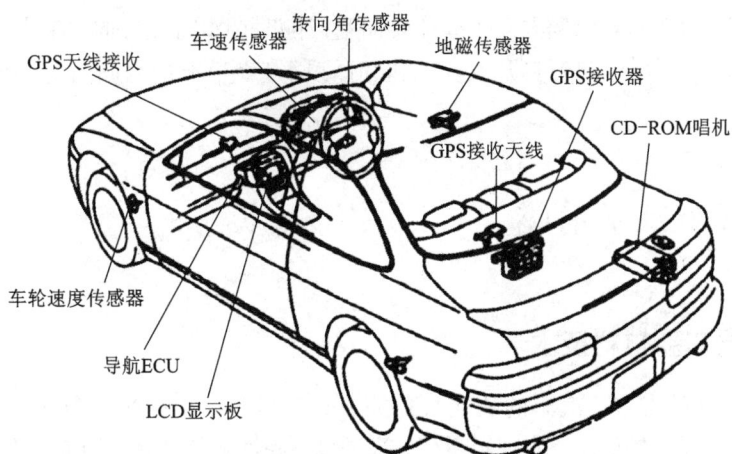

图 6 – 19　车辆导航系统

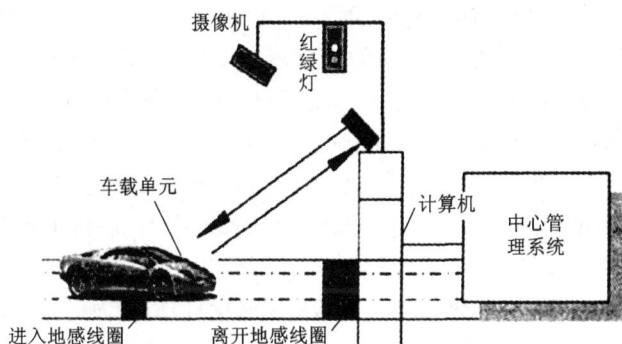

图 6 – 20　ETC 系统的组成示意图

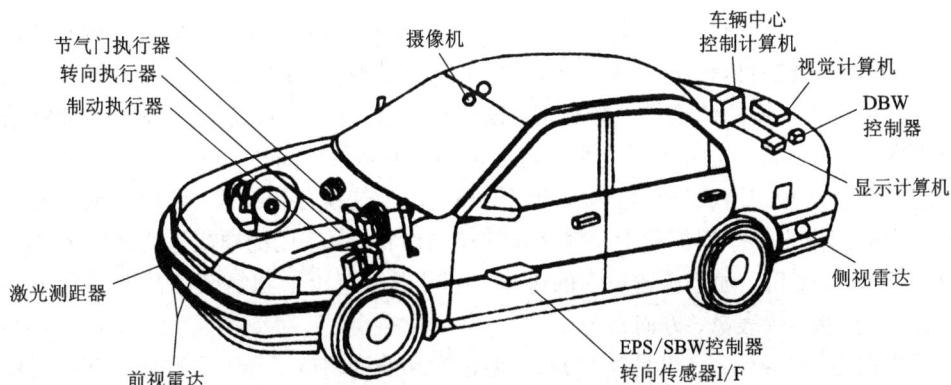

图 6 – 21　汽车智能驾驶系统

6.声控系统

汽车行驶时，驾驶员经常需要双手握住转向盘以随时调整行驶方向，在这种情况下，驾驶员可以通过声音下达指令，进行打开收音机和选择频率、调节车内空调温度、拨打移动电话等操作。

6.2 汽车技术前瞻

6.2.1 汽车新材料技术

随着汽车技术的发展，汽车的功能日益完善，汽车的结构越来越复杂。为满足汽车节能、环保、安全、舒适的要求，实现轻量化、高强度、高性能的目标，构成汽车的材料也发生了变化。

1.新型结构材料

（1）铝及其合金

与汽车钢板相比，铝合金具有密度小（$2.7 \ \text{g/cm}^3$）、比强度高、耐锈蚀、热稳定性好、易成形、可回收再生等优点。德国大众公司的新型奥迪 A2 型轿车，由于采用了全铝车身骨架和外板结构，使其总质量减少了 135 kg，比传统钢材料车身减轻了 43%，使平均油耗降至每百公里 3 L 的水平。全新奥迪 A8 通过使用性能更好的大型铝铸件和液压成型部件，车身零件数量从 50 个减至 29 个，车身框架完全闭合。这种结构不仅使车身的扭转刚度提高了 60%，还比同类车型的钢制车身车重减少 50%。由于所有的铝合金都可以回收再生利用，深受环保人士的欢迎。根据车身结构设计的需要，采用激光束压合成型工艺，将不同厚度的铝板或者用铝板与钢板复合成型，再在表面涂覆防腐蚀材料使其结构轻量化且具有良好的耐腐蚀性。

铝合金已成为仅次于钢材的汽车用金属材料，能够为汽车提供各种铝合金铸件、冲压结构件和拉制的铝型材。铝合金主要用于制造发动机缸体、活塞、进气支管、气缸盖、变速器壳体、轿车的骨架、车身、座椅支架、车轮等部件。

（2）镁合金和钛合金

镁的密度为 $1.8 \ \text{g/cm}^3$，仅为钢材密度的 35%，铝材密度的 66%。此外它的比强度、比刚度高，阻尼性、导热性好，电磁屏蔽能力强，尺寸稳定性好，因此在航空工业和汽车工业中得到了广泛的应用。镁的储藏量十分丰富，镁可从石棉、白云石、滑石中提取，特别是海水的盐分中含 3.7% 的镁。近年来镁合金在世界范围内的增长率高达 20%。

铸造镁合金的车门由成型铝材制成的门框和耐碰撞的镁合金骨架、内板组成。另一种镁合金制成的车门由内外车门板和中间蜂窝状加强筋构成，每扇门的净质量比传统的钢制车门轻 10 kg，且刚度极高。随着压铸技术的进步，已可以制造出形状复杂的薄壁镁合金车身零件，如前、后挡板，仪表盘，方向盘等。

钛的比重为 $4.6 \ \text{g/cm}^3$，仅是铁的 1/2，但强度和硬度超过了钢，且不易生锈。用钛合金铸造的汽车发动机部件更轻、更坚固和更耐腐蚀，钛合金车身可以承受更大的作用力。

（3）工程塑料

与通用塑料相比，工程塑料具有优良的机械性能、电性能、耐化学性、耐热性、耐磨性、尺寸稳定性等特点，且比要取代的金属材料轻、成型时能耗少。20世纪70年代起，以软质聚氯乙烯、聚氨酯为主的泡沫类、衬垫类、缓冲材料等塑料在汽车工业中被广泛采用。福特公司开发的LTD试验车，塑料化后的车身取得了轻量化方面的明显成果。

工程塑料用于汽车可实现轻量化和节能，且可回收和循环利用。目前六大类的塑料：PP、PUR、PVC、ABS、PA和PE在汽车上得到广泛的应用，通常用于制造车身覆盖件、车门门槛、车身内外装饰件和水箱面罩、保险杠和车轮护罩等。

（4）陶瓷材料

由于陶瓷本身具有的特殊力学性能以及对热、电、光等的物理性能，陶瓷材料特别是特种陶瓷材料在汽车上的应用日益受到人们的重视。我国已成功研制钛酸铝陶瓷－铝合金复合排气管、氮化硅陶瓷柴油机涡轮增压转子和球轴承等汽车部件。

汽车的构造材料可反映人类所应用材料的技术水平。目前，六类主要材料如钢、铁、塑料、铝、橡胶、玻璃共占轿车质量的90%，其余10%为其他多种材料，包括有色金属（铜、铅、锌、锡等），车中装备的液体（燃油、润滑剂、其他油品和水基液等），油漆、纤维制品。如富康轿车用料为钢55%，铸铁12%，塑料12%，铝6%，橡胶3%。

（5）复合材料

复合材料是一种多相材料，是由有机高分子、无机非金属和金属等原材料复合而成的。目前玻璃纤维增强树脂复合材料和碳纤维增强树脂复合材料在汽车上已经获得了成功的应用。

玻璃纤维增强树脂复合材料耐腐蚀、绝缘性好，特别是有良好的可塑性，对模具要求较低，对制造车身大型覆盖件的模具加工工艺较简易，生产周期短，成本较低。在轿车和客车上，采用玻璃纤维增强树脂复合材料制造的轿车车身覆盖件、客车前后围覆盖件和货车驾驶室等零部件。

高强度纤维复合材料，特别是碳纤维复合材料（CFRP），因其质量小，而且具有高强度、高刚性，有良好的耐蠕变与耐腐蚀性，因而是很有前途的汽车用轻量化材料。碳纤维复合材料在汽车上的应用方面，美国开展得最好。

20世纪80年代后期，复合材料车身外覆件得到大量的应用和推广，如发动机罩、翼子板、车门、车顶板、导流罩、车厢后挡板等，甚至出现了全复合材料的卡车驾驶室和轿车车身。据统计，在欧美等国汽车复合材料的用量占本国复合材料总产量的33%左右，并继续呈增长态势，复合材料作为汽车车身的外覆件来说，无论从设计还是生产制造、应用都已成熟，并已从车身外覆件的使用向汽车的内饰件和结构件方向发展。

2．新型功能材料

（1）稀土材料

中国稀土资源丰富，居世界前列。世界已探明的稀土储量中国占世界已探明资源的80%，为我国大力开发稀土材料提供了得天独厚的条件。

使用汽车废气净化催化剂是控制汽车废气排放、减少污染的最有效的手段。含稀土的汽车废气净化催化剂价格低、热稳定性好、活性较高，使用寿命长，引起了人们的广泛关注。

汽车废气净化稀土催化剂所用的稀土成分主要是氧化铈、氧化镧和氧化镨等。用于汽车废气净化催化剂的载体通常为蜂窝陶瓷，稀土还可以作为陶瓷载体的稳定剂以及活性涂层材料等。

（2）纳米材料

纳米科技是 21 世纪科技产业革命的重要内容之一，它是高度交叉的综合性学科，包括物理、化学、生物学、材料科学和电子学。它不仅包含以观测、分析和研究为主线的基础学科，还有以纳米工程与加工学为主线的技术科学，所以纳米科学与技术也是一个融前沿科学和高技术于一体的完整体系。

纳米技术将在汽车的结构材料、节能、环保等方面获得广泛的应用。纳米陶瓷材料的耐磨性和质量减小、稳定性增强。纳米陶瓷轴已经应用在奔驰等高级轿车上，使机械转速加快、质量减小、稳定性增强、使用寿命延长。

纳米汽油是一种利用现代最新纳米技术开发的汽油微乳化剂，纳米汽油可以降低油耗 10%～20%，可降低废气中有害气体含量 50%～80%。

纳米润滑剂是采用纳米技术改善润滑油分子结构的石油产品，它不对任何润滑油添加剂、稳定剂、处理剂、发动机增润剂或减磨剂等产生不良作用，只是在零件金属表面自动形成纯烃类单个原子厚度的一层薄膜。

纳米增强增韧塑料可以代替金属材料，由于它们比重小、重量轻，因此广泛应用于汽车上，可以大幅度减轻汽车重量，达到节省燃料的目的。可以用于汽车上的保险杠、座椅、翼子板、顶篷盖、车门、发动机盖、行李舱盖以及变速器箱体、齿轮传动装置等一些重要部件。抗紫外线老化塑料能够吸收和反射紫外线，比普通塑料的抗紫外线能力提高 20 倍以上，能有效延长其使用寿命。无机纳米抗菌塑料加工简单，广谱抗菌，24 h 接触杀菌率达 90%，无副作用，可以用在车门把手、方向盘、座椅面料、储物盒等易污部件。

6.2.2 清洁能源汽车

清洁能源汽车，又称为新能源汽车、清洁汽车，是以清洁燃料取代传统汽油的环保型汽车的统称，其特征在于能耗低、污染物排放少，属于环保友好型。包括电动汽车、燃料电池汽车、混合动力汽车和太阳能汽车等。

1. 电动汽车

电动汽车是指以车载电源为动力，用电机驱动车轮行驶，符合道路交通、安全法规各项要求的车辆。1881 年电动汽车就出现了，比内燃机汽车还早一些（图 6 - 22）。但内燃机汽车后来居上，在性能、机动性、车辆重量等指标上远远超过了电动汽车。电动汽车在 20 世纪 20 年代达到鼎盛时期后就一蹶不振，成为"电瓶车"式的辅助车辆（图 6 - 23）。

图 6 - 22　1899 年的电动汽车

图 6 - 23　20 世纪初的电动车

电动汽车具有不排放污染大气的有害气体，有利于节约能源和减少二氧化碳排量的优点。

电动汽车按种类可分为蓄电池电动汽车、燃料电池电动汽车和混合动力电动汽车。电动汽车的组成包括电力驱动及控制系统、驱动力传动等机械系统。电力驱动及控制系统是电动汽车的核心，也是区别于内燃机汽车的最大不同点。电力驱动及控制系统由驱动电动机、电源和电动机的调速控制装置等组成。

2. 混合动力汽车

混合动力汽车又称为复合动力汽车，它将先进的燃油或代用燃料发动机、电机、能量储存装置(如蓄电池等)结合起来工作。与常规动力相比，具有以下特点：使用经济性和动力性大幅度改善，通过优化选择确定原动机机型(通常选用汽油或柴油机)，在较大负荷范围内具有良好的运行性能；避免或减少了发动机目前瞬态变工况下的不良运行；利用电机回收汽车制动能量，回收率不低于 70%；采用高效的能量存储装置(飞轮、蓄电池或超级电容器)，向车辆提供瞬时能量，尽可能缩小发动机尺寸，提高效率、降低排放。例如，日产公司研制的液(气)压蓄能混合动力客车，利用汽车制动时蓄能、加速时释能的原理，使此类车比纯柴油车排放的 NO_x 降低 2.7%，黑烟减少 20%。若发动机为燃用甲醇的直喷式柴油机，NO_x 可减少 50%；使用 LPG 柴油机，黑烟可减少 40%。但此类车需增加一定的设备，质量也较大，成本相对较高，工作时噪音大。

3. 燃料电池汽车

燃料电池汽车的"电池"是氢氧混合燃料电池。和普通化学电池相比，燃料电池可以补充燃料，通常是补充氢气，燃料电池汽车的结构如图 6 - 24 所示。一些燃料电池能使用甲烷和汽油作为燃料，但通常是限制在电厂和叉车等工业领域使用。

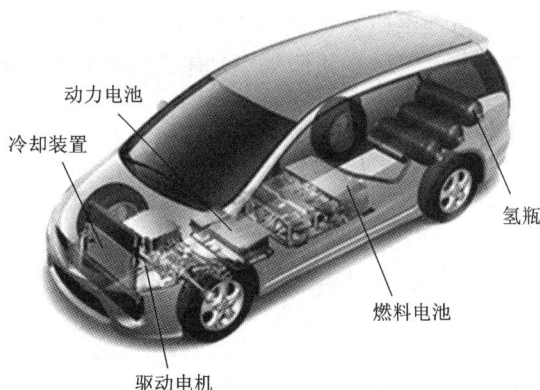

图 6 - 24　燃料电池汽车结构图

燃料电池汽车的工作原理是，作为燃料的氢在汽车搭载的燃料电池中，与大气中的氧气发生氧化还原化学反应，产生出电能来带动电动机工作，由电动机带动汽车中的机械传动结构，进而带动汽车的前桥(或后桥)等行走机械结构工作，从而驱动电动汽车前进。

因此，燃料电池汽车(FCEV)具有以下三个特点：

①燃料效率高，大约是汽油车的 3 倍；

②排放极低，当采用氢燃料时其排放量为零，是真正的无污染清洁汽车；

③车辆噪声低。

当然，要推进 FCEV 的实用性，还必须解决燃料电池系统体积重量大、成本高、可靠性差等问题。因此，FCEV 离真正的实用化还需一段时间。

4. 太阳能汽车

从某种意义上讲，太阳能汽车也是电动汽车的一种，所不同的是电动汽车的蓄电池靠工业电网充电，而太阳能汽车用的是太阳能电池。太阳能汽车使用太阳能电池把光能转化成电能，电能会在蓄电池中存起备用，用来推动汽车的电动机。由于太阳能车不用燃烧化石燃料，所以不会放出有害物。据估计，如果由太阳能汽车取代燃料车辆，每辆汽车的二氧化碳排放量可减少43%~54%。

到目前为止，太阳能在汽车上的应用技术主要有两个方面：一个是作为驱动力；另一个是用作汽车辅助设备的能源。

①完全用太阳能为驱动力代替传统燃油，这种太阳能汽车与传统的汽车不论在外观还是运行原理上都有很大的不同，太阳能汽车已经没有发动机、底盘、驱动、变速箱等构件，而是由电池板、储电器和电机组成。利用贴在车体外表的太阳电池板，将太阳能直接转换成电能，再通过电能的消耗，驱动车辆行驶，车的行驶快慢只要控制输入电机的电流就可以解决。目前此类太阳车的车速最高能达到 100 km/h 以上，而无太阳光最大续行能力也在 100 km 左右。

②太阳能和其他能量混合驱动汽车，太阳能辐射强度较弱，光伏电池板造价昂贵，加之蓄电池容量和天气的限制，使得完全靠太阳能驱动的汽车的实用性受到极大的限制，不利于推广。复合能源汽车外观与传统汽车相似，只是在车表面加装了部分太阳能吸收装置，比如车顶电池板，用于给蓄电池充电或直接作为动力源。这种汽车既有汽油发动机，又有电动机，汽油发动机驱动前轮，蓄电池给电动机供电驱动后轮。电动机用于低速行驶。当车速达到某一速度以后，汽油发动机启动，电动机脱离驱动轴，汽车便像普通汽车一样行驶。

第 7 章　汽车娱乐文化

7.1　汽车运动

汽车运动,是一个永恒的时尚话题,是一个充满激情、速度与力量的运动。汽车技术的发展促进了汽车运动的蓬勃兴旺,而汽车运动的发展反过来也带动了汽车技术的进一步探索与创新。

7.1.1　汽车运动简介

汽车运动是指以风冷或水冷型内燃机、电动机为动力,4 个或 4 个以上轮子在地面行驶,至少以两个轮子作为转向的方向盘式机动车辆作为器材进行的国际和国内竞争、训练、培训以及带有竞技性质的汽车旅游、探险、娱乐和表演活动。

汽车运动是我国社会主义体育事业的新兴项目和重要组成部分。发展汽车运动的宗旨是为汽车工业的发展、增强人民体质和提高人民群众生活质量服务。

7.1.2　汽车运动分类

汽车运动分类目前没有明确的统计数字和标准,因为划分汽车运动的类别取决于诸多因素,可以按车型不同区分,可以按比赛的场地和路面不同区分,也可按比赛方式区分,还可以按特殊项目比赛区分。一般是按比赛的场地和路面不同区分。

1. 场地赛

按照比赛的场地和路面,赛车场内的比赛称为场地赛。自从中国首个赛车场——珠海国际赛车场建成以来,中国正式开始房车场地赛的历史。当时的赛事主要是港澳两地的房车赛,均在珠海赛车场进行。1998 年,全国汽车场地锦标赛正式举行。当时只有一个回合赛事,实施与香港房车锦标赛相同的赛例,因此除增加了少数华南地区的车手如郭海生和林立峰等外,阵容与香港及澳门房车赛无异。直到 2003 年,北京金港赛车场成立,赛事也因此而增加北京站,成为中国第一项多赛站的场地赛事。

现在国内主要有北京、上海、鄂尔多斯等多个国际赛车场承接场地赛。

北京金港赛车场位于北京市朝阳区,占地约 0.45 km²,赛道设计最高时速 180 km/h,平均时速 120 km/h。拥有先进的计时设备和成绩统计及监视系统,连续弯道 4 处,惊险刺激,极具挑战。图 7 - 1 所示为北京金港赛车场效果图。

图 7 - 1　北京金港赛车场效果图

上海国际赛车场位于上海市嘉定区伊宁路 2000 号,占地 2.5 km²,是国内最高规格的赛道,现被奥迪冠名。赛道总长度 7 km 左右,由一级方程式 F1 赛道和其他类型赛道组成。

珠海国际赛车场位于香洲区,是中国第一个通过国际汽联认证的赛车场,主要举办中国房车锦标赛、中国超跑锦标赛等。图 7 - 2 所示为珠海国际赛车场效果图。

图 7 - 2　珠海国际赛车场效果图

鄂尔多斯国际赛车场位于鄂尔多斯康巴什新区,占地 1.06 km²,是边远地区的一颗璀璨明珠。赛道全长 3.751 km,路面宽度 12 ~ 15 m,最大落差 32 m,被称为中国第一条国际山地赛车道。图 7 - 3 所示为鄂尔多斯国际赛车场路线图。

图 7 - 3　鄂尔多斯国际赛车场路线图

另外还有位于成都市锦江区的成都国际赛车场和位于广东省肇庆市大旺区的广东国际赛车场等主要场地赛赛车场。

（1）方程式汽车赛

方程式汽车赛是汽车场地赛的一种，方程式 Formula 原意是惯例、常规、准则、方案。赛车必须依照国际汽车联合会制定颁发的车辆技术规则规定的程式制造，包括车体结构、长度和宽度、最低质量、发动机工作容积、汽缸数量、油箱容量、电子设备、轮胎的距离和大小等。以共同的方程式（规则限制）所造出来的赛车，就是方程式赛车，所进行的比赛即方程式汽车赛。

方程式赛车的级别有很多种，主要有：一级方程式（简称 F1）、二级方程式（又称 F3000 或 GP2）、三级方程式（简称 F3）、亚洲方程式、自由方程式、福特方程式、雷诺方程式、卡丁车方程式等。现有常见比赛有一级方程式汽车赛、A1 世界杯大奖赛、美国印地车赛、美国卡特车赛。

1）一级方程式汽车赛

由前国际汽联管辖的方程式赛车有三个级别，最高级别是一级方程式（Formula 1），其次是方程式 3000（Formula 3000），最后是三级方程式（Formula 3）。第一场一级方程式（F1）比赛诞生于 1950 年，经过 50 多年的发展，国际汽联对赛车的规定早已超出了简单的对汽车排气量的要求。F1 比赛的时间不是跨年度的，使用的是单一年度联赛制度，积累全年积分来决定车手和车队的成绩，以便产生冠军。在 F1 大赛举办过的所有比赛中（1950—2010 年），其中举办最多的是欧洲，其次是北美洲，最少的是大洋洲，只有 11 次。每年规划有 16 ~ 17 站的比赛（2012 赛季达到 20 站比赛），通常约在 3 月中开跑，10 月底结束赛季。按照 F1 的章程，成立车队的必要条件需要拥有自主研发的底盘，发动机总成、空气动力学套件等可以使用其他车队或厂家的产品。例如，索伯车队的引擎由法拉利提供，而法拉利车队也使用同样的引擎。

F1 的年度总冠军分为两种——车手总冠军及车队总冠军。计分方式是采用积分制，车手与车队的积分都是累积的。车队积分则以两位车手积分累加。通过各站赛积累计分，方可决出本年度车手及车队的世界冠军。若最终积分相同，则比较分站冠军数、亚军数、季军数……直到一方比另一方多为止。如果依旧相同，还要比较正赛最快圈速的多少、杆位的多少，终极的方式是通过抽签决定。

一级方程式赛车有一套完整的旗语体系，每种不同颜色的旗帜以及旗帜摆动方式都有其特殊含义。

黄旗代表前方车道上有障碍物，比如一辆撞坏的或者出现故障的赛车。提醒车手要小心驾驶。如果障碍赛车停在赛道一侧，或者障碍物不在赛道上，那么黄旗会静止不动。如果障碍物在赛道上，那么黄旗就会来回摇动，以提醒车手做好改变方向的准备。如果赛道被彻底堵塞，那么会摇动两面黄旗。出现黄旗的时候不允许超车。如果一名车手没有认真读取黄旗的信息，而仍旧以比赛速度开车来到赛道的事故发生地段，那么这名车手将会受到严厉的处罚，甚至会被取消比赛资格。

红黄竖条纹旗代表赛道前方路面有油，或者路面较滑，车手应该小心驾驶，直到信号旗收回为止。如果比赛官员挥动该旗帜，代表着前方不远处有湿滑地带。

当出现白旗的时候，表示前方有慢速行驶的车辆。这可能是一辆救护车、一辆拖车，或者是赛会安全车辆。当看到白旗的时候，车手应该小心驾驶，甚至应该适当减速。

红旗表示比赛或者是车因某种原因提前结束或暂停。红旗会在整个赛道各个位置同时出示，这个时候车手应该回到维修站，并在那里原地待命，以得知是否恢复比赛、何时恢复比赛。正式比赛中，赛程超过75%后出示红旗，则比赛结束，比赛最终成绩以挥动红旗前两圈的成绩为准。

蓝旗表示后方有准备套圈的车辆正在接近，并且准备超车。被出示蓝旗的车手应该减速让行，必要时要让出赛车线。如果一名车手被连续出示挥动蓝旗达到三次，这名车手将会受到处罚。

绿旗表示比赛、排位赛开始前的信号或赛道存在的障碍已经得到清除，比赛恢复正常。

黑旗，如果车手的号码显示在出发线，同时旁边有黑旗出现，这表示车手在跑完这一圈之后需要向维修站汇报。当一名车手因为比赛行为不当而需要对其进行调查，或者当车手在比赛中犯规的时候，需要向车手出示黑旗。出现该旗帜时，车手被取消比赛资格。

黑底红圈旗，如果车手的号码显示在出发线，同时旁边有黑底红圈旗出现，这表示车手需要立即与检修站取得联系。当比赛官员怀疑车手的赛车存在机械问题而需要检修的时候，会出示黑底红圈旗帜。

黑白方格旗，当出现黑白方格旗的时候，表示比赛或者练习赛结束了。这个时候所有车手都要返回检修车道或者集中到出发区。从这里车手们需要将他们的赛车开到赛前检录处，赛车在这里需要被检测以确保符合比赛的各项规章制度。对于每次比赛的冠军，将会为他挥舞黑白方格旗；对于冠军之后的车手，黑白方格旗将会静止出示。

黑白对角旗，它与车手号码一同出现，警告该车手的驾驶行为有碍体育竞技道德。

2）A1 世界杯大奖赛

A1 世界杯方程式汽车大奖赛（A1 Grand Prix）简称 A1 GP 或 A1，是由国际汽联（FIA）正式批准的首个世界级国家杯赛。

A1 大奖赛是首次以国家为参赛单位的赛车运动。A1 大奖赛中不同车队使用的技术和装备是一致的，因此成绩的主要决定因素是车手的驾驶技术和勇气。车队和车手密切配合才能发挥整体的优势，获得胜利时，终点处挥舞的将是本国国旗而非传统的格子旗。

该比赛于每年9月至次年4月在世界上至少14个国家的顶级赛道举办。每支参赛车队以国家名义参赛，车手和赞助商都必须为本国国籍，赛事带有浓厚的国家概念，因而享有"赛车运动世界杯"的美誉。A1 汽车大奖赛是一项国际性的赛车运动，是仅次于 F1 的汽车赛事，在赛车界，由于其车手以国家身份，而不是私人车队身份参赛，因而显得独一无二。

与 F1 赛车相比，A1 赛车具备两个特点：①赛车规格型号全部统一。A1 赛车由 A1 世界杯汽车大奖赛发起人——阿联酋王室成员马克托姆出资设计，由英国罗拉赛车公司负责制造底盘，搭载 Zytek 发动机，并由组委会统一组织运输。A1 赛事变得更加公平，同时也更加考验车队技术人员对赛车的调校水平以及车手驾驭赛车的能力。②A1 赛车更加安全。无论从功率、扭矩还是最高时速上来看，A1 赛车都要逊于当今的"速度之王"F1 赛车，但 A1 赛车使用了最坚固的车身及底盘材料，对车手的保护措施是世界一流的。

3）美国印地车赛

美国印地车赛是汽车场地比赛的一种，也叫印地方程式赛，设有世界锦标赛。该车赛起源于美国，原为美国汽车协会主办的锦标赛。

印第赛车与一级方程式赛车相比较，从外表看很相似，但它们的内部却大相径庭。一级方程式赛车一般采用排量为 3.0 L、12 气缸以下、不加增压器的自然吸气式发动机，使用无铅汽油做燃料，其辛烷值不能超过 102 RON，每场比赛用油不得超过 220 L，赛车最小质量505 kg。印第赛车则采用轻便的、排量为 2.65 L、8 缸以下的涡轮增压发动机，使用不易挥发的甲醇为燃料。印第赛车比一级方程式赛车重，它的质量略超过 700 kg，这比一级方程式赛车的极限质量重 40%。大多数的印第赛车在比赛时为满足最小质量要求，不得不装上大量的压载物。一级方程式赛车可使用主动式悬架、离合器操纵系统、防抱死制动装置，还可采用半自动的换挡装置；而在印第赛车上这些装置都禁止使用。印第赛车上不允许使用各种先进的电子装置，它使用普通离合器、普通变速换挡装置。印第赛车能在多种赛道上行驶，其前后翼子板、整个空气动力学外壳（包括发动机罩）、悬架装置，在不同的赛场比赛时都大不一样。在印第赛车中，燃料总量是受限制的，每场比赛中分配给每辆赛车一定的燃料，油箱容量限定为 151 L，这使得一个车队在比赛过程中和冲刺阶段，采用不同的策略。印第赛车与一级方程式赛车相比，既大又重而且结构简单，但并不意味着它比 F1 赛车慢。在整个印第车赛过程中，车手能充分显示出他们的操作技术、胆识、勇气和经验。亮点特色：用喝牛奶代替香槟庆祝，冠军亲吻砖场（赛道最初由 320 万块红砖铺成，因此得名"砖场"）（图 7 - 4）。

图 7 - 4　吻地礼

4）美国卡特车赛

全球方程式冠军赛车，简称 Champ Car（冠军赛车），原名 CART（championship auto racing teams），中文曾译为"卡特车赛"。2004 年 2 月 17 日，CART 车赛被美国的 Open Wheel Racing Series（OWRS）收购，正式更名为 Champ Car World Series（CCWS）。卡特车赛被称为"美国式 F1 大赛"，完全符合美国特有的孤立主义传统，因而不断发展壮大。

（2）非方程式汽车场地赛

不需按车辆技术规定制造的赛车即非方程式，常见比赛有轿车赛、运动汽车赛、GT 耐力赛、短道拉力赛、场地越野赛、直线竞速赛等。

1）汽车耐力锦标赛

世界耐力锦标赛（WEC），其最核心赛事为 24 h 耐力赛，起源于 1923 年，从技术角度来看，甚至比 F1 更加刺激，赛车时速可达 390 km/h，超车镜头屡见不鲜。比赛中，每部赛车由 3 名车手轮流驾驶，24 h 内行驶里程最多的为冠军，比赛过程中所有的加油、换胎和维修时间都包括在 24 h 内。

参加世界汽车耐力锦标赛的车型主要是 C 组运动原型（sports prototype）车。此种车可乘 2 人，轮番驾驶。而赛车可分为两个级别：LMP 和 GT 组。LMP 又按照速度、质量等因素分为 LMP1 和 LMP2。同样 GT 组分为 GT1 和 GT2 组。耐力锦标赛的赛程主要有 1000 km、1610 km、5000 km 和 8050 km，以时间计有 6 h、12 h 和 24 h；其中以 1000 km 汽车大赛和勒芒 24 h 汽车耐力大赛最为著名。从 1984 年开始，FISA 规定，C 组车车重不低于 850 kg，对于 100 km 赛程耗油量不超过 60 L。1992 年，FISA 又规定 C 组车一律采用无增压发动机，一般赛程为 480 km。汽车耐力赛对汽车的性能和车手的耐力都是极大的考验，这是一项艰苦的比赛。维修区的赛车如图 7-5 所示。

图 7-5 维修区的赛车

勒芒大赛在世界上是最负盛名的耐力赛，胜过美国其他任何汽车大奖赛，因为一般耐力赛只有 500~1000 km，而勒芒约为 5000 km。也有人说它是大规模组织起来的赌博，以牺牲许多人的生命为代价来提高几个汽车制造厂家的名气。不管勒芒的赛道多么艰险，也不管历史上发生过多少悲剧，每届勒芒大赛都在 6 月份如期举行。一些汽车厂家不惜耗资数百万美元，想在这项大赛中取胜，谁也不肯轻易放过利用这项大赛来提高公司声誉的机会。

勒芒环形跑道全长 13 km，其中绝大部分是封闭式的公用高速公路，赛车在其 2/3 的路段上时速达 370 km/h 左右，C 组车一般只用 3 min 左右的时间就能跑完一圈的路程。在跑道上有一段约 6 km 的直路，赛车在这段路上飞速驶过，速度达到 390 km/h。尽管勒芒汽车大赛危险重重，但是由于它是世界上最重要的比赛之一，同时由于这项比赛给车手们的分数相当于其他世界锦标赛的 3 倍，因此不断地吸引着越来越多的赛车好手来参加。勒芒大赛对车手是个极大的考验，FISA 规定每辆赛车只准 2 到 3 名车手轮番驾驶，每人连续驾驶时间不超过 4 h，主车手总驾驶时间不超过 14 h，采用换人不换车的方法，所有的加油、换胎和维修时间都包括在 24 h 以内。最后，行驶里程最多的赛车获胜，一般一昼夜下来，成绩最好的赛车行驶的里程将近 5000 km。

由于勒芒耐力赛是全球各种耐力赛时间最长的比赛，而且选手驾车在同一环行赛道上要不停转上 350 多圈，比赛显得单调、乏味。不论车手、维修人员还是观众，在下半夜的时候都会变得疲惫不堪。因此这场比赛被称为最辛苦、最乏味的赛事。大多数观众是带着宿营车或帐篷前来观战的，赛场旁的 30 个大型停车场每次比赛都停了将近 10 万部汽车。赛场周围还有设施齐备的餐饮、娱乐和休闲场所，以及销售仿制的各大车队服装、帽子的铺位，让车迷们在这里如同过节一样。观众可以在餐厅里一边吃着可口的食物，一边观看窗外时速达到 300 多公里的赛车飞驰而过，这也是赛车界里独一无二的情景。

2）德国房车大师赛

德国房车大师赛（Deutsche Tourenwagen Masters，DTM）简称德国房车赛。使用统一的轮胎，轮距、轴距也必须符合标准，车身的前扰流器及尾翼也必须是相同的设计，同时整个赛季中空气动力学套件不能发生任何改变。一系列的措施都将赛车的差别降到最低，使车手的因素成为比赛的主角。赛事组织方为了降低成本并出于公平竞争的原则，对赛车做了严格的规格限制。规定参赛车辆以量产车为基础改装而成，必须使用自然进气 4.0 L、V 型 8 缸发动机，输出功率限制在 331 kW（450 马力）左右，一辆赛车一个赛季只能使用一台发动机。发动机结构更简单也更坚固耐用，大大减少了车队投放在发动机上的费用。除此之外，所有车辆使用统一的电子控制单元，禁止使用电子防抱死系统和牵引力控制系统（TCS），以减少电子系统对车辆性能差异的影响。

首届 DPM 比赛于 1984 年 3 月 11 日在比利时佐尔德（Zolder）赛车场举行，共有 7 个车厂的 8 种车型参赛，第二年增加至 12 家车厂参加。在经过两个成功的赛季后，1986 年德国最高赛车协会将 DPM 改名为 GTCC（German Touring Car Championship），此后德国的赛车迷又将 GTCC 习惯地称为 DTM，这样 DTM 的名字就逐渐取代 GTCC 而闻名于世。

3）澳大利亚 V8 国际超级房车赛

V8 国际超级房车赛创建于 1961 年，由两大知名制造商通用（霍顿）和福特（法肯）组成。V8 赛车是一种大型房车，由澳大利亚制造，5 m³ 右手驾驶、四门、V 型 8 缸引擎。牵引控制是被禁止的，发动机和变速箱是自由选择的，发动机压缩比例不能超过 10:1，加速旋转限速 7500 rpm，6 挡变速箱的特定比例 1.00:1，最多 6 点阻力制动片，操舵系统可自由选择，动力操舵是允许的，4 轮操舵是禁止的。赛车的最小质量为 1355 kg，包括车手和服装重量。比赛中只允许更换一台发动机，如果更换第二台发动机，车手将从发车线后起跑。赛车必须配备前后两个拖钩。使用的燃油是壳牌 98 辛烷高级无铅汽油，FT3 燃油箱必须适用 120 m³ 的容量。

4）NASCAR 车赛。

NASCAR，即全国运动汽车竞赛（National Association for Stock Car Auto Racing）的简称，它将赛车运动带入了一个革命性的时代。NASCAR 规则规定赛车使用 2.4 L、V 型 8 缸发动机，最高转速达 9000 r/min，最大功率 634 kW（850 马力），最高时速 352 km。发动机采用传统化油器技术，使用 112 号高标汽油，4 前进挡，没有电子辅助装置，没有前车灯，以保证技术公平性和节约成本。赛车没有车门，以符合"合理冲撞"的规则，整体车身由轻质吸能的复合材料制成。NASCAR 还会在赛后将赛车拆卸开检查，以确保没有任何"不公平的技术因素"。

2. 非场地赛

非场地赛车基本上的比赛场地不是封闭的，主要分拉力赛、越野赛及登山赛、沙滩赛、泥地赛等（图 7 - 6）。

图 7 - 6   泥地赛中的 JEEP

汽车拉力赛是单一国家内举行或者跨越国境举行的多日的、分段的长途汽车比赛。比赛的路面既有平坦的柏油公路，也有荒山野岭的崎岖山路。参赛汽车须是批量生产的小轿车或经过改装的车。短的拉力赛需要几天，长的可持续几十天。拉力赛将出发地到终止地之间的路程分成若干个行驶路段和赛段，并在沿途设有给养站和休息站。在行驶路段行驶时，参赛汽车受到一定的时速限制，并须按规定时间抵达各路段的终点，既不能提前也不能拖后，行驶中要遵守当地的交通规则，违反规则者将被扣分。

（1）世界拉力锦标赛（WRC）

世界拉力锦标赛（World Rally Championship，WRC），又叫作世界越野锦标赛，是一项由国际汽联（FIA）组织的，全世界范围内级别最高的拉力系列赛事。

WRC 的积分制度与 F1 相同，每一站的前 8 名分别可获得 10、8、6、5、4、3、2、1 的积分，车手所得积分计入车手本身及车队年度积分，全年积分最高的车手与车队将获得世界冠军的最高荣耀。图 7 - 7 所示为 WRC 上的三菱汽车。

我们所熟知的 World Rally Car（W R Car）是包含在 A8 组中，这个锦标赛只有汽车制造厂身份的队伍才具有参赛资格，2004 年共有 5 个车厂参与角逐。目前 FIA 规定每支厂队只能派

图 7-7 WRC 上的三菱

出两部车参赛,而参赛厂队也必须全年参赛才能角逐年度车队积分。综合这两项规定,车队积分是取具有车队积分车手中成绩最佳的前八位。参加 WRCar 组比赛的都是各家的精英车手,比赛起跑出发顺序依照他们的排名,积分领先者首先出发。通常参加比赛的车辆数约 90部上下,除了参加 WRC 比赛车辆之外,其余部分也会穿插引擎动力较低,专为年轻车手所设的 JWRC(Junior World Championship)或 PWRC(Production World Championship)比赛。2010 年FIA 又增加了 S-WRC 这个新的组别,有中国的 FCACA 车队参加。水平要高于 PWRC 和JWRC,但要低于 WRCAR。厂队在全年度必须参加 10 站以上,并且至少要参加两场欧洲以外的赛站。近几年在国际 RALLY 赛场上由于 IMPREZA WRX 与 LACER EVO 取得容易、套件充足,因此造成 A8 组与 N4 组的参赛车辆数远大于其他组别。

特殊细节 Shakedown:勘路,在 FIA 组织的 WRC 比赛中有一个很重要的环节就是勘路。勘路是指在正式比赛前,车手和领航员要在比赛开始前的周二或者周三进行赛道的勘测。每个车组允许通过同一个赛段两次,以尽量贴近真实比赛的情况进行勘测。第一遍通过赛段的时候,车手需要将路况信息反馈给领航员,然后领航员以简短的语言记下这些信息。第二遍通过赛段的时候,领航员报出路书,车手对这些信息再次核对。勘路车必须是 Group N 规则的,2 L 涡轮增压引擎,标准的引擎管理系统、变速箱、传统轴和刹车。必须加装防滚架,赛车桶椅,四点以上认证安全带。勘路车辆不允许张贴任何赞助商的广告。车手通常会有一个维修团队协助勘路,以解决在勘路过程中遇到的任何赛车问题。他们携带常用的维修配件,等待在赛段的终点。

(2)巴黎-达喀尔拉力赛

巴黎-达喀尔拉力赛这项从南欧贯穿北非、西非的赛事吸引着越来越多富有冒险心和勇敢的人们,去一探非洲茫茫沙漠里的奇妙景象。

巴黎-达喀尔汽车拉力赛的起源是一次事故,1977 年,法国人沙宾因参加"阿必尚(位于西非象牙海岸)尼斯(法国南部港口)拉力赛",在利比亚的沙漠中迷失了方向,但是他却奇迹般地克服了沙漠的恶劣环境活了下来。回到法国后,他决心和世人一同分享这段奇妙的经历,他设想了一条横跨欧非的拉力线路,并最终于 1978 年创办了"巴黎-达喀尔拉力赛"。

3.其他汽车运动

除了知名赛事之外还有其他一些有意思的汽车运动,如卡丁汽车运动、中国大学生方程式汽车大赛、本田节油大赛等比赛。

(1)卡丁车运动

卡丁车运动是汽车运动中的一个特殊类别,它不仅作为汽车场地竞赛的一个项目,同时也是一个大众休闲、健身娱乐的项目。因为卡丁车的结构简单,使用轻钢管车架,装配50 cc、80 cc、100 cc、125 cc 或 250 cc 汽油发动机,组装成 4 轮单座位微型赛车,操纵简便,无车体外壳,在专门修建的运动场地内的环形曲折道路上行驶。图 7 - 8 所示为卡丁车大赛。

图 7 - 8　卡丁车大赛

卡丁车运动于 1940 年在东欧开始出现并逐渐推广,20 世纪 40 年代末才在欧美普及并迅猛发展,当时这种运动被称为"高卡"(GO KART)。50 年代末,人们已不再满足于用卡丁车进行休闲娱乐,而以竞速比赛为主要形式的卡丁车竞技活动也广泛开展起来,但组织形式十分松散,车辆规格和比赛规则也不统一。为了防止该项运动自流,指导其正确发展、统一标准,便于管辖和在全世界推广卡丁车运动,1962 年由国际汽车联合会当任主席巴莱斯特倡议成立了国际汽车联合会卡丁车委员会,负责在世界范围内普及、促进卡丁车运动,监督实施统一的规则和技术标准,外文简称是 CIK - FIA。经过近 16 年的演变,在 1978 年卡丁车委员会经改组成立了国际汽车联合会新的卡丁车委员会,当时会员协会只有 15 个。从那时起,卡丁车运动有了很大的改变形成了现代卡丁车运动,使卡丁车进入了一个新的发展时期,并使其成了培养现代汽车运动,尤其是方程式赛车车手的基础和桥梁。目前每年在全世界范围内参加卡丁车各类活动的人数已达 8000 万人左右。

卡丁车的英文原意是指"有车厢或无车厢的微型汽车,车轮独立持久地接触地面,后两轮驱动前两轮导向"。卡丁车是诸多赛车种类中的微型赛车,外形小巧,结构简单,是赛车运动中最低的起步运动,是进入 F1 方程式赛车的"摇篮"。在欧洲也称"迷你方程式"。在最早的时候,卡丁车是一些父母设计出来供子女在后花园或大型停车场玩耍的玩具,最初是用剪草机改装而成,设备及发动机均非常简单。渐渐地卡丁车在性能及场地安全方面不断地改良及转型,再加上可供标准比赛用的场地纷纷落成,基于其入门技术及费用要求不是很高,所以迅速发展为一项老幼均宜的运动项目,世界各地大大小小国际性赛事更应运而生。其中最具代表性的赛事是"全欧洲卡丁车锦标赛"和"日本世界杯锦标赛"。由于卡丁车的重心非常低,易于操控,所以,卡丁车可算是赛车运动中最安全的一种车型。

由于卡丁车的防护措施没有其他赛车比赛完善,而且由于驾驶员基本上是直接面对前方路段的,所以其速度感可以与 F1 级赛事媲美,所以很自然就成为普通人进入赛车界的敲门砖。成立于 1940 年的国际汽车联合会(FIA)在 1962 年成立了世界卡丁车联合会。中国汽车运动联合会"FASC"于 1995 年加入国际汽车联合会世界卡丁车联合会,完成了中国卡丁车运动与国际的接轨工作。为了推广、普及卡丁车运动,加强青少年的素质教育和培养中国赛车运动的后备人才,1998 年全国少工委和国家体育总局联合成立了"全国青少年卡丁车运动委员会",作为在中国广大青少年中组织开展卡丁车运动的专门机构。1999 年,全国青少年卡丁车运动委员会与中国汽车运动联合会联合举行"99 全国少年卡丁车锦标赛",该锦标赛是在中国首次举办。

（2）中国大学生方程式汽车大赛

中国大学生方程式汽车大赛(Formula Student China,FSC),是一项由高等院校汽车工程或汽车相关专业在校学生组队参加的汽车设计与制造比赛(图 7-9)。各参赛车队按照赛事规则和赛车制造标准,在一年的时间内自行设计和制造出一辆在加速、制动、操控性等方面具有优异表现的小型单人座休闲赛车,能够成功完成全部或部分赛事环节的比赛。比赛倡导自主创新,旨在培育及选拔汽车产业人才,促进中国制造向中国创造的转型,推动中国汽车工业由民族品牌向世界品牌的跨越。

图 7-9　大学生方程式汽车大赛合影

（3）本田节油大赛

该项赛事要求参赛车辆使用统一的 Honda 低油耗 125 mL 四冲程汽油发动机,发动机以外的车架、转向机构、传动机构和外壳等完全由各车队独自设计和制造,这样就赋予了每位参与者最大的想象空间,每个人都可以将自己的奇思妙想应用于赛车的设计和制造等环节。比赛中,赛车使用一定量的油,在规定的跑道内行驶规定的圈数,通过燃油消耗前后差,换算得出 1 L 油能行驶的里程数,消耗燃油最少的即为获胜者。

2001 年创造了 1 L 汽油行驶的世界纪录——3435 km,这相当于北京到重庆的往返距离。可以说通过这种节能大赛培养了人们对梦想的挑战精神,参赛车队应用各项独创技术不断去挖掘一升汽油的无限潜能。

国内众多的高校是参加这项赛事的主要成员，而且他们也是最具活力和创造力的群体。通过这样的比赛，给了年轻人一个动手的机会，一个创造的空间以及一个展示的舞台，也许从中还可以培养出一些优秀的汽车技术人才。

7.2　汽车博览

通过汽车博览，人们可以更清晰地认识、了解和热爱汽车；通过汽车博览人们可以看到汽车行业发展的前景和未来走向。汽车博览越来越受到人们关注。汽车博览又称汽车展览会（auto show），不仅是汽车这一交通工具的专业展览，更是汽车制造商宣传企业品牌、展示最新汽车科技、发布新车信息的最佳场所。

7.2.1　世界五大车展

通常来讲，大多数汽车展览每年或每两年举行一次。有些车展的影响力很大，对世界汽车工业的发展起到了推动和促进作用，如世界五大车展；而有些车展则更具本土特色，成为当地车迷和购车者的盛会。

1. 北美车展

北美车展（North American International Auto Show，NAIAS）是个每年举办一次的国际性汽车展览，是世界五大车展之一，也是北美洲规模最大的国际车展，每年一月固定在底特律的寇博中心举办。1907 年底特律在河滨公园的贝勒斯啤酒花园举办首次汽车展览，接下来除了1943 年至 1952 年停办，其余时间每年都会举办一次。以往称呼为底特律汽车展览（Detroit Auto Show），从 1989 年开始改称为"北美国际汽车展览"。自 1961 年起，该展览移往寇博中心举办，因为该展馆具有 9.3 万平方米的面积，可容纳更多展位。这个车展对底特律乃至整个美国的汽车工业来说是非常重要的，因为美国三大汽车制造商福特、通用与克莱斯勒的营运总部都位于底特律。

众多人被吸引到车展的原因，除了对汽车的兴趣外，还因为车展办得像个大的假日集会，吃喝玩乐，热闹非凡。近年来，概念车在北美车展上所占的比例越来越高，众多主流汽车制造商都会借此机会向媒体和消费者展示最新的产品。图 7 - 10 为北美车展上的展车。

2. 巴黎车展

1898 年创办以来享誉全球的巴黎车展，每两年一届，是世界第二大汽车展，与德国法兰克福车展交替举办，展览地点位于巴黎市区，展出车辆有轿车、跑车、

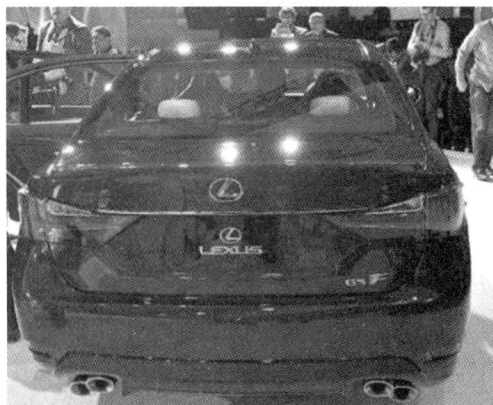

图 7 - 10　北美车展上的展车

商用车、特种车、改装车、古董车、电动车及汽车零部件等。德国法兰克福车展和法国巴黎

车展期间，还有当地有特色的日用百货展也参与其中。巴黎车展是国际车展中商业味最浓的一个。

法国的汽车设计一向以新颖独特著称于世，富于浪漫和充满想象力的法国人，总是在追求最别具一格的车型、风一般的速度和最舒适的车内享受，这些法国人的嗜好，都在巴黎车展中显露无遗，使得巴黎车展始终围绕着"新"字做文章。与此同时，巴黎车展也是概念车云集的海洋，各款新奇古怪的概念车常常使观众眼前一亮。

最初，汽车展扮演了普及汽车知识和推动汽车工业发展的角色。汽车也从一开始仅是少数人的奢侈品变为被大众所接受交通工具。现在的汽车展主要起到了两方面的作用，它不仅仅是一个人们可以参观全世界车型的盛会，也是整个汽车行业专家的集会场所。

3. 日内瓦车展

1924 年瑞士日内瓦车展创办，成为欧洲唯一每年一度的大型车展，以展示豪华车及高性能改装车为主。每年 3 月份，它是各大汽车商首次推出新产品的最主要展台，有"国际汽车潮流风向标"之称。日内瓦车展在室内场馆举行，是豪华轿车世纪著名汽车生产厂家的必争之地。在五大车展中，瑞士是唯一一个没有汽车工业的国家，却承办世界上最知名车展之一，是世界举足轻重的车展之一。

日内瓦车展起源于 1905 年的"国家汽车和自行车"展，当时展出所有汽车工业历史上重要的内燃机，以及以蒸气动力的汽车。由于该车展在全球占有举足轻重的地位，众家汽车制造商常选择在该车展公开发表自家的最新研发科技、超级跑车、概念车等，以争取镁光灯的焦点。

瑞士这个国家很特殊，虽然它没有自己的汽车制造公司，但它却是一个庞大的汽车消费市场。在瑞士的大街小巷，你常常可以看到宾利、保时捷等名车，名车就跟名表一样，成了某种标志。日内瓦车展不仅档次高、水准高，更重要的是车展很公平，没有任何歧视。一般的国际车展虽然名为"国际"，但在展馆的面积、配套设施的水准上都会向东道国倾斜，东道国的汽车厂商往往会占去 1 ~ 2 个展馆。但唯独在日内瓦车展上，人们看不到这种特别的"眷顾"。也许是因为瑞士是个中立国，也许是因为各大国际组织的总部都云集在日内瓦，总之，无论是汽车巨头还是小制造商，都可以在日内瓦车展上找到一席之地，就连各类车展的资料，也被"一视同仁"地印成了英语、法语、德语等几种版本。

4. 法兰克福车展

法兰克福车展创办于 1897 年，前身是柏林车展，1951 年移到法兰克福举办，两年一届轿车和商用车轮换展出，被称为"汽车奥运会"，一般安排在 9 月中旬开展，为期两周左右。参展商由欧洲汽车商居多，主要还有美国和日本，当然东道主德国自然是法兰克福车展的主角。法兰克福车展以绿色为主题。

这个车展的地域色彩很强，可能因为是名车发源的老家，靠近各大车商总部，看法兰克福车展的欧洲老百姓不但拖家带口、人山人海，而且消费心理非常成熟，汽车知识了解得很全面。车展上，各种品牌新车很多，参观者挑选车型重视的是科技的发展、汽配零部件质量，甚至是 DIY 维修问题、售后市场产品，理性实用的成分居多。不仅如此，法兰克福车展还富有"专业精神"，像入选前年车展两大"最高创新奖"的产品都是汽车零部件。

与国内展览相比，展商们更易节省设备市场费用、运输时间和费用，所以运用的高科技手段也比较多，但成本也更高，因为要使用大型互动媒体演示、模拟驾驶、亲身体验等。不像现在国内有些展览，只展出一些大众喜闻乐见的车型，展台还要用绳子围起来，观者不能入内，更别提其他演示效果了。

5. 东京车展

日本东京车展创办于 20 世纪 40 年代，每年 10 月份举行，轿车与商用车交替展出。展馆位于东京附近的千叶县，是世界上最新、条件最好的展示中心。

东京车展在五大车展中历史最短，又称"亚洲汽车风向标"。东京车展对于亚洲汽车市场有着重要意义，与其他大型车展相比，日本车展更具有东方风韵。东京车展具有鲜明的特点：除了日本车商出产的五花八门、千姿百态的小型汽车外，各式各样的汽车电子设备和技术也是展会的一大亮点。图 7 - 11 为东京车展的老爷车。

图 7 - 11　东京车展的老爷车

7.2.2　国内车展

近年来，国内举行的车展有很多，几乎每个省份每年都要举行一定规模的车展。另外，各汽车厂家还在全国各地举行不定期的巡展，其中最有影响力的车展是"北上广成"车展，国内规模最大、最具影响力的车展。车展不仅是车界的盛会，也能反映出汽车制造、消费的变化，车展的变化折射出当今汽车社会的进程，每年的车展都能给人们带来一些新鲜而又别样的感觉。

1. 北京车展

北京国际汽车工业展览会（Auto China）是中国最具权威性、最有影响力的国际汽车展览会，每逢双数年 6 月在北京国际展览中心定期举办。作为中国的首都，又是中国最大的汽车市场之一，地缘区域特有的政治、文化影响和人文色彩，结合极具特质的汽车文化氛围，造就了北京车展的独特魅力。至今，在展会规模、展品品质、展车数量、全球首发车、概念车数量、观众人数、媒体记者人数、媒体报道的深度和广度、社会各界的关注度等方面位于国内专业展览会的前列。北京国际车展已超越了一个展会的意义，成为中国汽车行业具有国际影响力的象征符号。图 7 - 12 为国内车展上自主品牌展示。

图 7 - 12　国内车展上自主品牌展示

2. 上海车展

上海国际车展（Automobile Shanghai），又称为上海国际汽车工业展览（International Automobile and Manufacturing Technology Exhibition），创办于 1985 年，两年举办一届。2004 年 6 月，上海国际车展通过国际博览联盟 UFI 的认证，成为中国第一个经 UFI 认可的汽车展。

上海车展能够完美延续至今与其自身亮点颇多不无关系。每年上海车展都能吸引众多热心观众前往，一睹上海车展各大汽车的尊容。车展中各大汽车品牌展示自身最新高科技的车辆，其中不乏初露庐山真面目的首发车。

上海国际汽车展一贯秉承"以人为本不断创新"的服务理念，借助中国博览会会展综合体这一全新平台为展商和观众提供一系列更便捷的高科技服务与体验。不仅将展出最新的汽车与科技，更将在展台布置、服务设施、展示手法上不断推陈出新，营造海派特色与西方元素兼容并蓄的展览氛围，使广大观众、众多媒体再次领略汽车这一不断精益求精、突破想象的产品带来的无穷魅力。

3. 广州车展

中国（广州）国际汽车展览会创办于 2003 年，基于"高品位、国际化、综合性"的定位，经过几年的发展，已成为中国大型国际车展之一。

广州汽车展乘用车展区展品范围：乘用车（包括各种基本型乘用车、SUV、MPV、混合车型、改装车型等）承办单位中国（广州）国际汽车展览会创办于 2003 年，定位于"高品位、国际化、综合性"，基于广州市人民政府的大力支持，依托中国三分之一的汽车消费市场、强势发展的汽车产业优势以及亚洲最好的展馆，经过两年精心培育的广州车展已成为中国国内知名汽车展之一。

4. 成都车展

成都车展作为中国西部地区规模最大、规格最高的年度汽车盛会，自 1998 年创办以来，不断锐意进取，坚持创新发展，历经 20 多年成长蜕变，已从众多区域性车展中脱颖而出，稳居中国四大 A 级车展之列。

成都车展成为最具人气和吸引力的汽车盛会之一，是国内外汽车品牌逐鹿我国西部市场的重要平台。每次成都车展，全球汽车品牌都悉数到场，一些国内外汽车品牌也会选择在车展上发布最新款的新车。

汉诺威米兰展览(上海)有限公司参与承办十二年来,为成都车展注入了大量国际化的元素、理念和模式,同时众多知名厂商的大力投入,全方位的媒体报道,高质量的现场配套服务进一步提升了成都车展在全国的影响力和知名度。

7.3 汽车俱乐部

汽车俱乐部(automobile club)是由汽车车主及汽车爱好者组成的,为准车主提供出行保障、满足车主不同需求、争取车主消费权益并赢得自身发展的公众组织。它主要包含以下含义:一是为车主提供出行保障;二是要服务于车主、只要是有需求有价值的服务都可以作为汽车俱乐部提供的服务之列;三是在维护车主利益的同时、服务会员的同时,还要开展多种经营,扩大收益,支持汽车俱乐部组织的生存和发展。

7.3.1 汽车俱乐部的起源

人们对汽车的需求与企盼不仅推动了汽车生产,同时推动了汽车后服务市场的发展,为了满足车主不断膨胀的服务需求,汽车俱乐部扮演了汽车售后服务市场提供服务的主角,但这样的角色是演变而来的。汽车作为一个新事物出现,免不了出现一批忠实的、热心的"粉丝"——汽车迷,他们聚合在一起,切磋驾驶技术、交流爱车心得、结伴驾车出行、讨论修理技术、寻觅配品备件、互相救助救援。这种实践的凝聚力催生了汽车俱乐部,这样的结果,决定了汽车俱乐部的本质:在特定的人群中,互助合作办事情,会员制是其必然的结果,将社会上高度分散的车主和汽车爱好者组织到一起,发挥规模效应和服务网络的优势,为俱乐部会员提供一些方便和实惠,而俱乐部本身也从会费中取得一定收益。

1895年,世界上最早的汽车俱乐部——美国汽车联盟在赛车运动员查尔斯·布雷迪·金格的建议下宣告成立,并制定了世界上最早的汽车俱乐部活动宪章。美国汽车联盟以保障机动车会员的各种合法权益为宗旨,通过报告会等形式,向会员传授汽车工程最新技术,通报汽车大赛动态,并为他们提供紧急救援和法律咨询服务。为了抵制传统交通法规对汽车使用的限制、改善道路条件、建设汽车服务设施,全球各地都有汽车车主自发联合起来,组织汽车俱乐部。由于当时俱乐部成员多属于上层社会,具有一定的政治影响和活动能力,从而使得汽车俱乐部在推动汽车的发展和普及方面,起到了显著的作用。

随着汽车普及率的提高、汽车技术的复杂化,汽车的日常保养、维修、年检、故障、事故处理等对车主操控汽车的能力要求越来越高。为了解决车主的这些烦恼,各类服务于广大车主的汽车俱乐部不断地涌现,并不断扩大经营规模和业务范围,开始向金融、保险、租赁等各方面发展。有车族范围的扩大使得各类主题汽车俱乐部应运而生,产生了主要从事汽车比赛、越野活动、汽车收藏等的各类汽车俱乐部。

经过一个多世纪的发展,全球各国汽车俱乐部的会员总数超过2亿,其中美国有将近一半的车主是各类汽车俱乐部的会员。

7.3.2 我国汽车俱乐部现状

中国汽车俱乐部的出现始于1995年建立的北京大陆汽车救援中心,即现在的北京恩保大陆汽车俱乐部。这些汽车俱乐部多采用会员制的形式，以向驾车人提供以 24 小时公路救援为主，其他综合性汽车服务为辅的全方位的汽车保障服务。

目前，全国以汽车救援为主的汽车俱乐部共有 300 余家，其中最具代表的是北京的恩保大陆汽车俱乐部、北方之友汽车俱乐部，江苏的交广汽车俱乐部，上海的安吉汽车俱乐部，四川的川友汽车俱乐部，广东的广骏汽车俱乐部等。这些汽车俱乐部都严格遵照国际 AA 组织的运行模式，在本地建立起了符合我国国情，具有当地特色的以私家车车主为主要服务对象的汽车服务保障机构。

汽车俱乐部不生产具体的产品，它所提供的产品是一种服务。对于一个综合性汽车俱乐部而言，这种服务又分为生产型服务和生活型服务。生产型服务是指俱乐部为会员提供各种对车辆和车主本人的有关车辆的服务，它的目的便是为广大会员解决在使用车辆的过程中所产生的实际困难；而生活型服务则是以会员为主体的各种休闲、娱乐和交友服务。

7.3.3　著名汽车俱乐部介绍

1. 美国汽车协会

美国汽车协会全称 American Automobile Association，简称 AAA，成立于 1902 年，会员总数超过 4800 万名，是仅次于罗马天主教会的世界第二大会员组织。协会的目的是改善汽车的可靠性，争取建筑更好的公路，并敦促国会通过统一的交通法。该汽车俱乐部组织可以提供从维修、救援、保险到住宿的全套服务。AAA 拥有 139 个分支机构，在美国和加拿大有 1000 个办事处，10 万个授权网点。

1902 年 3 月 4 日，来自美国各地九个汽车俱乐部在芝加哥联合成立 AAA。100 多年来，AAA 服务范围和种类不断扩大，如 1905 年首次出版全美公路交通图；1917 年出版了全美旅馆指南；1920 年建立安全驾驶学校；1947 年着重于汽车安全及道路安全的研究等。现在，AAA 的服务更扩展到为会员提供购车贷款、保险、租车等方面的优惠。另外，AAA 还参与评定五星级旅馆和饭店，是美国旅馆和饭店的权威评审机构之一。

2. 全德汽车俱乐部

全德国汽车俱乐部全称 Allgemeiner Deuther Automobil Club，简称 ADAC，成立于 1903 年，总部位于慕尼黑，是德国汽车服务业的巨无霸，是一家企业化运作、非营利性、混合性的组织，拥有保险、空中救援、旅游、通信、汽车金融、汽车运动等领域的经营性公司，其主要项目包括路边援助、空中救护、紧急医疗救助、国外援助、机动车车辆检测、保险、旅游和交通信息提供等。直属于 ADAC 的四大分支机构是 ADAC 投资和商务服务有限公司（ADAC Beteiligungs – und Wirtschaftsdienst GmbH）、ADAC 空中救援有限公司（ADAC Luftrettung GmbH）ADAC 黄色天使基金会、（ADAC Stiftung Gelber Engel GmbH）以及 ADAC 体育基金会（ADAC Stiftung Sport）。

ADAC 在德国各地共设有 18 个地区性汽车俱乐部，是欧洲第一大、世界第三大的汽车协会。ADAC 在海外，包括美国、加拿大、欧洲各国拥有 16 个会员救援呼叫中心，发展了 4100 个合作伙伴。ADAC 直接或通过附属公司向德国汽车、摩托车和小型船只驾驶者提供服务，同时印刷出版地图和交通图。协会所有交通救援车辆均被漆为黄色，德国人称其为"黄色天使"（Gelber Engel）。ADAC 的空中救援部门为德国两个最大的直升机救援机构之一。图 7 - 13 为 ADAC 俱乐部。

图 7 - 13 ADAC 俱乐部

3. 新西兰汽车协会

新西兰汽车协会(New Zealand Automobile Association，AA)是新西兰规模最大、服务最全、消息发布最权威的汽车协会，其前身于 1903 年在奥克兰成立，经过百年的发展，服务与规模都有了飞速的提升，协会也从一个松散的俱乐部类型的组织，成长为一个以汽车文化为根基、全方面发展的商业"巨无霸"。

AA 是新西兰规模最大、服务最好最全、消息发布最权威的汽车协会，业务范围不仅仅局限于汽车的维修、检查、买卖和道路救援，而且还跨界经营，财产和人寿保险、咨询服务、旅游指南的编写、车辆安全性能评定、汽油柴油价格数据汇总和研究、替消费者打官司鸣不平等。

另外，AA 还负责替新西兰交通管理局 NZTA"摆平"新西兰驾照的相关事宜，无论您是申请驾照、交规考试、国际驾照转换，还是驾照延期、IDP 驾照申请，都需要跟 AA 打交道。还有，AA"不是一个人在战斗"，特别是在英联邦国家的 AA 组织之间的联系非常紧密，并且服务运营管理等体系趋近于一致。从某种意义上来说，AA 已经不仅仅是一个可以提供服务的汽车协会，它还传承了一种汽车文化，一种名叫"AA"的文化。图 7 - 14 为新西兰汽车协会。

图 7 - 14 新西兰汽车协会

4.北京大陆汽车俱乐部

北京大陆汽车俱乐部有限公司全称 China Automobile Assosition, 简称 CAA, 总部位于北京。自 1995 年创办至今, 已从单一的北京道路救援服务机构发展成为以道路救援为核心业务, 汽车保险理赔、车务、物流、质保、会员服务、二手车增值服务等为一体的汽车后市场综合服务管理平台。CAA 是中国第一家汽车俱乐部, 也是目前最大的汽车俱乐部之一, 同时也是中国成立最早、规模最大的汽车救援专业机构。投资发起人澳大利亚的财险集团 IAG (Insurance Australia Group) 使 CAA 成为中国第一批拥有国外先进管理理念的汽车俱乐部之一。依托澳洲母公司 IAG 强大的经济支持及百年先进的国际管理、IAG 旗下 NRMA 汽车俱乐部 90 年道路救援经验及技术支持, 15 年来, 为客户提供了百万次完善的服务, 发展至今已成为国内救援服务行业的领航者。

如今, 大陆汽车俱乐部以北京为起点, 将专业可靠的汽车救援服务扩展到全国各地, 网络覆盖 1~5 级城市的 95% 以上, 驾车人在网络覆盖地区的城市, 无论何时通过服务热线都可享受到专业可靠的汽车救援服务。2007 年, 在乘用车全国救援业务的基础上, 该俱乐部又启动了商用车全国网络救援, 成为中国第一家提供商用车道路救援服务的机构, 也代表着国内商用车救援的最高水平。发展至今, 是国内唯一一家同时拥有乘用车与商用车救援的服务机构。

7.4　其他汽车文化项目

汽车在现代生活中无处不在。汽车的车牌、广告语、车贴、汽车漫画、汽车笑话等给人们的生活增添了无穷的乐趣。汽车相关产品的各类收藏也达到了精益求精的水平。当然, 汽车广告、汽车影院的兴起也渐渐融入人们的生活, 汽车模特也给人们带来一次次视觉、文化冲击。

7.4.1　汽车广告

汽车广告 (automotive advertising) 的立足点是企业。做广告是企业向广大消费者宣传其产品用途、产品质量, 展示企业形象的商业手段。在这种商业手段的运营中, 企业和消费者都将受益。企业靠广告推销产品, 消费者靠广告指导自己的购买行为。不论是传统媒介还是网络传播, 带给人们的广告信息为人们提供了非常方便的购物指南。因此, 在当前的信息时代, 我国的汽车企业应运用多种媒体做广告, 宣传本企业的产品, 否则会贻误时机。图 7-15 所示为奔驰汽车广告。

7.4.2　汽车影院

汽车影院 (图 7-16), 即观众坐在各自的汽车里通过调频收听和观看露天电影, 将停车场作为电影放映场地, 使汽车内的观众在不同的位置都能看到清晰、逼真、稳定的图像, 再将声音通过调频信号引入汽车内, 观众就可以坐在车内观看电影了。这是随着汽车工业高度发达后所衍生的汽车文化娱乐方式之一。自从 1933 年的 6 月 6 日, 美国新泽西州 Richard M. Holling shead 在他家后院创办了世界上第一家汽车电影院 (可容纳 400 辆汽车, 银幕面积为 12.2 m×9.15 m) 之后, 这种娱乐休闲方式随着汽车的普及很快风靡整个北美地区, 从而成为独特的文化特色之一。

图 7 - 15　奔驰汽车广告

汽车影院不仅是家庭娱乐休闲的场所，也是情侣们共享浪漫的甜蜜港湾。汽车电影院既新奇又便捷，且随着汽车的普及很快便风靡全球，从而成为重要的汽车文化特色之一。汽车影院在为人们提供自然、自在、自我生活的新方式的同时，也使人们体验了汽车的独特魅力。汽车影院随着汽车的普及已经在中国兴起。国内比较知名的汽车影院有北京枫花园汽车电影院、湖南幕语汽车电影院、芜湖大江天广汽车电影院、河南奥斯卡汽车影院等。

图 7 - 16　汽车影院

7.4.3　汽车模特

在 1993 年举办的中国上海汽车展览会上，首次出现了汽车模特，这也开创了中国汽车模特的先河，此后，汽车模特便开始频繁出现在各大车展上。经济发展后人们思想观念逐步解放，汽车模特这一职业也慢慢开始在车展上活跃起来。

在一些低等级车展中，甚至出现了打着人体彩绘旗号进行展示的"车模"，国内的车展一度被搞得乌烟瘴气，2015 年 4 月的上海国际车展，主办方顶着重压取消了车模展示，这是1993 年以来国内首次没有车模的车展。

2016 年北京车展出现网络女主播参与车展，不再是展方吸睛，反而成了网站宣传的必备方式。是汽车衬托美女，还是美女代表汽车，这不重要，重要的是人们将汽车人性化，把车和人非常完美地融合在一起，这才是汽车文化的真正飞跃。

第8章　汽车与社会

汽车作为一种便捷的现代化交通工具，在给人们的生活带来极大便利的同时，也因其造成的交通事故、交通拥堵、环境污染等给人类的生命和财产带来了威胁。汽车的发展过程也是人们不断认识和解决这些问题的过程。

8.1　汽车与安全

8.1.1　汽车安全技术

汽车安全性可划分为主动安全性和被动安全性，主动安全性是指汽车能够识别潜在的危险因素自动减速，或当突发的因素作用时，能够在驾驶员的操作下避免发生碰撞事故的性能；汽车被动安全性是指交通事故发生后，汽车本身减轻人员伤害和货物损失的能力。

1. 被动安全技术

汽车被动安全技术是指一旦事故发生时，保护车辆内部乘员及外部人员，使直接损失降到最小的技术。常见的被动安全技术有：

（1）吸能车身

吸能车身的作用是在吸收汽车动能的同时减缓车内乘员的移动程度，保证乘员有足够的生存空间。例如，驾驶员部位最容易受到伤害，因此将转向柱设计为可缩进式，碰撞时能折叠一定的距离；前、后保险杠有吸收动能的要求；车门要有一定的刚度，受撞击后要易于打开；车顶要有一定的刚度，保证翻车后不能被压扁等。

（2）安全带

安全带的历史悠久，它的作用是当汽车发生急转弯或正面碰撞、后面碰撞、有角度碰撞以及翻车事故时，约束乘员尽可能保持原有的位置不动，避免与车内坚硬部件发生碰撞并防止乘员从座位上甩出而造成伤害。汽车上使用的安全带，按固定方式分为两点式、斜挂式、三点式、四点式四种，由织带、安装固定件、卷收器和调节件等部件组成。安全带在交通事故中，对驾驶员和乘员有着重要的保护作用，特别是在高速公路上行车时，其作用更加明显。研究表明，安全带的使用能够减少乘员在碰撞事故中50%的死亡率。

（3）安全气囊

安全气囊的装用大大降低了碰撞中乘员受伤的风险。安全气囊主要由传感器、气体发生器、气囊系统等三部分组成，传感器的功能是检测、判断车体所经受的撞击信号，决定是否启动安全气囊；气体发生器的功能是在传感器的控制下根据信号指示产生点火动作，点燃固态燃料并产生气体向气囊充气，使气囊迅速膨胀展开、保护乘员；气囊一般装在方向盘毂内紧靠缓冲垫处，其容量为 50～90 L，做气囊的布料具有很高的抗拉强度，同时气囊设有安全阀，当充气过量或囊内压力超过一定值时会自动泄放部分气体，避免乘客挤压受伤。安全气囊所用的气体多是氮气或一氧化碳。

传统安全气囊的设计是在发生正面撞车事故时避免车内乘员的头部、颈部和胸部强烈撞击在仪表盘、方向盘或挡风玻璃上。在后面碰撞、翻车或大多数侧面碰撞的情况下，它不会被引发。随着技术的发展，安全气囊的保护范围将进一步扩大，从现在的前排乘员前方保护扩展到前排乘员的侧面、膝部和后排乘员的前方与侧面以及车外行人保护，开发出了侧面安全气囊、发动机罩宽幅气囊、车外气囊等。同时，安全气囊已出现智能化，能识别乘员席有无乘员、有无逆向儿童座椅、乘员身材大小、质量、坐姿、是否佩戴安全带等，并根据上述信息调整动作，以求最大限度地减少失误和保护乘员。

（4）安全头枕

随着高速公路里程的增加，车辆高速行驶的概率不断上升，高速公路上发生最多的是追尾撞车。发生追尾事故时，即使车速较低，也会对背部和颈部造成损伤，而头部所受的这种伤痛通常会折磨人的一生。安全头枕的主要作用是在汽车发生碰撞事故（尤其是受追尾碰撞）时，可抑制乘员头部后倾，以防止或减轻对颈部的损伤。

（5）安全玻璃

汽车发生碰撞事故时风窗玻璃的性能如何，对高速行驶的汽车安全性影响较大。汽车安全玻璃一般要具有足够大的变形余量和柔性，一方面可保证正常状况下良好的视觉效果，另一方面既能防止碰撞时乘员从窗中飞出，又不致对其头、颈部位造成较严重伤害。

（6）儿童安全装置

儿童安全装置主要指儿童安全带和儿童座椅。由于儿童的身材比例与成人不同，并不是成人身材的简单缩小，所以儿童用安全带和儿童安全座椅必须另外进行特殊设计，才能保证儿童的安全。据试验得出的结果显示，一个 20 kg 的儿童，在发生撞击时，其体重可达 2 t，是根本抱不住的。因此在我国随处可见的儿童不加限制地坐在成人座位上的现象在发生碰撞时是很危险的。而据研究显示，正确使用儿童安全带和儿童座椅可使 0～1 岁的幼儿死亡率减少 69%，1～4 岁的儿童死亡率减少 47%，5 岁以上儿童死亡率减少 45%，减少中到重伤 50%。

（7）紧急门锁释放机构

当车辆发生碰撞后，为使乘员容易从被撞车辆中出来，车门应容易打开。紧急门锁释放机构的特点是，当碰撞传感器确认已发生碰撞，系统会立即自动地释放门锁。

（8）事故自动报警系统

事故自动报警系统将是今后汽车必备的安全系统，它是在汽车后视镜内安装了一个与移动电话和撞车传感器相连的微型摄像机，与智能汽车交通系统（ITS）和全球卫星自动定位系统（GPS）相配合，一旦汽车失事，将自动向有关安全管理部门和医疗急救部门报警，提供汽车所在位置、事故严重程度、车载人员数、戴安全带人数和人员受伤的大致程度等信息，并保持联络，使事故人员得到及时救护。

2. 主动安全技术

根据"汽车理论"和"汽车设计"的概念，所谓主动安全技术就是在汽车的设计和制造时，对汽车的内、外部结构进行合理有效的设计，采用更先进的技术和装备，主动预防、避免或减少汽车在行驶过程中发生事故，以提高汽车的主动安全性能。通过提高汽车的主动安全技术和安全性能，可以最有效地减少道路交通事故的发生，从而可以从根本上降低道路交通事故对人类生命及财产安全造成的危害，因此，汽车主动安全技术是当今汽车研发的重点研究领域。目前已采用的汽车主动安全技术主要有以下几项。

(1) AWS

AWS(advance warning system)，是一个意外事故预防和缓和的驾驶辅助系统，在危险发生前给驾驶员提供及时的声音和视觉报警。公路交通事故已成为全球范围内日益严重的公共安全问题。统计资料表明，其中驾驶员的人为因素导致的公路交通事故率最高。无论是事故数量还是伤亡人数均分别高达各自总数的90%左右。并且，在导致这些公路交通事故的驾驶员的人为因素中，疲劳和精神分散驾驶是重要原因之一。驾驶员在 3 s 时间内的注意力不集中，造成了其中80%的交通事故，主要表现为车道偏离和追尾事故。国内外在防止车道偏离和保持安全车距两个方面都开展了相当多有益的探索，在雷达、激光、超声波、红外线、机器视觉等传感器技术方面都取得了一些突破。经过长期大量的研究实践，人们逐步认识到采用单目视觉技术，仅使用一台摄像机，即能在一定程度上实现对前方道路环境、车辆探测及车距监测的功能。通过在汽车上安装汽车碰撞预警系统，利用技术手段分析车道、周围车辆的状况等驾驶环境信息，一旦驾驶员发生疲劳及精神分散、汽车出现无意识的车道偏离及汽车间车距过近、存在追尾可能时，能够及时给予驾驶主动预警，是减少公路交通事故行之有效的技术措施。

(2) TCS

TCS(traction control system)是牵引力控制系统，又称循迹控制系统。汽车在光滑路面制动时，车轮会打滑，甚至产生方向失控。同样，汽车在起步或急加速时，驱动轮也有可能打滑，在冰雪等光滑路面上还会使方向失控而发生危险。TCS 依靠电子传感器探测车轮驱动情况，不断调节动力的输出，从而使车轮不再打滑，提高加速性与爬坡能力。如果车辆在摩擦系数小的湿滑、积雪、结冰等路面启动或加速时，驱动轮容易打滑导致汽车失控。TCS 系统一旦发现某车轮有这种趋势，就迅速调节该车轮的输出扭矩，同时启动 ABS 对打滑的驱动轮进行适当制动，以平衡每个车轮的抓地力，使其不致出现打滑或空转，保证车辆能迅速稳定地启动或加速，保持良好的操控性和方向稳定性。

(3) ESP

ESP(electronic stability program)是汽车电子稳定系统，最早由德国博世(Bosch)公司和奔驰(戴姆勒-Benz)公司联合研制，它集成了防抱死制动系统(ABS)、电子制动力分配系统(EBD)和牵引力控制系统(TCS)等的基本功能，能在几毫秒内识别汽车不稳定行驶趋势并予以修正，使其重新回到正常的行驶状态。ESP 系统是汽车主动安全技术发展中的一个巨大突破，它可在极其恶劣的行车环境中确保汽车的行驶稳定性。

ESP 系统集成了 ABS/EBD、BAS(辅助制动系统)、EDS(电子差速锁止系统)、TCS(ASR)系统，主要由中央控制单元和各种传感器、执行器所组成，包括方向盘转角传感器、横摆角速度传感器、车轮速度传感器、侧向加速度传感器以及液压装置中的压力传感器等。

其中最为重要的是车身横摆角速度传感器和侧向加速度传感器，它们时刻监测汽车的准确姿态，并记录汽车每个可能的翻转运动趋势。其他传感器则分别记录制动时制动力的大小、方向盘的转动角度、行驶速度以及各个车轮的速度。

（4）VSA

VSA（vehicle stability assist）车辆稳定性控制系统，是具有世界先进水平的提高车辆稳定性和行驶安全性的控制系统。该系统除具有传统的制动防抱死（ABS）功能和牵引力控制（TCS）功能外，还具有防滑控制（skid control）功能。在车辆被判断为转向不足或转向过度时，通过计算，使车辆产生反方向的转矩，从而抑制转向不足或转向过度，保证了车辆在直行、转向以及制动等各种行驶状态下的稳定性。特别在遇到紧急情况突然转向、通过湿滑路面等情况下，能够最大限度地确保车辆的行驶安全。

（5）ABS

ABS 是 anti-lock braking system 的缩写。目前大多数轿车都装有 ABS。在遇到紧急刹车时，汽车安全经常需要汽车立刻停下来，但大力刹车容易发生车轮锁死的状况，如前轮锁死引起汽车失去转弯能力，后轮锁死容易发生甩尾事故等。安装 ABS 就是为解决刹车时车轮锁死的问题，从而提高刹车时汽车的稳定性及较差路面条件下的汽车制动性能。

（6）EBD

ABS 必须在踩下刹车至车轮抱死时才发挥作用，而 EBD 可以在踩下制动踏板后、在 ABS 起作用之前通过调节后轮制动力达到良好的制动效果，以减少不必要的 ABS 动作，或在 ABS 因特殊的故障状态而失效时防止车轮抱死，增大了保护范围。EBD 能够在汽车制动时自动调节前、后轴的制动力分配比例，并配合 ABS 提高制动稳定性。汽车在制动时，四只轮胎与地面的摩擦力不一样，容易造成打滑、倾斜和车辆侧翻事故。EBD 用高速计算机分别对四只轮胎附着的不同地面进行感应与计算，根据不同的情况用不同的方式和力量制动，并不断调整，保证车辆的平稳、安全。

（7）ASR

ASR（acceleration slip regulation），即驱动防滑系统，其目的就是要防止车辆尤其是大马力车辆在起步、再加速时驱动轮打滑现象，以维持车辆行驶方向的稳定性。

ASR 可以通过减少节气门开度来降低发动机功率或者由制动器控制车轮打滑来达到对汽车牵引力的控制。装有 ASR 的车上，从油门踏板到汽油机节气门（柴油机喷油泵操纵杆）之间的机械连接被电控油门装置所代替，当传感器将油门踏板的位置及轮速信号传送至控制单元时，控制单元就会产生控制电压信号，伺服电机依此信号重新调整节气门的位置（或者柴油机操纵杆的位置），然后将该位置信号反馈至控制单元，以便及时调整制动器。

当汽车行驶在易滑的路面上时，没有 ASR 的汽车加速时驱动轮容易打滑，如果是后驱动轮打滑，车辆容易甩尾，如果是前驱动轮打滑，车辆方向容易失控。有 ASR 时，汽车在加速时就能避免或减轻这种现象。在转弯时，如果发生驱动轮打滑会导致整个车辆向一侧偏移，当有 ASR 时就会使车辆沿着正确的路线转向。

（8）AEB

AEB 是一种汽车主动安全技术，系统采用雷达测出与前车或者障碍物的距离，然后利用数据分析模块将测出的距离与警报距离、安全距离进行比较，小于警报距离时就进行警报提示，而小于安全距离时即使在驾驶员没有来得及踩制动踏板的情况下，AEB 系统也会启动，使汽车自动制动，从而为安全出行保驾护航。

AEB 系统主要由三大模块构成，包括控制模块 ECU、测距模块、制动模块。其中测距模块的核心包括微波雷达、人脸识别技术和视频系统等，它可以提供前方道路安全、准确、实时的图像和路况信息。

8.1.2 新车安全评价体系

1. NCAP

NCAP 是英文 new car assessment program 的缩写，即新车评价规范。NCAP 最早于 1978 年出现在美国，进入 20 世纪 90 年代后，欧洲、日本和澳大利亚等也相继建立了自己的 NCAP 体系，分别被称为美国的 NHTSA-NCAP、欧洲的 Euro-NCAP 和日本的 J-NCAP。其中欧洲的 NCAP 最具影响力和代表性。它由欧洲各国汽车联合会、政府机关、消费者权益组织、汽车俱乐部等组织组成，是不依附于任何汽车生产企业的独立的第三方机构，所需经费由欧盟提供，不定期对已上市的新车和进口车进行碰撞试验。

鉴于 NCAP 对消费者购车选择产生的巨大影响，欧洲主流汽车品牌对 NCAP 成绩非常重视，部分企业在新车样车碰撞结果不佳时甚至主动对产品进行改进，并进行二次测试。

NCAP 的碰撞测试成绩用星级"★"表示，共有 5 个星级，星级越高表示该车的碰撞安全性能越好。

★★★★★称为 5 星级，表示乘员严重伤害的概率小于或等于 10%；

★★★★称为 4 星级，表示乘员严重伤害的概率为 11% ~ 20%；

★★★称为 3 星级，表示乘员严重伤害的概率为 21% ~ 35%；

★★称为 2 星级，表示乘员严重伤害的概率为 36% ~ 45%；

★称为 1 星级，表示乘员严重伤害的概率等于或大于 46%。

2. C – NCAP

C – NCAP 是英文 China New Car Assessment Program 的缩写，即中国新车评价规程。它是在充分研究并借鉴其他国家 NCAP 发展经验的基础上，结合我国汽车标准、技术和经济发展水平，中国汽车技术研究中心于 2006 正式建立的。C – NCAP 旨在给予消费者系统、客观的车辆信息，促进企业按照更高的安全标准开发和生产，从而有效减少道路交通事故的伤害及损失。中国汽车技术研究中心是 C – NCAP 的管理机构，专门设立 C – NCAP 管理中心，负责组织实施，包括确定年度计划和财务预算，选定评价车型(包括企业申请)，审定评价结果，处理争议和疑难问题，商定临时事项。

C – NCAP 要求对一种车型进行车辆速度 50 km/h 与刚性固定壁障 100% 重叠率的正面碰撞、车辆速度 64 km/h 对可变形壁障 40% 重叠率的正面偏置碰撞、可变形移动壁障速度 50 km/h 与车辆的侧面碰撞、驾驶员座椅在移动台车上进行的 15.65 km/h 特定加速度波形模拟后碰撞四种碰撞试验，根据试验数据计算各项试验得分和总分，由总分多少确定星级。评分规则非常细致严格，最高得分为 62 分，星级最低为 1 星级，最高为 5 +。

C – NCAP 实施六年来，国内车型整体安全技术水平及评价成绩大幅提高，车辆安全装置的配置率也逐渐增加，大多数企业已将 C – NCAP 作为产品开发和改进的目标。随着 C –

NCAP 的顺利实施及研究的深入，中国汽车技术研究中心也对《C – NCAP 管理规则》进行了多次完善和提升，经历了 2006 年版、2009 年版和 2012 年版的变更。《C – NCAP 管理规则 (2012 年版)》在原有的正面 100% 重叠刚性壁障碰撞试验、正面 40% 重叠可变形壁障碰撞试验、可变形移动壁障侧面碰撞试验等三项试验基础上、增加了鞭打试验、提高了偏置碰撞试验车速、增加了后排假人的评分和 ESC 系统的加分，评分及星级划分也做了较大调整。在此基础上，经过一段时间的运行，C – NCAP 管理中心又对部分细节进行了完善，形成《C – NCAP 管理规则(2015 年版)》。

最新的《C – NCAP 管理规则(2018 年版)》相较《C – NCAP 管理规则(2015 年版)》相比，主要变化如下：增加了行人保护试验及评价；增加了车辆自动紧急制动系统(AEB)试验及评价；修改了侧面碰撞可变形壁障的参数；修改了碰撞试验中后排假人的得分权重；提高了鞭打试验速度；修改了鞭打试验中假人各部分得分权重；增加了关于侧气帘加分的技术要求；增加了对于后排安全带提醒装置的加分及要求；增加了纯电动汽车/混合动力电动汽车的试验程序和评价方法；构建了全新的评分体系；修改了车型分类等。

3. C – IASI

C – IASI 全称是中国保险汽车安全指数测试评价规程，该机构由人保、平安、太保、大地等八家财产保险公司参与建立，碰撞测试基本照搬美国 IIHS。著名的美国公路安全保险协会 IIHS 作为世界安全标准的重要组成部分，运行资金费用都由美国各个保险公司出资承担，具有很高的公信力。

表 8 – 1 为字码生产国家对应表。

表 8 – 1　字码生产国家对应表

	C – IASI	I IHS	C – NCAP
正面碰撞	25% 偏置(64 km/h)	25% 偏置(64 km/h)	100% 重叠(50 km/h)
侧面碰撞	移动壁障(50 km/h, 质量 1500 kg, 高 1138 mm)	移动壁障(50 km/h, 质量 1500 kg, 高 1500 mm)	移动壁障(50 km/h, 质量 1400 kg, 高 600 mm)
鞭打测试	16 km/h	16 km/h	20 km/h
车顶静压测试	有	有	无

相比 C – NCAP，C – IASI 的测试理念更新，评测标准更加严苛，C – IASI 和 IIHS 都取消了在实际驾驶中发生概率较低的正面 100% 重叠碰撞，取而代之的是正面 25% 偏置碰撞，且碰撞速度更高，对车身结构的坚固度有了更高的要求。侧面碰撞，C – IASI 的移动壁障虽然没有 IIHS 的高，但也相当于 C – NCAP 的 2 倍，更高的移动壁障，不仅考验门槛梁、车门防撞梁，对 B 住、车窗的安全要求也更高。最后，C – IASI 和 IIHS 相比 C – NCAP 还多了车顶静压测试，对车辆安全有了更加全面的考核。2018 年第一批 C – IASI 测试共有 12 辆车参与，但只有 3 辆车获得最高评价，远低于 C – NCAP。

8.2 汽车与交通

8.2.1 汽车与交通堵塞

1. 汽车交通拥堵概述

交通拥堵，是指一定的时间和空间内，道路路段或道路交叉口上的交通需求超过交通供给时，超过容量的交通量滞留在道路上的现象。交通拥堵是各种因素相互作用而产生的结果，具有时间性和空间性的特点。

交通拥堵的形成过程可以分为以下几个阶段。

①形成阶段。在这一阶段，交通流行驶速度明显下降，道路上有序的车流出现局部混乱，属于轻微堵塞，只要进行有效的协调，交通混乱的局面可以得到缓解。

②发展阶段。在这一阶段，随着后续车辆不断加入拥堵车队，道路总通行能力下降，需要较好的交通组织协调，才能恢复交通秩序。

③拥堵阶段。形成了以最初堵塞点为核心的大面积车流停滞，相邻路段的流量明显下降，需要很长时间的交通组织协调，才能使拥堵局面得到恢复。

2. 交通拥堵解决途径

随着中国城镇化、机动化进程不断加快，以交通拥堵为代表的城市交通问题普遍成为困扰各大城市的难题。

近现代人们为了解决交通拥挤的问题，以减少单位面积道路内的汽车数量为原则，即减少平方单位内的汽车密度，具体方法有：

(1) 新建、改建道路

此方法是解决交通堵塞最为基本的方法，因为当汽车使用率增高时，就需要有更多的道路来容纳车流。不过此方法的弊端在于仅能"增加"道路面积，而无法"根治"交通堵塞问题，因为汽车数量并未随之减少。

(2) 减少道路交叉

此种方法包括了立体交叉、地下行车道、铁路地下化等。

(3) 发展公共运输系统

公共运输系统可以借由改变驾驶人的通勤方式来减少私人汽车的数量，因此根治交通堵塞的效果较显著。公共运输系统可分为公共汽车和城市轨道交通系统两种，都能解决塞车。但公共汽车的运作，仍受道路交通的影响。而后者则由于其是独立于其他交通体系（如道路和其他铁路）以外，运输乘客的效率更高。

(4) 收费

用收费以抵制驾驶人的开车意愿，而减少汽车量的方法，称为"拥挤收费"，目前新加坡及伦敦等都市已开始实施，纽约市亦计划采取。伦敦实施交通拥挤费而新加坡则采取"车牌竞投"的方法，以高价拍卖，加上烦琐及昂贵的手续，以减少非高收入市民购车的欲望。而续牌费也是其中一个方法，目前此方法在香港及新加坡地区实施。但有时，收费系统反而是造成塞车的原因，因为汽车行经收费站时，会放慢车速，如是在车流量大的路段，会造成回堵，因此有些地区会改变收费方式，以避免堵塞。

8.2.2　汽车与道路交通安全

1. 道路交通现状

交通运输部统计数据显示，2018 年末全国公路总里程 484.65 万公里，比上年增加 7.31 万公里。公路密度 50.48 公里/百平方公里，增加 0.76 公里/百平方公里。公路养护里程 475.78 万公里，占公路总里程 98.2%。图 8-1 为 2014—2018 年全国公路总里程及公路密度。

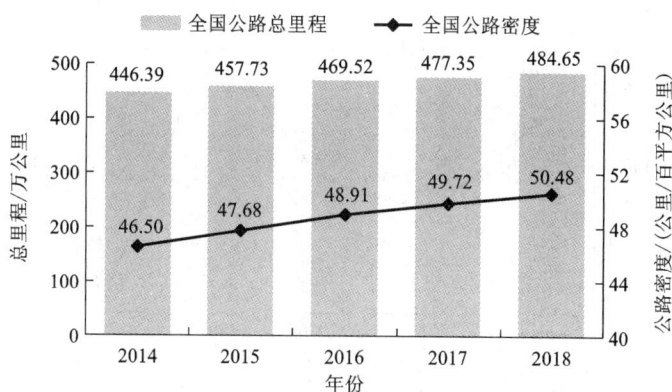

图 8-1　2014—2018 年全国公路总里程及公路密度

2018 年末全国四级及以上等级公路里程 446.59 万公里，比上年增加 12.73 万公里，占公路总里程 92.1%，提高 1.3 个百分点。二级及以上等级公路里程 64.78 万公里，比上年增加 2.56 万公里，占公路总里程 13.4%，提高 0.3 个百分点。高速公路里程 14.26 万公里，比上年增加 0.61 万公里；高速公路车道里程 63.33 万公里，比上年增加 2.90 万公里。国家高速公路里程 10.55 万公里，比上年增加 0.33 万公里。图 8-2 为 2018 年全国各技术等级公路里程构成。

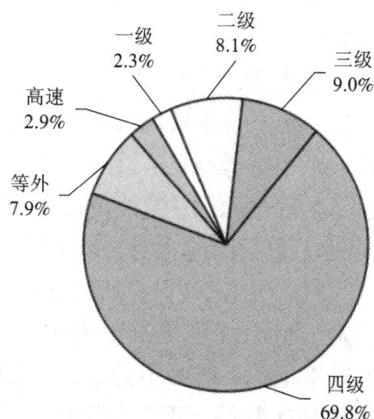

图 8-2　2018 年全国各技术等级公路里程构成

2018 年末国道里程 36.30 万公里，省道里程 37.22 万公里；农村公路里程 403.97 万公里，其中县道里程 54.97 万公里，乡道里程 117.38 万公里，村道里程 231.62 万公里。

2018 年完成公路建设投资 21335 亿元，比上年增长 0.4%。其中，高速公路建设完成投资 9972 亿元，增长 7.7%；普通国省道建设完成投资 6378 亿元，下降 12.2%；农村公路建设完成投资 4986 亿元，增长 5.4%。图 8-3 为 2014—2018 年全国公路建设投资额及增长率。

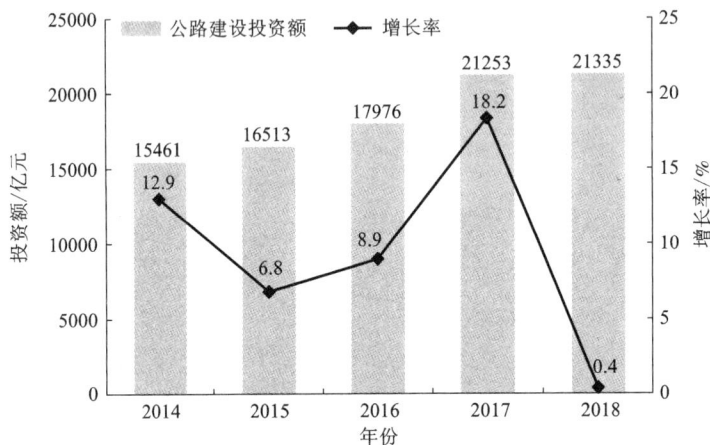

图 8-3　2014—2018 年全国公路建设投资额及增长率

2. 交通事故原因

我国道路交通事故发生的原因是多元和复杂的。因而只有通过对交通事故原因的分析，才能发现形成这些交通事故特点的原因。道路交通事故的影响因素基本上可归结为人的因素、车辆因素和道路及其他因素。

（1）人的因素

交通是人类生存的四大根本需求之一，在道路交通事故中人的因素起着决定性作用，许多交通事故都是由于人的原因造成的，抓好道路交通事故预防就必须抓住对人的教育和管理，所以说交通事故没有人的参与就谈不上交通事故。人是道路交通安全的主体，包括所有使用道路者，如机动车驾驶员、乘车人、骑自行车人、行人等。

①从驾驶员方面分析。由于机动车驾驶员数量以及增长速度过高，群体文化素质不高，安全驾驶技术水平不高，部分驾驶员缺乏职业道德，交通违法行为严重，是发生交通事故的重要原因。驾驶员在行车过程中注意力分散、疲劳过度、休息不充分、睡眠不足、酒后驾车、身体健康状况欠佳等潜在的心理、生理性原因，造成反应迟缓而酿成交通事故。引发交通事故及造成损失的驾驶员主要违规行为包括疏忽大意、超速行驶、措施不当、违规超车、不按规定让行这 5 个因素。其中疏忽大意、措施不当与驾驶员的驾驶技能、观察外界事物能力及心理素质等有关，而超速行驶、违法超车、不按规定让行则主要是驾驶员主观上不遵守交通法规或过失造成的，驾驶员驾驶技术生疏，情绪不稳定，也会引发交通事故。同时，驾龄在 2~3、4~5 年的驾驶员发生交通事故次数多，死亡人数多，而驾龄为 1 年的驾驶员人数在驾驶员总数中并不占优势，但造成损失的比例却是最大的。

②从非机动车驾员人分析。不走非机动车道，抢占机动车道；路口、路段抢行猛拐；对

来往车辆观察不够；制动系统失灵或根本就没有；驾驶技术不熟练，青少年骑车追逐嬉戏等均可造成交通事故的发生。

③从行人分析。不走人行横道、地下通道、天桥；翻越护栏、横穿和斜穿路口；任意横穿机动车道，翻越中间隔离带；青少年或儿童突然跑到道路上，对突然行进的车辆反应迟缓、不知所措；不遵守道路交通信号及各种标志等，从而导致交通事故。

（2）车辆因素

车辆是现代道路交通中的主要元素，影响汽车安全行驶的主要因素是转向、制动、行驶和电气四个部分。我国机动车种类多，动力性能差别大，安全性能低，管理难度大。机动车在长期使用过程中处于各种各样的环境，承受着各种应力，如外部的环境应力、内部功能应力和运动应力，以及汽车、总成、部件等由于结构和使用条件，如道路气候、使用强度、行驶工况等的不同，汽车技术状况参数将以不同规律和不同强度发生变化，或性能参数劣化，导致机动车的性能不佳、机件失灵或零部件损坏，最终成为造成道路交通事故的直接因素。在我国机动车拥有量增长迅速，数量激增的机动车已成为现代社会经济发展和提高人民的生活质量的标志之一，机动车拥有量增加速度已大大超过了道路的增长速度，使得本来不宽裕的路面更是雪上加霜，使交通事故绝对数和交通事故伤亡人数急剧上升。

（3）道路因素

道路是交通运输的基础设施，是影响道路交通安全的重要因素之一。道路建设逐步加大，公路里程增加，高等级公路增加幅度明显，交通客货用量增加，道路结构和交通条件日益改善，为道路交通安全改善打下了基础。

但是，在我国尤其是城市道路交通构成不合理，交通流中车型复杂，人车混行、机非混行问题严重；部分地方公共交通不发达，服务水平低，安全性差；自行车交通比率大，骑车者水平不一，个性不同，非机动车与机动车和行人争道抢行；无效交通如空驶出租车较多、私人车辆增加，这些无疑恶化着我国城市的交通安全状况。许多城市道路结构不合理，直线路段过长，道路景观过于单调，容易使驾驶员产生疲劳，注意力分散，致使反应迟缓而肇事。汽车的转弯半径过小，易发生侧滑。驾驶员的行车视距过小，视野盲区过大；线形的骤变、"断背"曲线等线形的不良组合，易使驾驶员产生错觉，操作不当，酿成事故。另外，路面状况对交通安全影响也较大。道路等级搭配不科学，路网密度不足，交通流不均衡，个别道路交通负荷度过大，交通安全性差；道路建设方面缺乏有效的交通影响分析，缺乏足量配套的措施、交通管理措施、停车设施等，容易形成交通安全隐患。我国道路基础设施建设速度低于交通需求的发展速度，有的道路的设计要求与实际运行状况不协调；各地区道路线形、道路结构、道路设施不一，客观上给过境车辆的驾驶员适应交通环境带来难度；道路标志标线设置不科学、数量不足、设置不连续；道路周边的环境建设和配套设施建设没有与交通安全混为一体，设计标准和实际不协调，所有这些必然会导致交通事故层出不穷。

（4）经济因素

我国属于发展中国家，面积大、人口多，国家经济水平并不发达，东西部经济发展极其不平衡，经济的增长给交通安全带来了许多负面的影响。由于经济的快速发展，刺激交通需求的增长，交通需求与供给矛盾加剧，给我国的交通设施带来巨大压力，快速的经济增长也影响了局部地区的交通安全，我国东部省份与沿海经济发达省份的交通事故就比较多，这主要是因为当地的交通需求旺盛，交通活跃造成的，这些地区的经济条件相当发达，处于国家经济的最前沿，交通设施较齐全，交通流量大，导致交通事故频发。相反，我国大部分地区属于内陆，在这些地方经济发展缓慢，交通需求量相对较小，交通设施还未完善，交通流量小，交通事故相对较少。

另外，随着经济的好转，农村的生产力水平亦不断提高，能够田间作业，也能代步和运输的"三栖"型交通工具急剧增长，特别是农用运输车发展迅速，以成为农民上山下田、走亲访友，进城赶集的主要交通工具，致使通往农村的公路上畜力车不断减少，机动车急剧增多。但由于农村各种社会管理机构、管理人员、管理机制滞后并奇缺，仅有的个别的管理部门也是人少力薄，加上农民本来文化及法律意识就不足，多种有意无意地拒管、抗税、逃费等，在农村形成了相当的管理"真空"区，致使通往农村的道路上的交通事故频频发生。

（5）管理因素

管理因素对安全行车起着重要的作用，组织管理部门重视车辆交通安全工作，则车辆安全情况会比较好。造成交通事故的管理因素主要有警力严重不足，整体执法水平不高；道路交通设施欠缺；交通科学技术管理落后，科技含量不高；群防群治，综合治理，社会化管理交通的各种措施没有落实；各有关部门在管理立法规划等方面，缺少严密和长期的合作；管理决策者的思想观念不适应等。

（6）环境因素

外部环境是影响交通安全的重要因素，雨、雾、雪天等恶劣气候条件下，交通事故发生的频率往往会增加。造成交通事故的环境原因主要有气候不良、路面不好、山区险道、闹市区人流大、行人违章、其他车辆违章干涉等。

3. 减少事故措施

人、车、路、环境四个要素是解决道路交通事故高发问题的关键环节。要从根本上降低和防止道路交通事故的发生，保证行车安全，减少伤亡和经济损失，必须从以下几方面做好预防工作。

①加强交通安全教育，减少道路交通违法行为。在道路交通事故预防的诸多因素中，人是处在核心地位的。人的交通安全意识和法制观念比较淡薄，违章现象比较严重，是造成交通事故的最主要因素。国内外道路交通事故处理的实践证明，各类道路交通违法行为的存在是导致事故发生的根本原因。因此，预防和减少道路交通事故，从根本上讲，要从预防和减少交通违法行为做起。

②加强车辆维护，提高汽车的安全性能。良好的车辆技术性能是保证安全驾驶的物质基础。目前，除了要建立完善的汽车安全检测制度和基于检测的车辆维修制度外，驾驶员日常应勤于保养、维护车辆，出车前应彻底检查转向系和制动系，认真做好车辆的日常修理工作，及时消除隐患，保证车况良好，杜绝带病车上路行驶，严把车辆技术性能关。近年来，各汽车制造厂陆续推出了各种新型安全装置，如车载防撞系统、打瞌睡或注意力不集中的报警系统、轮胎气压过低警报系统、视觉警报系统等。这些安全装置的应用使车辆进一步实现了智能化，能对驾驶员及乘客提供安全保障。

③完善道路安全设施，不断改善道路条件，加强道路交通管理，优化道路交通安全环境。严格按照相关标准，整改不符合要求的交通标志、标线以及各种交通安全设施；改善和提高道路通行环境，夜间易出事的路段应增设"凸起路标"和照明设备。交通管理部门应运用高科技手段及时查处违章车辆，排除事故隐患，并按有关法规从严管理。在事故多发路段，以及

在桥梁、急转弯、立交桥、匝道等路面复杂，积水地点设置警告牌。

④在雨、雾、雪天等灾害气候条件下应制定交通管制预案，合理控制交通流量，疏导好车辆通行；在城市道路，应实现人车分流，进行合理的交通渠化，科学的控制道路的进、出口；在交通量超过道路通行能力的路段，可以通过限制交通流量的方法来保证交通安全，同时路段的管理者在流量调整阶段，向车辆发布分流信息，提供最佳绕行路线。因此，作为驾驶员，应提高应对恶劣天气的技能和准备。作为交通管理部门，应将改善交通环境，设置合适的交通标志等作为道路安全保证的重要工作之一。

5）交通行政管理部门要加强依法行政的力度，尤其是进行行政处罚时能达到处罚教育的目的。

8.3　汽车与环境

8.3.1　汽车工业污染

我国汽车工业已经走过了 60 年的发展历程。60 年来，我国汽车工业从无到有，从小到大，由弱到强，不断发展壮大，如今已成为国民经济发展的重要支柱产业，形成了工业制造、商贸流通、综合服务相结合的汽车产业。改革开放以来，特别是近年来我国汽车工业发展势头强劲。据公安部交管局统计，随着我国汽车市场潜力持续释放，汽车保有量持续快速增长，截至 2019 年 6 月，全国机动车保有量达 3.4 亿辆，其中汽车保有量达 2.5 亿辆，占机动车总量的 74.58%，私家车（以个人名义登记的小型载客汽车和微型载客汽车）保有量达 1.98 亿辆。机动车驾驶人 4.2 亿人，其中汽车驾驶人 3.8 亿人。从驾驶人的年龄分布看，主要集中在 26～50 岁年龄段之间，其中：26～35 岁年龄段的有 1.44 亿人，占驾驶人总量的 34.12%；36～50 岁年龄段的有 1.64 亿人，占 38.88%；超过 60 岁的有 1221 万人，占 2.9%。

全国 66 个城市汽车保有量超过 100 万辆，北京、成都等 11 个城市超过 300 万辆。从城市分布情况看，截至 2019 年 6 月，全国汽车保有量超过 100 万辆的城市共有 66 个，与去年同期相比，增加 8 个。其中，汽车保有量超过 200 万辆城市 29 个，超过 300 万辆城市 11 个，依次是北京、成都、重庆、苏州、上海、郑州、深圳、西安、武汉、东莞、天津，北京、成都汽车保有量超过 500 万辆。

汽车数量剧增，给空气、土地资源、水资源、海洋、人文环境及人类的生存和健康带来许多不利影响。这些影响效应往往相互叠加，引发出人类事先未曾预料到的诸多问题。汽车是依靠发动机燃烧燃料产生驱动力而行驶的，在发动机燃烧燃料做功后排放的尾气中，含有一氧化碳、二氧化碳、氮氧化物、碳氢化合物以及对人体产生不良影响的其他一些固体细微颗粒物。汽车工业对环境的影响表现在以下几方面。

1.高度消耗自然资源

制造汽车需要消耗大量的自然资源，除使用钢铁外，还需要使用能耗很高的铝材和难以回收的塑料。

2.汽车制造过程中的污染

汽车的塑料制件中需使用氟利昂作为发泡剂，而氟利昂对臭氧层具有很大的破坏作用。

另外，铅基涂料会造成铅污染；油漆溶剂的散逸也会造成污染等。

3. 污染土壤和水体，间接污染海洋

汽车排放的铅化物微粒、泄漏的汽油对公路旁的农田、地下水和地表水体有直接的污染作用。汽车排放到空气中的污染物能随雨水降落到海洋中。另外，为汽车运输石油的油船在海上频繁泄漏，对海洋环境造成很大危害。

4. 道路交通拥堵

由于汽车保有量剧增，交通堵塞已经成为严重的城市顽疾，既浪费大量的时间和金钱，降低整个社会效率，增加能源消耗，又加重了空气污染。汽车频繁启动、刹车和低速行驶使排放的尾气中一氧化碳、二氧化碳、氮氧化物、碳氢化合物等污染物比正常行驶时高出许多，严重危害人体健康。汽车引起的交通事故是当今世界上导致人类死伤最多的原因之一，我国每年约有数十万人遭受车祸的伤害。

5. 导致城市烟雾

汽车排入大气的碳氢化合物和氮氧化物等一次污染物，在阳光的作用下发生化学反应，生成臭氧、醛、酮、酸、过氧乙酰硝酸酯等二次污染物，参与光化学反应过程的一次污染物和二次污染物的混合物所形成的烟雾污染现象就是光化学烟雾，是世界上许多大城市共同面临的难题。

6. 汽车噪声的污染

据统计，城市噪声中，交通运输噪声占75%，而汽车在交通噪声中占了85%。噪声污染虽不是一种危及生命或破坏生态的环境问题，但能给人的生理及心理带来不适甚至导致疾病，影响人们的生活质量。来自汽车的噪声给生活在交通道路附近的居民造成严重影响，令人烦恼。

7. 修建公路、停车场和加油站对环境的影响

公路建设使沿线的植被破坏、水土流失、占用大量耕地等。2015年底，我国公路通车总里程达到457.73万公里。这些路网占用了大量的土地资源。被这些道路覆盖的土地永久地丧失了在农业和自然保护方面的功能。露天停车场除了占地外，还会改变城市气流的方向和速率，加剧城市的热岛效应。各汽车加油站每天给各种车辆加几十吨或数百吨燃料油，光跑、冒、滴、漏和自然蒸发掉的燃料油就不计其数，严重污染水土及空气质量，且严重影响周边居民、单位的生活环境和工作环境。

8. 危害野生动物

修建新的高速公路常常破坏野生动物的栖息地，野生动物也容易在穿越公路时毙命。

9. 汽车需要消耗大量的石油

我国是人均石油资源缺乏的国家，汽车保有量的快速增加造成了巨大的能源压力。

8.3.2 汽车尾气污染

1. 汽车尾气污染物及危害

作为一种无以替代的现代交通工具，汽车同时也是一个流动的污染源。汽车排放的主要污染物有一氧化碳（CO）、碳氢化合物（HC）、氮氧化合物（NO_x）、二氧化碳（CO_2）和颗粒物（PM）。

（1）一氧化碳（CO）

在内燃发动机中，CO 是空气不足或其他原因造成不完全燃烧时所产生的一种无色、无味的气体。CO 吸入人体后，非常容易和血液中的血红蛋白结合，它的亲和力是氧的 300 倍。因此，肺里的血红蛋白不与氧结合而与 CO 结合，致使人体缺氧，抑制思考，使人反应迟钝，引起头痛、头晕、呕吐等中毒症状，严重时可能导致死亡。

（2）碳氢化合物（HC）

HC 是指发动机废气中的未燃部分，还包括供油系中燃料的蒸发和滴漏。单独的 HC 只有在含量相当高的情况下才会对人体产生影响，一般情况下作用不大，但它却是产生光化学烟雾的重要成分。

（3）氮氧化合物（NO_x）

NO_x 是发动机有一定负荷时大量产生的一种褐色的有臭味的废气。发动机废气刚一排出时，气体内存在的 NO 毒性较小，但 NO 很快氧化成毒性较大的 NO_2 等其他氮氧化合物。这些氮氧化合物我们统称为 NO_x。NO_x 进入人的肺泡后能形成亚硝酸和硝酸，对肺组织产生剧烈的刺激作用。亚硝酸盐则能与人体内的血红蛋白结合，形成变性血红蛋白，可在一定程度上导致组织缺氧。

NO_x 与 HC 受阳光中紫外线照射后发生化学反应，形成有毒的光化学烟雾。当光化学烟雾中的光化学氧化剂超过一定浓度时，具有明显的刺激性。它能刺激眼结膜，引起流泪并导致红眼症，同时对鼻、咽、喉等器官均有刺激作用，能引起急性喘息症，可以使人呼吸困难、眼红喉痛、头脑晕沉，造成中毒。光化学烟雾还具有损害植物、降低大气能见度、损坏橡胶制品等危害。

（4）温室效应

世界工业化进程引起的能源大量消耗，导致大气 CO_2 的剧增，其中 30% 约来自汽车排气。CO_2 为无色无毒气体，对人体无直接危害，但大气中的 CO_2 大幅度增加，其对红外热辐射的吸收而形成的温室效应会使全球气温上升，南北极冰层融化，海平面上升，大陆腹地沙漠趋势加剧，使人类和动植物赖以生存的生态环境遭到破坏。因此，近年来对 CO_2 的控制也已上升为汽车排放研究的重要课题，提高汽车的经济性和使用低排量汽车是减少 CO_2 排放的重要措施。

（5）颗粒物（PM）

由燃烧室排放出的颗粒物有三个来源：①不可燃物质；②可燃的但未进行燃烧的物质；③燃烧生成物。燃烧过程排出的颗粒物质的组成中大部分是固态炭，火焰中形成的固体炭粒子称为炭黑。炭黑可以在燃烧纯气体燃料时形成，但更多的则是在燃烧液体燃料时形成。颗粒物质的组成中除炭黑外还有碳氢化合物、硫化物和含金属成分的灰分等。含金属成分的颗粒物主要来自燃料中的抗爆剂、润滑油添加剂以及运动产生的磨屑等。柴油发动机燃料燃烧不完全时，其内含有大量的黑色炭颗粒，形成的炭烟能影响道路上的能见度，并因含有少量的带有特殊臭味的乙醛，往往引起人们恶心和头晕。炭烟不仅本身对人的呼吸系统有害，而且炭烟粒的孔隙中往往吸附着二氧化硫及有致癌作用的多环芳香烃等物质。

2.减排措施

汽车的节能减排和汽车尾气污染的防治可以从多方面入手。

（1）推动普及高品质小排量车

小排量车车体轻，耗油自然少，反之对空气污染也就小。经济型轿车每公里二氧化碳排放量约为 134 g，中高档轿车约为 148~161 g，豪华轿车约为 198 g，目前小排量轿车的碳排放量可以控制到 107~120 g。一般说来，汽车质量越大越耗油，产生的二氧化碳越多。与经济型的小汽缸车相比，大型 SUV 汽车和豪华汽车排放至少两倍以上的二氧化碳。越野型汽车安全系数高，但比较耗油。自动挡汽车的动力传递通过液压完成，在工作中会造成动力损失，尤其是在低速行驶或堵车中走走停停时，油耗更大。

（2）驾驶技术是关键

在车辆技术状况相同的条件下，由于驾驶技术的高低不同，对汽车运行过程中油料的消耗影响很大。正确合理的操作方法，可大大降低汽车的油耗。不同技术水平的驾驶员，在相同的条件下驾驶相同的汽车，其油耗可相差 20%~40%。因此，熟练的驾驶技术和科学的操作方法，是汽车节油的关键。改善油耗和车辆性能必须做好下列工作：使用优质产品；进行日常保养维护；有良好的驾驶习惯。

（3）使用先进柴油车

在日常使用的各种燃料中，柴油的能量密度最高。与汽油机相比，柴油机具有功率大、燃油热效率高、使用寿命长、启动性能好、油耗低等一系列优点。柴油车平均比汽油车节约燃油 20%~30%，因为高压燃式的柴油机比点燃式的汽油机具有更高的能量转化率。配有排气过滤器的新型柴油发动机杜绝了黑烟排放的现象。如今在欧洲国家，绝大多数柴油发动机已经达到了欧 4 排放标准。柴油机具有更高的效率和更低的二氧化碳排放，其二氧化碳排放平均比汽油机低 30%~35%，在整个使用寿命期间，柴油机的废气排放总量比汽油机要少 45%。

（4）开发新能源汽车

国际上将新能源分为三大领域：第一领域是可再生能源，如水电、太阳能、风能及生物质能等，其中生物质能是指利用农作物秸秆、甘蔗、玉米、小麦、甜菜和林灌木等农林产品，以及畜牧业生产的废弃物提取的能源，如乙醇；第二领域是新工艺能源，如利用新工艺制造出氢气作为燃料；第三领域是新发现能源，如可燃冰等。开发新能源汽车就是使汽车燃料多样化，重点研究开发混合动力汽车、替代燃料汽车和燃料电池汽车。20 世纪，汽车以传统的石油产品为燃料，21 世纪汽车燃料将由石油转向氢气，以清洁可再生的能源为动力。动力系统将从传统的内燃机向混合动力过渡最终走向燃料电池汽车，实现能源多元化、动力电气化及排放洁净化。

（5）降低耗油量

①对汽车进行预热能有效降低油耗。汽车起步前应先预热 1~3 min 左右，让水温达到 40℃以上后再起步。研究表明：40℃以下将多耗油 6%。行车途中可保持水温 90℃~100℃，这是最佳工作温度，功率性能最好，磨损也最少。

②减少使用车内的电气设备能有效降低油耗。

③减少车辆负载能有效减低油耗。车辆在每增加一分自重时油耗都会相应地上升。整车质量每减轻 100 kg，百公里油耗可以下降 0.1 L，因此在不影响安全性能的情况下，对车辆进行轻量化处理也可以降低油耗。

④车辆在行驶中最大的阻力来自空气，车辆的空气动力性会影响油耗，而车身过多的泥

土和冬天车身上的积雪同样是车辆的负担。当一辆轿车以 80 km/h 的时速前进时，有 60% 的油耗是用来克服风阻的。而风阻系数每下降 10%，燃油就可节省 7%。因此关闭车窗和保持车身整洁，塑造理想的车身曲线，可以降低风阻，减少油耗。

⑤自动挡比手动挡的车更耗油。正确使用挡位可以有效减少油耗。自动挡等待的时间超过 1 min，就将挡位挂在 N 挡上，这样既能减少油耗又能避免变速箱油过热，从而保护变速箱。要是停车时间超过 3 min，就最好挂在 P 挡上，省油又环保。

（6）回收报废汽车

国际上汽车通用的报废比例是 7%，每年报废汽车的数量是惊人的。汽车 70% 是由钢铁组成的，10% 为铜铝，其他是橡塑等。报废汽车的拆解和重复利用具有巨大的经济价值。

在德国，汽车生产商和进口商有义务从最后一位车主手中将其生产或经销的车辆回收。同时，汽车制造商、进口商、销售商和处理商须共同保证，平均每辆车质量至少 85% 的部分要被利用起来，80% 要作为材料利用起来或作为汽车零部件再利用。日本汽车消费者需要交纳回收利用费，包括汽车破碎残渣、安全气囊费、氟利昂处理费、资金管理费和信息管理费。消费者需在购买时或者在年检时交纳上述费用，不交费不能通过年检。汽车回收再利用促进中心受国家委托征收回收再利用费，并对其进行严格管理和运用，直到报废汽车得以回收利用为止。我国废旧汽车拆解技术原始，规模也小，硬塑料、橡胶、玻璃、纺织品及金属废料等往往只能被丢弃到垃圾填埋场或进行焚烧处理，对环境造成严重影响。为保护资源、环境，国家正组织编制报废汽车拆解利用的技术规范，规范拆车行业的环境管理，特别需对废电池、尾气净化器和空调制冷剂等部件实行严格的管理制度。

（7）提高汽车尾气排放标准

鉴于汽车尾气的危害，人们认识到需要对汽车尾气排放加以法规限制。

（8）大力倡导和发展公共交通，从而减少私人汽车的使用量。

3. 汽车尾气排放标准介绍

（1）轻型汽车污染物排放限值及测量方法（中国第五阶段）（GB 18352.5—2013）

为贯彻《中华人民共和国环境保护法》和《中华人民共和国大气污染防治法》，防治机动车污染物排放对环境的污染，改善环境空气质量，制定本标准。本标准规定了轻型汽车污染物排放第五阶段型式核准的要求、生产一致性和在用符合性的检查和判定方法。本标准修改采用欧盟（EC）No 715/2007 法规《关于轻型乘用车和商用车排放污染物（欧 5 和欧 6）的型式核准以及获取汽车维护修理信息的法规》和（EC）No 692/2008 法规《对（EC）No 715/2007 法规关于轻型乘用车和商用车排放污染物（欧 5 和欧 6）的型式核准以及获取汽车维护修理信息的执行和修订的法规》以及联合国欧盟经济委员会 ECE R83—06（2011）法规《关于根据发动机燃料要求就污染物排放方面批准车辆的统一规定》及其修订法规的有关技术内容。

（2）轻型混合动力电动汽车污染物排放控制要求及测量方法（GB 19755—2016）

本标准规定了装用点燃式发动机的轻型混合动力电动汽车，在常温和低温下排气污染物、双怠速排气污染物、曲轴箱污染物、蒸发污染物、污染物控制装置耐久性和车载诊断（OBD）系统的测量方法及技术要求；规定了装用压燃式发动机的轻型混合动力电动汽车，在常温下排气污染物、自由加速排气烟度、污染物控制装置耐久性和车载诊断（OBD）系统的测量方法及技术要求。本标准是对《轻型汽车污染物排放限值及测量方法》（GB 18352）的补充，适用于第四阶段及以后的轻型混合动力电动汽车的型式检验、生产一致性和在用符合性检查。

8.3.3 噪声污染

1. 汽车噪声来源及危害

噪声污染与大气污染、水源污染不同。噪声污染是局部的、多发性的，除飞机噪声等特殊情况外，其特点是从声源到受害者的距离很近。以汽车噪声污染来看，以城市街道和公路干线两侧为最严重。

汽车的噪声源有多种，如发动机、变速器、驱动桥、传动轴、车厢、玻璃窗、轮胎、继电器、喇叭、音响等都会产生噪声。这些噪声有些是被动产生的，有些是主动发生的(如人为按动喇叭)。但是主要来源只有两个方面，一个是发动机，另一个是轮胎。它们都是被动发生的，只要汽车行驶就会产生噪声。

汽车噪声是汽车的第二公害，它随着汽车发动机功率、汽车速度及汽车流量的增加而增大，约占城市噪声的75%。噪声对人的影响是一个很复杂的问题，不仅与噪声的性质有关，而且还与每个人的心理、生理状态以及社会生活等多方面的因素有关。经过长期的研究表明噪声确实会危害人的健康，噪声级越高，危害性越大。即便噪声级较低，如小于80 dB(A)的噪声，虽然不致直接危害人的健康，但会影响和干扰人们的正常活动。

汽车噪声一方面对环境产生噪声污染，使人心情不安、烦躁、疲倦，工作效率下降，干扰语言交流和通信联络，影响人们的工作和生活；降低人的听力，严重时可致人耳聋，另一方面使驾驶员反应时间加长，从而影响行车安全。

2. 噪声控制措施

在发动机各种噪声中，发动机表面辐射噪声是主要的。发动机表面辐射噪声由燃烧噪声和机械噪声两大类构成，是发动机内部的燃烧及机械振动所产生的噪声。燃烧噪声是指气缸燃烧压力通过活塞、连杆、曲轴、缸体等途径向外辐射产生的噪声；机械噪声是指活塞、齿轮、配气机构等运动件之间机械撞击产生的振动噪声。一般情况下，低转速时燃烧噪声占主导地位，高转速时机械噪声占主导地位。两者是密切相关，相互影响的。实践表明，减少振动是降低噪声的根本措施。增加发动机结构的刚度和阻尼，是减少表面振动从而达到降低噪声的目的的主要方法。

轮胎在路面滚动产生的噪声也是很大的。有关研究表明，在干燥路面上，当汽车时速达到100 km/h，轮胎噪声成为整车噪声的重要噪声源。而在湿滑路面上，即使车速低，轮胎噪声也会盖过其他噪声成为最主要的噪声源。轮胎噪声来自泵气效应和轮胎振动。所谓泵气效应是指轮胎高速滚动时引起轮胎变形，使得轻胎花纹与路面之间的空气受压挤，随着轮胎滚动，空气又在轮胎离开接触面时被释放，这样连续的"压挤释放"，空气就迸发出噪声，而且车速越快噪声越大，车辆越重噪声越大。轮胎振动与轮胎的刚度和阻尼有关，刚度增大(例如轮胎帘布层数目增加)，阻尼减少，轮胎的振动就会增大，噪声也就大了。要降低轮胎的噪声，胎面可采用多种花纹节距，采用高阻尼橡胶材料，调整好轮胎的负载平衡以减少自激振动等。

为了防止发动机噪声和轮胎噪声窜入乘员厢，工程师除了尽量减少噪声源外，也在车厢的密封结构上下功夫，尤其是前围板和地板的密封隔音性能。

解决汽车的噪声是一项涉及整车方方面面的技术问题，包括发动机的结构、材料质量分布、工艺水平、装配密封性等。实际上，汽车噪声的大小已经反映出这辆车的质量和技术性能的高低了。汽车噪声的大小是衡量汽车质量水平的重要指标，因此，降低汽车噪声也是世界汽车工业的一个重要课题。

8.3.4　废弃物污染

近年来，越来越多的新技术、新产品在汽车上得到应用，它们在提高汽车技术和性能的同时，也带来了巨大的环境污染。专家在调研后指出，目前，汽车维修业、汽车报废市场废弃物的管理和利用还存在巨大"漏洞"，加强其流向管理和再利用研究，具有巨大的社会效益和经济效益。

为维持良好的车辆技术状况，投入使用的车辆必须进行维护和修理，如大量汽车用品、油品及辅助材料的使用和更换，每年将产生数量巨大的行业废弃物，包括废机油、废齿轮油、废制动液、废弃冷却液、废弃的制冷剂、废弃安全气囊、废弃的三元催化转换装置、汽车电子控制装置及非金属材料等。随着汽车行驶里程的增加，汽车的性能将不断变差，还将有大量汽车进入报废市场，产生有害废弃物。这些废弃物有些不经处理就直接进入废旧物资市场，有些则直接排放掉，有些被非法加工点收购后进行简单加工，就直接进入汽车配件市场。特别是五大废弃物对环境污染、能源浪费和市场具有很大的危害。

1. 液体类废弃物

废机油、废制动液、废冷却液三种废弃物中，部分废机油被一些非法加工点收购后，进行简单的沉淀和过滤加工，就直接进入汽车配件市场，其产品根本满足不了汽车发动机对机油性能的要求，会对发动机造成严重损伤。而部分废机油、废制动液和废冷却液则被直接排放掉，既污染地下水和环境，也是一种能源浪费。机油是不可再生的石油产品，是化学产品，机油中含有各种化学添加剂；冷却液是醇类化学品的水溶液，含有色素及各类添加剂并有毒性。应该加强对这些废弃物再生利用的研究和开发，节约能源，保护环境。

2. 废弃制冷剂

现代汽车空调系统所应用的制冷剂工质是我们常见的 R12、R22、R134a 等，其中 R12 和 R22 因分子中含有氯原子，对大气臭氧层有破坏作用，其臭氧消耗潜能值为 1（最大），全球变暖潜能值为 3 左右，因此它们是蒙特利尔协议书中的第一批禁用工质，另外，R12 还会长期停留在大气层中，影响地球表面温度向外扩散，产生引起地球变暖的温室效应。R134a 不含氯原子，对臭氧层无破坏作用，但它同样会长期停留在大气层中，产生温室效应，其热力性质和热物理学性质与 R12 相近。但大多数从事汽车空调维修的汽车维修企业，没有制冷剂回收处理设备，有些企业即使有制冷剂回收处理设备，也不在生产过程中使用，而是在维修过程中直接将制冷剂排放到大气中，造成环境污染。因此，有必要制定相应的法规，强制从事汽车空调维修的企业对制冷剂进行回收、处理及再利用，以保护环境节约能源，要对拒不执行回收处理的企业进行重罚。

3. 废弃安全气囊

为提高驾乘人员的安全性，汽车上普遍装备了安全气囊系统，有的汽车还装备了双安全气囊或多安全气囊，安全气囊的气体发生剂多为叠氮化钠，对人的眼、鼻、喉和皮肤有刺激作用，遇水有爆炸的危险。安全气囊的有效期是 10 年，但一经碰撞就应更换。为了避免废弃安全气囊的气体发生物质及气体发生物质的燃烧残余物、废旧气囊系统对环境造成污染，应加强弃置安全气囊的回收管理，开发回收利用技术。

4. 废弃的三元催化转换装置

为解决尾气排放中的一氧化碳、碳氢化合物、氮的氧化物等对环境污染的影响，汽车排气系统上装置了三元催化转换装置，用以减少上述三种有害物质的排放量。但是，由于它的核心物质是用金属铂制造的，金属铂是一种重金属，在达到上述目的的同时，也对环境带来重金属污染。正常使用条件下，三元催化转换装置的有效期是6万公里或两年。通过科学家对北极的科学研究得知，北极雪层中的重金属含量正逐年增加，因此，应加强对汽车三元催化转换装置的管理，防止重金属污染。

5. 电子控制单元

为了提高乘坐的舒适性、动力性、经济性、驾驶操控性及行驶安全性，降低尾气排放，汽车上都配置了多种电子控制系统，这些电子控制装置其实就是微机管理系统。微型计算机在汽车上的应用提高了汽车的使用性能，但也带来了报废汽车产生的计算机污染问题。

汽车工业飞速发展，使人们的生活变得更加方便，但因各种废弃物和报废时的某些有害物质造成的环境污染问题，都将随着汽车保有量的日益增加而更加显现出来。随着时代发展，应对汽车维修行业及报废市场产生的废弃物的管理立法，建立相应的法规政策，找出对各类废弃物回收管理的措施。由行业主管部门即由交通运输管理部门结合相关部门及有关专家研究制定相应的管理办法，在汽车维修企业的开业条件中附加有关废弃物加收管理的环保措施，要求汽车维修企业配置有关的回收设备，并强制实施。对于没有回收设备和管理措施的汽车维修企业，不允许从事相应的专业，对违规者加大处罚力度。应由政府组织，对各类废弃物的再生利用进行可行性研究，进而研发再生利用的具体实施办法。在远郊地区设立回收管理机构或结合相关化工企业，对各类污染废弃物进行分类管理，以备再生利用。同时，政府应组织有关科研单位开发生产设备，进入生产领域，节约能源，保护环境。

参考文献

[1] 邢艳云，温立志，等.汽车文化[M].北京：清华大学出版社，2014.

[2] 黄关山，唐顺华.汽车文化[M].北京：人民交通出版社，2016.

[3] 田春霞，等.汽车文化[M].北京：北京理工大学出版社，2014.

[4] 高寒，赵春园.汽车文化[M].北京：中国铁道出版社，2016.

[5] 屠卫星.汽车文化[M].3版.北京：人民交通出版社，2014.

[6] 宋景芬.汽车文化[M].2版.北京：人民交通出版社，2012.

[7] 曲金玉，任国军.汽车文化[M].2版.北京：机械工业出版社，2014.

[8] 万军海.汽车文化[M].第二版.北京：人民邮电出版社，2013.

[9] 陈家瑞.汽车构造（上册）[M].北京：机械工业出版社，2013.

[10] 关文达.汽车构造[M].4版.北京：机械工业出版社，2016.

[11] 王望予.汽车设计[M].4版.北京：机械工业出版社，2011.

[12] 王雨檬.百年的汽车文化与生活[N].中国艺术报，2016 – 06 – 17(07).

[13] 李锋.新常态下中国汽车产业面临的挑战与对策[C].中国经济分析与展望(2015—2016)，2016(03).

[14] 于天光.汽车品牌文化在汽车衍生品设计中的应用与研究[D].济南：山东建筑大学，2016.

[15] 王勃.中德汽车广告诉求对比研究[D].西安：西安外国语大学，2016.

[16] 郑泽.多模态隐喻视角下电视汽车广告研究[D].昆明：云南师范大学，2016.

[17] 朱子明.长三角多中心巨型城市区域的空间结构与产业功能演变研究[D].上海：华东师范大学，2015.

[18] 张亮亮.中国汽车产业合理化布局研究[D].成都：西南财经大学，2014.

[19] 王建新，李雅荣.经济"新常态"下我国汽车产业集中度研究[J].合作经济与科技，2015(5).

[20] 蔡云，黎青松，等.我国汽车文化娱乐产业现状分析[J].汽车科技，2011(2).

[21] 刘维良.安全意识：汽车文化与交通安全[J].车界论坛，2016(2).

[22] 钟蒙，于帆.区域文化背景下的汽车造型设计风格[J].美学技术，2016(1).

[23] 徐潇然.经济一体化背景下，对中国汽车产业发展的思考[J].现代经济信息，2017(1).

[24] 董静.宝马：传统汽车巨头的转型之路[J].机器人产业，2016(4).

[25] 朱盛镭.第三次工业革命对汽车产业的影响[J].上海汽车，2013(4).

[26] 陆文洁，陈利君.印度汽车产业发展现状及其优劣势[J].云南财经大学学报(社会科学版)，2011(4).

图书在版编目(CIP)数据

汽车文化/蔡云,李晓雪,袁双宏主编. —2 版
—长沙:中南大学出版社,2020.8
普通高等院校应用型本科汽车服务工程专业"十三五"
规划教材
ISBN 978 - 7 - 5487 - 4075 - 9

Ⅰ.①汽… Ⅱ.①蔡… ②李… ③袁… Ⅲ.①汽车-文化-
高等学校-教材 Ⅳ.①U46 - 05

中国版本图书馆 CIP 数据核字(2020)第 127713 号

汽车文化(第二版)
QICHE WENHUA(DI-ER BAN)

蔡 云 李晓雪 袁双宏 主编

□责任编辑	韩 雪
□责任印制	周 颖
□出版发行	中南大学出版社
	社址:长沙市麓山南路 邮编:410083
	发行科电话:0731 - 88876770 传真:0731 - 88710482
□印 装	长沙印通印刷有限公司

□开 本	787 mm×1092 mm 1/16 □印张 12.25 □字数 306 千字
□版 次	2020 年 8 月第 1 版 □2020 年 8 月第 1 次印刷
□书 号	ISBN 978 - 7 - 5487 - 4075 - 9
□定 价	45.00 元

图书出现印装问题,请与经销商调换